〖学者文库〗

人口－犯罪分析与现代警务研究

张　雷◎著

S中国社会出版社

国家一级出版社·全国百佳图书出版单位

图书在版编目（CIP）数据

人口－犯罪分析与现代警务研究 / 张雷著. －－北京：
中国社会出版社，2021.1

ISBN 978－7－5087－6311－8

Ⅰ.①人… Ⅱ.①张… Ⅲ.①人口—关系—犯罪—研
究②警察—工作—研究 Ⅳ.①C92②D914.1③D631.15

中国版本图书馆 CIP 数据核字（2021）第 014530 号

书　　　名：人口－犯罪分析与现代警务研究
著　　　者：张　雷

出 版 人：浦善新
终 审 人：尤永弘
责任编辑：陈贵红

出版发行：中国社会出版社　　　邮政编码：100032
通联方式：北京市西城区二龙路甲 33 号
电　　话：编辑部：（010）58124828
　　　　　邮购部：（010）58124848
　　　　　销售部：（010）58124845
　　　　　传　真：（010）58124856
网　　址：www.shcbs.com.cm
　　　　　shcbs.mca.gov.cn

中国社会出版社天猫旗舰店

经　　销：各地新华书店

印刷装订：三河市华东印刷有限公司
开　　本：170mm×240mm　1/16
印　　张：16
字　　数：261 千字
版　　次：2021 年 3 月第 1 版
印　　次：2021 年 3 月第 1 次印刷
定　　价：95.00 元

中国社会出版社微信公众号

前　言

　　人口与犯罪既是一个古老的话题，又是人类社会发展进程中需要不断深入研究的复杂课题。21世纪以来，在经济飞速发展前提下，我国人口规模、人口质量和人口特征分布发生了巨大变化，社会犯罪问题已经跳出了传统模式，其形态和特征具有多元化、网络化和智能化，在人口与犯罪之间的关系上出现了许多新问题，因此，公安机关面临着严峻的挑战。如何根据区域人口与犯罪的增长关系确定公安的规划和战略？如何根据区域人口特征与空间分布建立治安防范体系？是公安机关面临的一项重要任务。

　　对基于人口特征的城市社会、经济与犯罪关系进行分析与评价，是公安机关警务工作的一项不可缺少的内容，也是需要不断深入研究的课题。此外，从社会治理创新工作的实际出发，建立基于区域人口特征的犯罪防控模式与知识管理体系，是公安机关优化社会治理水平的一项战略任务，有利于达到改革、适应、创新的目标要求。

　　本书的研究内容分为三个部分：一是基于地区人口特征与犯罪问题的实证分析。通过对某地区人口增长与犯罪形态关系的统计分析，得出社会犯罪的数量特征、形式特征、空间特征和变化特征，以及在社会治理中存在的问题。同时，在对人口增长预测的基础上，得出未来社会犯罪的增长趋势、特点，以及变化特征。二是构建人口与犯罪的动态演化模型。基于人口-犯罪属性和演化特征的分析，构建地区犯罪人口动态系统，以及犯罪率的数学模型，得出地区犯罪人口、流动犯罪人口的规模与特点，以及时间与空间模式，了解和掌握地区犯罪状况与社会经济发展间的关系。三是构建地区治安犯罪防控体系、优化城市社会治理水平。通过对地区治安结构与警务工作的考察、分析和论证，以及人民群众的访谈与测评，得出地区治安警务效率的水平和存在的问题，提出树立治安危机意识，改革警务工作流程，总结治安经验，构建知识体系，优化警力资源，从而构建犯罪防控的系统化模式，实现地区社会治理水平的整体性提升。

本书在"大连市人口与犯罪分析课题"研究基础上完成，书中有关数据由课题组提供。在本书写作过程中，选用了部分作者的研究成果，在此一并致谢。

感谢北京东方毅拓展文化发展集团对本书出版提供的资助。

目　录
CONTENTS

第一篇　人口与犯罪分析

第二篇　警务模式与犯罪防控

第一篇

01

人口与犯罪分析

第一章

人口与犯罪统计

第一节　人口与犯罪的基本问题

一、人口与犯罪研究背景

众所周知，人口问题一直是人类社会与经济发展的主题。顾名思义，人口特征乃是社会与经济研究的核心，同时，人口与犯罪问题既是一个古老的话题，又是伴随着人类社会的发展而不断演化的社会现象。虽然人口问题（指人口数量、质量和行为特征而造成的社会问题和经济问题）和其他社会问题一样，不是犯罪产生和存在的根本原因，但它是影响犯罪数量增长和犯罪形态变化的一个重要的因素，并且人口增长和人口特征变化直接影响着犯罪发展趋势，反之，犯罪现象的存在和增长是社会各种矛盾的综合反映。

21世纪以来，随着经济飞速增长，我国人口规模、人口质量和人口增长的多元特征发生了巨大变化，因此，社会犯罪问题已经跳出了传统的模式，其形态和特征具有多元化、网络化和智能化，并且在人口与犯罪之间的关系上出现了许多新问题，公安机关面临着严峻的挑战。如何根据区域人口犯罪的特点和演化机理确定公安的规划和战略？如何根据区域人口的多元动态特征建立治安防范体系？是公安机关的当务之急。实际上，对本地区人口动态管理的基本原则是掌握人口"量质态"的动态特征。人口动态管理的目的是有效地掌握人口信息，提高人口服务质量和最大限度地预防犯罪，从而增强社会管理的满意度，要达到这一目的的关键是深入研究本地区人口特征。

从古至今，人口特征指标的研究直接影响着社会与经济发展的目标和速度，但是，人口特征与社会犯罪的研究大多出现在社会与经济研究的相关问题中。从近些年来经济学前沿研究的趋势可以发现，经济与犯罪的研究已经成为当前乃至未来相当长一段时间的热点问题。实际上，人口与犯罪问题的研究基础是人口与经济、人口与教育、人口与环境等人口相关要素的多属性分析，从而构成人口与犯罪的复合关系问题研究。尽管实证犯罪学的研究涉及了许多人口特征问题，研究角度的单一性和人口区域特点差异的局限性限制了人口与犯罪问题的研究。近半个世纪以来，各个国家从不同角度研究人口与犯罪问题。例如，日本从 20 世纪 70 年代起研究城市的犯罪时间与空间关系问题，采用数量眼镜和比率眼镜这两种度量尺度，运用定量与定性分析相结合的方法来分析城市人口特征与犯罪案件的关系。但是，在人口特征方面仅仅涉及人口增长的数量问题。20 世纪 90 年代以来，美国、德国、英国等发达国家，构建了不同规模和形式的城市犯罪地理信息系统，采用社会网络理论和空间数据挖掘等技术分析区域人口与犯罪的时间与空间关系特征，从而分析犯罪热点地区的时间与空间分布特征。但是，人口密度指标仅仅是人口的相对数量分布指标，没有体现人口行为类别等多特征信息，无法深入分析人口与犯罪的关系。

我国在人口与犯罪问题的研究上大体划分为两个阶段：改革开放以来，在各个地区社会经济发展战略与规划中都不同角度地将犯罪率、破案率作为发展规划中的管理指标。并且，犯罪理论研究者和公安实战部门在不同历史时期，从犯罪率、破案率和城市治安水平等不同角度，对社会犯罪问题进行了大量和深入的研究，在降低犯罪率、提高破案率等方面取得了一定收效，但是，并没有深入分析区域人口的多元特征和增长态势对犯罪趋势的影响。

进入 21 世纪以来，随着信息技术在警务工作应用中的不断深入，以及公安信息化建设的强烈需求，犯罪地理信息系统的研发已经初见端倪。但是，从现有的研究内容来看，这些研究还停留在理论探讨阶段，并没有涉及地区人口特征与犯罪的关系分析，因此，无法实现真正意义上的区域犯罪地理信息系统，更谈不上对区域犯罪的有效防范和控制。我们知道，社会管理的对象是人，不同的人口特征与相应的管理模式构成了社会稳定（或者社会有序）状态。如何测量与评价人口特征信息的不完备性？如何分析执法者与犯罪人行为博弈过程？是社会管理研究领域的一个未解决的难题，这些问题是今后乃至相当一段时间社会犯罪理论与实践方面研究的方向。本研究从人口特征与犯罪关系角度，对如何掌握城市犯罪的特点和规律，如何规范警务工作流程，如何构建治安管理策略等问题进行了理论探讨和工作设计研究。研究表明，只有对城市人口特征与犯罪行为的系统分析，才能实现城市治安管理的优化。

二、人口特征分析

众所周知，人口数量与增长规模是社会发展的重要内容。20 世纪末，中国人口再生产类型的现代化已经基本实现。21 世纪，人口正在迈进一个新的全面发展阶段，经济、社会也处于迅速发展和变革的时代，作为社会基本构成要素的人口，与社会犯罪的关系日趋显现，日趋紧密，日趋复杂。人口与犯罪问题从形式上和性质上可以划分为四方面问题：①基于人口增长的犯罪问题；②基于人口结构的犯罪问题；③基于人口素质的犯罪问题；④基于人口关系的犯罪问题。

这几类问题同时并存，相互影响，并严重制约城市的社会治安，它是研究人口与犯罪问题的基本理论依据。研究地区人口与犯罪的有关内容都是围绕着这四个问题，也是人口与犯罪问题在现实中所体现的具体内容。

社会管理的对象是人，不同的人口特征与相应的管理模式构成了社会稳定（或者社会有序）状态，如何测量与评价这种状态乃是社会管理研究领域的一个未解决的难题。难点在于社会行为信息获取的不完备性、人的行为选择不确定性和社会现象与管理行为在博弈过程中的信息不对称性。研究表明，合理地选择人口特征指标，有效地评价人口行为特点，才能确定社会管理模式的优劣。实际上，对地区人口动态管理的基本原则是掌握人口"量质态"的动态特征。人口动态管理的目的是有效地掌握人口信息、提高人口服务质量和最大限度地预防犯罪，从而增强社会管理的满意度。要达到这一目的的关键是深入研究地区人口特征与犯罪的关系问题。

什么是人口特征？本研究所提出的人口特征是一个广义的概念，它包括人口数量特征、人口质量特征和人口生活状态特征，即人口的"量质态"特征。每一种特征都具有自然属性、动态属性和不确定属性的指标值。例如，人口数量特征包括自然人口的增长特征（或区域内人口）和流动人口增长特征。增长特征反映了人口动态变化的数量含义，即每一时期的人口数、人口增长数、人口增长率，以及满足研究问题需要的统计意义上的评价指标，如均值、方差等。人口质量特征包括人口的思想道德素质、人口的科学文化素质和人口的身体素质。人口生活状态特征包括人口居住状态（如人口空间或区域分布模式、空间分布变化模式）、人口经济等级属性、生活方式属性、群体聚集属性。图1－1给出了人口特征分析框架。

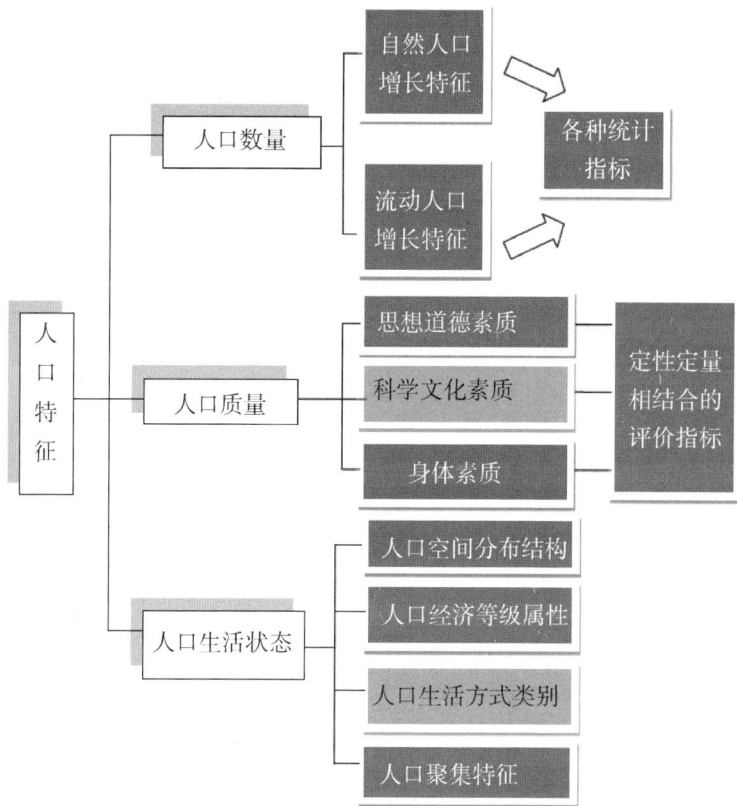

图1－1　人口特征分析框架

三、人口与犯罪的关系

（一）与增长速度的关系

人口数量大、增长速度快是我国人口状况的基本特点。根据我国的自然地理条件、地下资源、环境状况、生态平衡以及经济发展可能达到的水平，社会科学家推算出我国的理想适度人口为6.5亿至7亿之间。当人口超过这个数量时，就会出现人口问题，继续盲目发展下去将出现人口危机，必然引起和经济发展的矛盾以及和其他事业的矛盾。这些矛盾的存在、发展、激化，就可能产生犯罪，从而对犯罪的增长起到一定的影响作用。例如：

（1）人口的过快增长抵消了经济增长的效益，促使物价上涨，人民的物质生活水平下降。其结果会在人们的心理上滋长压抑、不满甚至怨恨情绪。虽然大部分人会忍受和控制这种情绪，但是一些人的心理会发生畸变，成为产生犯罪行为的心理基础，不可避免地走上犯罪道路。

（2）人口增长速度快，使其他事业发展很难适应，必然会在与人民生活休戚相关的各个方面出现矛盾，产生一系列社会问题。人们的衣、食、住、行如果长期处于一种紧张甚至存在潜在危机的状态，就会引起人们对社会的失望、怀疑以至愤恨情绪，这些情绪是滋生犯罪的心理因素，遇到其他因素的影响，就会诱发犯罪行为。

（二）城市人口与犯罪的关系

城市人口急剧增加，对市政服务部门产生巨大压力，引起一系列社会矛盾，对犯罪的增长产生了一定的影响。例如：

（1）上学问题。由于教育事业的发展无法适应人口的增长，我国每年一定数量的城市学龄少年失学。这些孩子正处于青少年成长的关键年龄阶段，他们脱离了学校和社会的正确教育引导，就有可能成为社会的不安定因素，其中一些人被坏人引诱，走上犯罪道路。

（2）就业问题。据有关资料反映，大量城市青年待业，产生对社会不满情绪，经常和社会各方面发生矛盾和冲突；待业人员无正当收入，给个人和家庭带来经济上的困难，一些人为了满足生活需求，往往采取非法手段获得收益，从而导致犯罪；无业人员无正当工作，缺乏社会教育和约束，易受社会上不良文化腐蚀和坏人影响，走上犯罪道路。所以，待业问题对犯罪的增长也有一定的影响。

（3）住房同题。住房问题也是使犯罪增长的一个相关因素。因住房紧张，成年子女和父母兄嫂同居一室，耳闻目睹他们的性生活，往往会诱发性罪错；因住房紧张，青少年无单独的生活、学习、玩耍空间，只好在街上消磨时光或群聚于其他场所，易受社会上消极因素和不良群体的影响而犯罪；住房紧张又往往造成家庭、亲属、邻居的矛盾冲突，甚至激化为犯罪。这说明，城市犯罪率大大高于农村，城市人口增加与犯罪增长成正比。

（三）人口流动与犯罪的关系

改革开放40多年来，我国经济迅速发展，城乡、地区之间交流频繁，我国的人口问题又出现了一个新特点，即人口大流动。流动人口增加，促进了服务业的发展和城市经济的繁荣，但也带来一系列社会问题，是导致犯罪增加的一个重要因素。

（1）当前我国人口大流动的特点是以从事经济活动为主，携财物流动居多，携巨款外出的人相当普遍。据报道，全国每天大约有上亿元资金在火车上流动。人、财、物大流动增加了犯罪得逞的机会，使案件上升，犯罪增加。

（2）大量人口流动给了流窜犯罪分子混迹其中的机会，使流窜犯罪增加。越是流动人口多的地方，流窜犯罪分子越多。

（3）大量流动人口流入城市，对本来已经超负荷的城市设施和社会服务业形成巨大压力，使城市社会问题增多，矛盾激化，犯罪上升。

（4）流动人口脱离了原有的社会管理机制，而管理办法又未跟上，致使其处于无政府状态之中，经常自行解决经济活动、社会交往中的矛盾和纠纷，往往因矛盾激化而犯罪。

（5）流动人口的增加促使卖淫、赌博、吸毒等社会丑恶现象更加泛滥。因此，人口大流动直接促使了案件的上升，是当前犯罪增多的一个重要因素。

（四）人口年龄结构与犯罪的关系

人口年龄构成是我国人口状况的又一特点。青少年罪犯占大多数，这和我国人口中青少年占比大是一致的。近几年，青少年犯罪增加，与我国青少年人口的比例逐年上升也是一致的。所以，可以认为我国青少年人口占总人口的比例与犯罪的增长成正比。

（五）人口再生产过程与犯罪的关系

人口再生产是指新一代出生和老一代死亡。新一代更替老一代，这是人口延续的过程。人口再生产的自然行为也就是生理过程，其中性别和犯罪有一定关系。据报道，我国男女比例失调，女性占48.9%，男性占51.1%。这样发展下去意味着将来会有几千万男人娶不上媳妇，这是一个严重的社会问题。其结果，一是影响性犯罪的增长；二是直接导致贩卖妇女的犯罪增多。

（六）人口质量与犯罪的关系

人口质量是指在一定的社会制度下，某一人群的思想道德素质、科学文化素质和身体素质的综合概念。犯罪是社会具体的人实施的危害社会的行为，一个人犯不犯罪，固然受社会因素的影响，但更重要的是由自身素质决定的。因此，人口质量对犯罪有重要影响。

（1）思想道德素质的核心是人生观和社会道德观念。近几年来，人们对物质享受的要求发生了变化，一些人的人生观、价值观、社会道德观也随之发生了变化。一切向钱看思想的滋长，刺激一些人的个人主义恶性膨胀。为了追求金钱，不惜铤而走险，走上犯罪道路。这说明思想道德风尚低下是产生犯罪行为的思想基础，人口思想道德素质与犯罪增长成反比。

（2）人口文化素质主要指文化水平和劳动技能，它受社会生产力水平的直接影响。文化素质差的青少年进入社会后，辨别是非能力差，对现代社会的适应能力差，自我心理控制和调节能力更差，因而产生一些危害社会和反社会的行为。而犯罪正是他们对现代社会不适应的一种表现形式。文盲必然导致法盲，不懂法便不知用法律规范约束自己的行为，遇事依自己的感情和意愿处理。因此，人口的文化素质和犯罪增长成反比。

（3）人口的身体素质受自然属性即遗传因素的影响，更重要的是受生产力和生产关系制约，与人们的消费水平密切相关。由于种种原因，我国人口的身体素质不是很高，低能、智力低下、性格心理变态、精神异常的人在我国还有相当数量。犯罪学者研究的结果表明：智力、性格、心理、精神不健康或异常的人犯罪的概率要大大高于健康人。因此。人口总数中身心不健康的人所占比例高低与犯罪也有一定关系。

综上所述，人口与犯罪的关系的理论研究是本项目研究的基点。既然人口特征分析问题决定了犯罪防控问题的研究，因此，深入研究地区人口问题与犯罪的关系，是有效掌控地区社会犯罪形态，提高社会管理水平的根本保证。人口与犯罪理论研究与实证分析的目的是为构建社会犯罪防控体系提供可靠的理论依据，同时，研究结果能够符合社会管理现实工作的需要。

第二节　人口与犯罪统计

一、犯罪统计的意义

犯罪统计是一种研究手段，比如，它说明居民参与犯罪的规模，它为犯罪成因的假设以及相关的理论提供数据基础。如果将犯罪统计数据与一般的人口统计数据作比较，就能从中获悉诸如工业化、现代化、城市化、通货膨胀和失业等经济和社会因素对犯罪的影响。从犯罪统计中可以推断一个国家的哪些居民群体，以及哪些地区的犯罪发案率高于平均值。它使我们能够预测特定地区内将来的犯罪趋势。可以说，犯罪统计学为犯罪问题的定量分析打下了良好的基础。然而，目前的犯罪统计方法还很不完善，在定量描述方面有较大的局限性。由于缺少统一的、科学的测量尺度对犯罪行为进行分析，特别是局限于警察的统计数据，许多潜在的犯罪信息无法得到。近些年来，在隐案研究中有了较快的发展，但还是没有统一的方法处理这方面的问题。联合国从 20 世纪 80 年代以来曾几次做了全区域性犯罪调查，对几种犯罪行为：杀人、人身伤害、性犯罪、抢劫、拐骗儿童、盗窃、诈骗和毒品犯罪等进行了分析，力图得到统一的方法，但还是没得到解决。

犯罪统计理论来源于犯罪统计学，犯罪统计学和犯罪统计是理论和实践的关系。犯罪统计以犯罪统计学为理论指南，犯罪统计工作实践（包括方法论和工作经验）又是犯罪统计学得以发展的基础。犯罪统计所搜集并加工整理的犯罪统计资料是研究现实犯罪问题和认识犯罪发展规律的基础，离开了这些资料，犯罪理论的概括则是无本之木。

从方法论的角度来看，犯罪统计学的任务是：阐明搜集、整理和分析犯罪统计资料的原理和方法，说明取得犯罪统计资料的两种方法：一是犯罪变动的日常登记和专门的犯罪调查；二是犯罪普查在犯罪专门调查中占有重要的地位，系统地阐述犯罪普查的基本原则和方法。犯罪统计学还科学地分析了反映犯罪现象的状态、变动及其过程的数量表现的基本指标体系。犯罪现象的数量表现是通过一定的指标说明的，如在一定时间、一定地区范围内的犯罪有多少，必须使用犯罪数这一指标。犯罪统计指标按其性质划分，有反映一定时点上的犯罪数及其构成状况（年龄、性别、职业、部门等构成）的静态指标，还有反映在一定时期内犯罪自然变动（如出生、死亡）和社会变动过程的动态指标。犯罪统计学还阐明分析犯罪再生过程的方法，犯罪发展趋势的预测方法，以及犯罪发展和社会经济发展数量关系的分析方法。

二、犯罪统计的应用状况

从 1960 年采用科学方法统计犯罪数据开始，人口与犯罪的数量特征就成为犯罪分析与研究的基础，也是评价社会治安水平的核心指标。近些年来，我国公安机关为优化城市社会管理水平，将犯罪统计数据作为制定与检验警务工作的基础，刑事案件、治安案件统计为我国最重要的犯罪基础资料，不仅可显示犯罪特征与动向，更可据此了解公安机关的工作效率和服务质量。目前，许多发达国家都致力追求犯罪统计的正确性、科学性和系统性，作为国家制定犯罪预防策略、优化社会管理绩效的依据。

城市治安案件和刑事案件的规模、属性和变化特征分析是犯罪防控的基础。对历年的人口与犯罪状况进行统计分析，是了解和掌握人口与犯罪规律的前提。但是，目前的研究角度基本上都是围绕着犯罪率的统计分析，从立案数到破案数，从数字到数字，这已经形成了我国警务管理的习惯模式。尽管许多研究者采用犯罪统计的方法开展了一定的实证研究，但是，由于犯罪问题自身的不确定性和复杂性，犯罪统计方法的缺欠，使得这些犯罪与防范的实证分析仅仅停留在研究报告中。在传统的犯罪统计中，数据完整性、可靠性决定了犯罪统计的结果。实际上，决定统计分析结果可信度的关键并不完全取决于数学模型的选择，其核心问题是如何解决选择的数据与实际问题的不相容性（矛盾性）。在完备信息条件下，统计方法会得出可信的结果，这是无可置疑的。但是，在现实问题中要达到统计信息的完备性几乎是不可能的，如果研究对象具有统计规律性（或满足某种分布），则通过统计分析可以获得具有一定可信度的结果。

在犯罪统计分析中，尽管公安部门统计资料能表现犯罪趋势及类别增减，但容易受到政府法律变更、政策与统计方式改变影响，以及个人主观的限制，造成了犯罪信息的不完备性。

（1）犯罪暗数，匿不报，致使官方犯罪统计的正确性受到质疑。"犯罪暗数"（Dark Figures of Crime）亦称犯罪的未知数，指所有不在各种警方犯罪统计上出现的犯罪数。换言之，未为众所皆知或未受刑事司法机关所追诉与审判的犯罪，即一种"隐藏之犯罪"；一般而言，犯罪暗数包括群众未报案的犯罪案件及已发生但未为警方所知或登录的犯罪案件。

（2）公安机关执法与记录方式的差异，例如警察执法方式的宽严、专业化水平等，将会影响犯罪统计的分布状况。

为了解决犯罪信息不完备问题，在犯罪统计分析中采用可拓统计与状态行为评价相结合的方法，得出的结果具有较大的可信度。所谓可拓统计是一种基于存在性状态分析、条件性状态分析和机会性状态分析的协同统计分析方法，称为可拓协同式研究方法。实际上，城市的社会治安状态是由刑事案件与治安案件的规模所决定的，刑事案件反映了对社会危害的深度，治安案件反映了对社会危害的广度。刑事案件对社会的危害性较大，所以，以往对犯罪数量的研究大都基于刑事案件的统计。按照我国刑事司法体制，刑事犯罪立案总数应为公安机关刑事案件立案数与人民检察院直接侦查案件立案数之和。鉴于统计资料的限制，这部分数据很难获得，而且由于犯罪暗数的存在，这些数据也有部分不实现象。

因此，本研究从两方面选取犯罪数据，一是选取人民法院审理一审刑事案件收案数作为刑事犯罪立案总数，称为绝对犯罪数（或犯罪基数）。采用可拓统计的方法，得到区域犯罪规模的基本数量特征，这种数据是真实可靠的，将它作为研究的数据基础是可信的。在实际研究中，如果考察犯罪率与人口两者之间的基本状态变化情况，可选择绝对犯罪数。二是从社会治安整体角度来分析，被法院确定为犯罪案件数量只占公安机关立案案件数量的一部分（因为相当一部分案件未能破获），并不反映一定时期社会中刑事案件的实际发生数量，因此，如果要考察社会治安的犯罪程度，采用公安机关的立案数，可称为相对犯罪数，要比人民法院的收案数更为恰当。将公安机关统计的犯罪数（即立案数）定义为犯罪模糊数（具有模糊度的区间数），采用市民与警方的双向治安危机感受度的模糊评价，结合因果效应分析方法得到区域犯罪规模有限的数量区间。将犯罪模糊数扩展到有限的犯罪暗数集中，采用可拓协同分析方法，通过犯罪因数神经网络的学习，对犯罪暗数集中的数据进行挖掘，变暗数为明数，将得到的犯罪数称为可拓犯罪数，从而使得到的犯罪信息最大限度地逼近现实状况。采用犯罪可拓统计方法在一定程度上解决了目前犯罪统计分析中存在的不相容问题。

第三节　人口与犯罪明数的规模

不论是从事治安管理的警察，还是热衷于犯罪研究的学者，以及参与社会治理的民众，其共同关注的敏感问题是：什么人会犯罪？犯什么罪？为什么犯罪？什么时间犯罪？在哪里犯罪？回答这些问题是极为困难的。尽管如此，从研究犯罪的开始，人们就采取不同途径最大可能地获取这些问题的相关信息，了解人与犯罪的关系。通过本节的分析与研究，将得到以下信息：①地区人口数量特征、增长特征和动态演化特征；②地区犯罪数量特征、增长特征和动态演化特征；③地区人口与犯罪关系的数量特征；④地区犯罪数量信息分析的现状和存在的问题；⑤地区社会治安水平评价中的人口与犯罪数量指标。

研究的主要目的是展现地区人口与犯罪的总体数量特征。从总体上了解和掌握人口与犯罪的基本数量，是评价地区犯罪规模以及社会治安水平的基本依据，为社会管理水平评价提供一个可信的尺度，也为公安机关评价警务工作绩效、制定治安防控规划与策略提供依据。

一、人口与犯罪数量分析的基本原则

（一）目的与意义

本书研究角度不仅是人口特征与犯罪防控的理论问题，而且注重当前社会治安实际，从地区人口的数量增长、行为变化的特点，结合产生犯罪的机理，分析和探讨地区社会治安优化管理问题。一个城市的犯罪规模和特点来源于人口行为属性和演化特征，也就是说，犯罪的类型与数量是由各种犯罪行为人决定的。

这里所研究的犯罪防控问题是针对社会治安系统来说的，将城市治安问题看成一个系统，就是要注重社会治安的整体性、层次性、相关性和动态性四个基本原则。从实际意义来看，就是警务工作不仅仅强调立案数与破案数，而是体现在社会管理的整体功能和效果上。实际上，犯罪防控问题包含治安案件与刑事案件两方面的内容，这两种案件属性从不同的角度影响着社

会的稳定。仅仅把降低犯罪率作为评价社会治安的标准，并不是社会治安管理优化的目标。城市治安案件和刑事案件规模、属性和变化特征分析是犯罪防控的基础，对历年的人口与犯罪状况进行统计分析，是了解和掌握人口与犯罪规律的前提，但是，目前的研究角度基本上都是围绕着犯罪率的统计分析，从立案数到破案数，从数字到数字，这已经形成了我国警务管理的习惯模式。尽管许多研究者采用犯罪统计的方法开展了一定的实证研究，但是，由于犯罪问题自身的不确定性和复杂性，犯罪统计方法的许多缺欠，使得这些犯罪与防范的实证分析仅仅停留在研究报告中。

实际上，不论采用什么样的理论与方法，关键是要研究人的问题。许多犯罪学理论从不同的侧面分析了犯罪人的生理、心理和社会行为特征，但是并没有通过实证分析来验证人与犯罪的动态演化特点和规律，本研究就是突破传统的研究界限，采用可拓协同式的方法论分析与研究人口与犯罪的统计特征与演化规律，为犯罪防控提供有效的方法和手段。

（二）统计对象的定义

城市的社会治安状态是由刑事案件与治安案件的规模所决定的，刑事案件反映了对社会危害的深度，治安案件反映了对社会危害的广度。刑事案件对社会的危害性较大，所以，以往对犯罪数量的研究大都基于刑事案件的统计。按照我国刑事司法体制，刑事犯罪立案总数应为公安机关刑事案件立案数与人民检察院直接侦查案件立案数之和。鉴于统计资料的限制，这部分数据很难获得，而且由于犯罪暗数的存在，这些数据也有部分不实现象。因此，本研究从两方面选取犯罪数据：一是选取人民法院审理一审刑事案件收案数作为刑事犯罪立案总数，称为绝对犯罪数。选择条件为，如果考察犯罪率与人口两者之间的基本状态变化情况，可选择绝对犯罪数。二是从社会治安整体角度来分析，被法院确定为犯罪案件数量只占公安机关立案案件数量的一部分（因为相当一部分案件未能破获），并不反映一定时期社会中刑事案件的实际发生数量，因此，如果要考察社会治安的犯罪程度，采用公安机关的立案数，可称为相对犯罪数，要比人民法院的收案数更为恰当。另外，在研究社会犯罪的增长规模时，犯罪率是一个通用的指标，一般都选用稳定性较强而内容又比较确定的绝对犯罪数为统计角度，即用绝对犯罪总数除以人口数，得到每十万人口的犯罪数，即犯罪率。

人口与犯罪总体规模有三方面的意义：一是人口与犯罪的数量指标（人口数与犯罪数），二是人口与犯罪的增长指标（人口增长率与犯罪增长率），三是人口与犯罪评价指标（人口率与犯罪率）。

二、人口与犯罪增长状态的统计特征

（一）人口增长率与犯罪率

首先从绝对犯罪数的角度了解某个地区人口与犯罪总量的统计特征，表1-1给出了该地区1990—2009年人口与犯罪总体数量与增长变动的情况统计。

表1-1 某地区1990—2009年基于人口增长率的犯罪率

年份	人口数	人口增长率‰	人口率	绝对犯罪数	犯罪增长率‰	犯罪率‰
1990	5177951	8.51437	1.22	3059	19.07359	0.627855
1991	5199505	4.154005	1.23	3032	-8.82641	0.704682
1992	5229038	5.663878	1.25	2846	-61.3456	0.599919
1993	5270939	7.98116	1.26	2676	-59.733	0.506172
1994	5315293	8.379563	1.32	3212	200.299	0.714918
1995	5346581	5.869324	1.27	3348	42.34122	0.734114
1996	5373955	5.106647	1.20	4055	211.1708	1.05788
1997	5403589	5.499212	1.18	3244	-200	0.609595
1998	5432313	5.301635	1.15	3110	-41.307	0.548937
1999	5453064	3.812638	1.08	3801	222.1865	0.818256
2000	5514721	11.24329	1.24	4727	243.6201	0.978653
2001	5546137	5.680572	1.16	4889	34.27121	1.082736
2002	5579312	5.963804	1.05	4715	-35.5901	0.895989

年份	人口数	人口增长率‰	人口率	绝对犯罪数	犯罪增长率‰	犯罪率‰
2003	5601533	3.978404	1.02	5245	112.4072	1.047213
2004	5616015	2.578456	1.01	5243	－0.38132	1.007476
2005	5653325	6.621506	0.98	5675	82.39558	1.042395
2006	5720810	11.8664	1.02	5644	－5.46256	1.110507
2007	5781853	10.61372	1.03	5869	39.86534	1.111754
2008	5833745	8.934882	0.96	5192	－115.352	1.017528
2009	5848049	2.448939	0.94	6035	162.3652	1.117809

从表 1－1 中可发现，人口数、人口增长率、犯罪数、犯罪增长率和犯罪率都是我们熟悉的指标，只有人口容率（简称人口率）是一种新的统计指标，这也是因本研究需要而提出的新概念。本研究首次提出人口率的概念，其目的是能够更有效地反映人口与犯罪的关系问题。所谓人口率是指实际人口数量与目标人口（人口统计中的适度人口）数量的比值，即人口率（λ）＝实际人口数（P_r）/目标人口数（P_o）。人口率是一个反映人口增长的质量指标，也就是说，如果 $\lambda = 1$，说明人口增长达到基本状况；如果 $\lambda < 1$，说明人口增长达到理想状况；如果 $\lambda > 1$，说明人口增长进入不相容状况。

图 1－2、图 1－3 给出了该地区 1990—2009 年人口增长和犯罪增长的情况。

从图 1－2 可以发现，人口增长在 1993—1999 年间是基本平稳的，2000 年人口增长有一次较小的跳跃，在 2000—2004 年间人口增长较为平稳，从 2005—2009 年间人口数量有了较快的增长速度。

城市人口增长具有两种属性，一是自然增长，二是机械增长。表 1－2 给出某地区 1990—2009 年两种人口增长的情况：

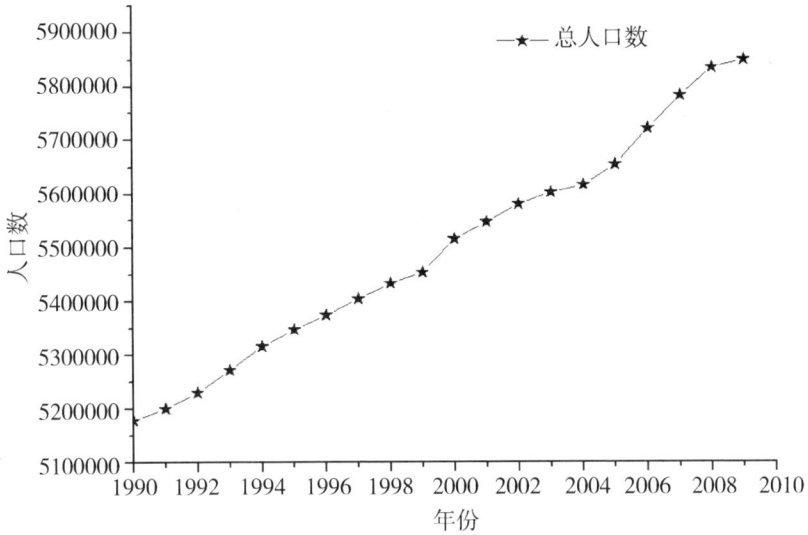

图 1 - 2　1990—2009 年人口增长情况

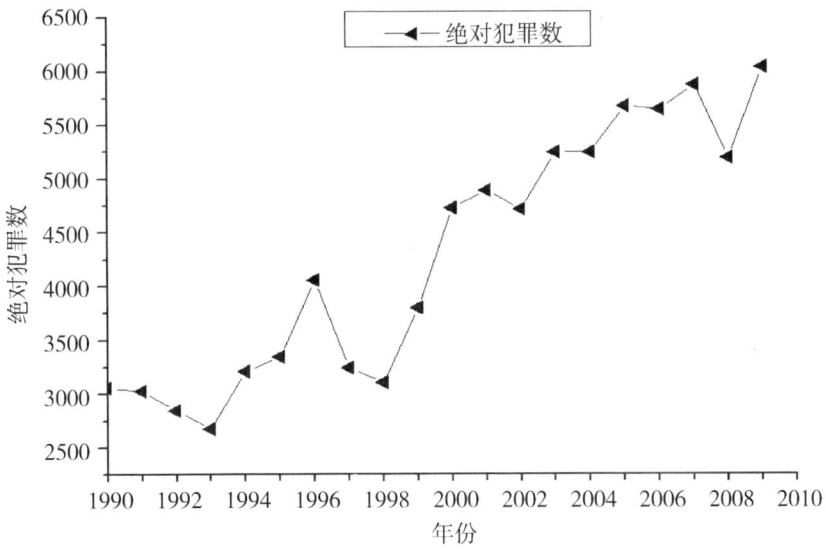

图 1 - 3　1990—2009 年绝对犯罪数统计图

表1-2 1990—2009年两种人口增长率的统计

年份	人口数	人口增长率‰	自然增长率‰	机械增长率‰
1990	5177951	8.51437	8.31	0.35
1991	5199505	4.154005	2.91	1.16
1992	5229038	5.663878	3.88	2.64
1993	5270939	7.98116	3.61	4.22
1994	5315293	8.379563	4.47	4.11
1995	5346581	5.869324	3.32	2.33
1996	5373955	5.106647	2.77	1.7
1997	5403589	5.499212	2.51	2.76
1998	5432313	5.301635	1.11	3.75
1999	5453064	3.812638	0	2.83
2000	5514721	11.24329	1.81	4.76
2001	5546137	5.680572	1.41	3.83
2002	5579312	5.963804	2.64	3.55
2003	5601533	3.978404	−0.53	4.17
2004	5616015	2.578456	−2.53	5.27
2005	5653325	6.621506	1.26	5.85
2006	5720810	11.8664	1.14	10.51
2007	5781853	10.61372	1.66	8.85
2008	5833745	8.934882	1.22	7.7
2009	5848049	2.448939	1.17	1.51

从表1-2可看出,1990—2009年20年间,人口自然增长具有短期波动、长期递减的态势,但迁入人口的增长数量在人口增长总量中占有较大的比例,并且具有较大的起伏现象。图1-4给出某地区1990—2009年出生人口和迁入人口的增长情况统计,在此基础上可以研究自然人口犯罪和迁入人口犯罪的数量特征。

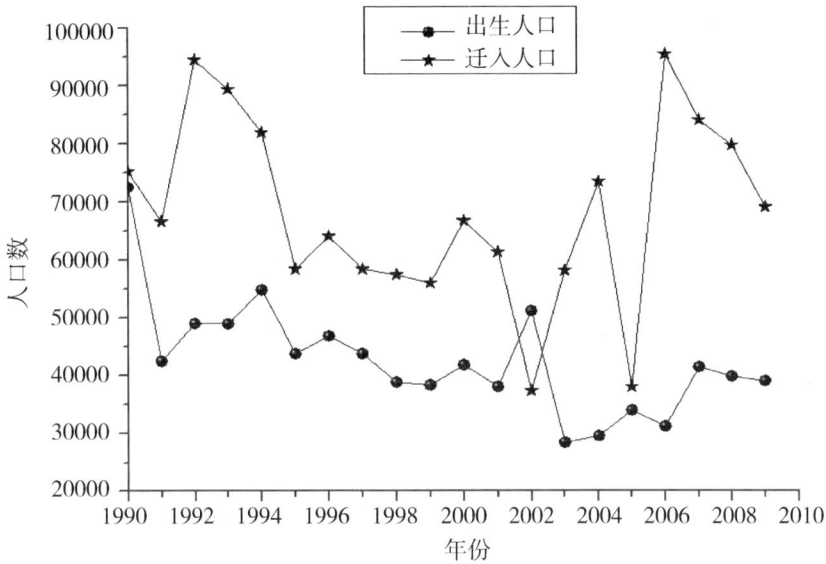

图 1 - 4　1990—2009 年出生人口迁入统计特征

（二）人口自然增长的犯罪模型

统计数据表明，自然人口在 1991 年和 2003 年有两次较大的降幅。人口学理论认为，人口自然增长小规模波动是正常的，大起大落是反常的，这种反常会产生一些社会的不平衡问题，犯罪问题就是其中的问题之一。因为自然人口犯罪属性与特征具有一定程度的地区人口特征，所谓地区人口特征是由当地的人文传统、生活方式、社会习俗和经济特点决定的。所以，自然人口的犯罪规模是有形的，并且增长规模也是可预测的。可以通过每个时期人口出生数量在不同犯罪年龄周期的分布，来计算自然人口的犯罪规模。

研究表明，在一定时期人口自然增长的数量，会在不同的时期出现不同的周期性犯罪增长数量，为了解释这种周期性影响特征，本研究采用何平教授提出的人口自然增长周期犯罪率。所谓人口自然增长周期犯罪率是指第 K 年人口自然增长的数量在 $K + N (N \geqslant 15)$ 产生犯罪的比率，即

$$R(K + N) = \frac{C(K + N)}{A(K)}，\text{其中 } N \geqslant 15$$

其中 $A(K)$：第 K 年人口自然增长的数量；$C(K + N)$：第 $K + N$ 年产生犯罪数量；$R(K + N)$：第 $K + N$ 年人口自然增长周期犯罪率。动态意义如图 1 - 5 所示：

初始人口增长期（N<15）

A(K)
人口增长
期

犯罪产生
期

犯罪

增减期

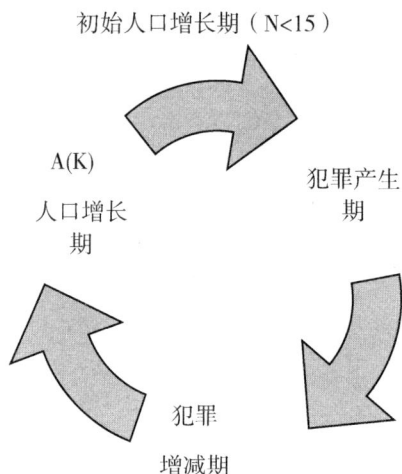

图 1－5　人口增长动态周期犯罪率

分析表明，第 K 年的人口自然增长会形成 $K+15, K+16+\cdots+\cdots$ 的犯罪产生时间序列，同一时期的人口自然增长在此时间序列中具有不同分布的犯罪率。从而有基于区域人口自然增长特征的犯罪率测量：

$$R(K) = \sum_{N=15}^{r} \frac{C(N)}{P(K)}$$

其中 r 为可以产生犯罪的时间序列长度。

根据以上方法，对 1949—1994 年该地区每年人口自然增长数至每个对应周期犯罪率进行统计分析。根据该地区人口自然增长与犯罪人口产生的区域特点和规律，得出地区自然犯罪率增长的数量：24.67，28.75，即每增长万自然人口会产生最大犯罪率为 28.75，最小犯罪率 24.67。从而得出，自然犯罪人口产生数量的区域性特点，在一个可实现犯罪的循环周期内，犯罪人口是基于地区特有的自产特点，地区自然犯罪人口比较稳定在每万人口24.67～28.75 之间。

人口自然增长数量与自然人口周期犯罪率具有地区特点的规律性，如果认真地考察地区自然人口与犯罪的关系，就不难发现犯罪人口在本地区的分布特征、数量特征，如果只考察自然犯罪人口的数量特征，那么完全可以做到犯罪案件的可预测和可预防。

（三）人口机械增长的熵特征

人口机械增长会形成不稳定的人口增长率，同时也会不同程度地对犯罪数量产生影响。人口机械增长的特点是人口的迁入和迁出，并且区域经济开放规模和人口迁移政策的改变会直接影响到区域人口迁入和迁出的数量比例。应关注的是，影响地区人口增长规模的人口迁入数量。

从图1-4中可发现，在1991—1992年间该地区迁入人口具有较大幅度的增长，但是随后逐年递减，2002年、2005年降到最低点，特别是2005年以后，城市对外开放政策使迁入人口数量具有较大幅度的增长。但是，迁入人口的突变会产生人口管理的不相容问题，从而使城市人口信息处于非平衡状态，是犯罪产生的要素之一。如图1-6给出迁入人口犯罪与违法数量的变化情况。

通过统计分析发现，地区迁入人口犯罪与违法数量在1990—2005年期间波动起伏，没有明显的统计规律，但是在2005—2006年犯罪与违法数量有大幅度的增长，出现这种现象的原因是，2005—2006年，基于经济的非正常性增长引起迁入人口增长的速度加快，从而产生人口增长非平衡现象。人口的非平衡增长是犯罪增长的主要原因之一。

统计数据表明，该地区人口机械增长的突出特点是人口迁入的比例远远大于迁出的比例，并且人口机械增长虽有局部期间波动，但总体增长数量明显，并且，两种属性的增长规模具有较大的差异，人口机械增长数量在整个人口增长数量中占有较大的比例，从而说明了两种明显的人口特征，即老龄化群体递增和人口迁移速度加快，这进一步证实了该地区是一个移民性质的城市。两种属性的人口增长都对犯罪数量增长产生不同程度的影响。

由于城市的人口与犯罪系统（简称PCS）进行了人、行为方式和关系属性的交换，形成了人口与犯罪状态从有序到无序、从无序到有序的非平衡特征，城市人口-犯罪系统具有这种非平衡自组织结构，则可称为人口-犯罪系统的耗散结构。探讨与研究地区PCS的耗散结构特点，就能够有效地掌握人口与犯罪的动态变化规律。图1-7给出了人口增长率与犯罪增长率的情况。

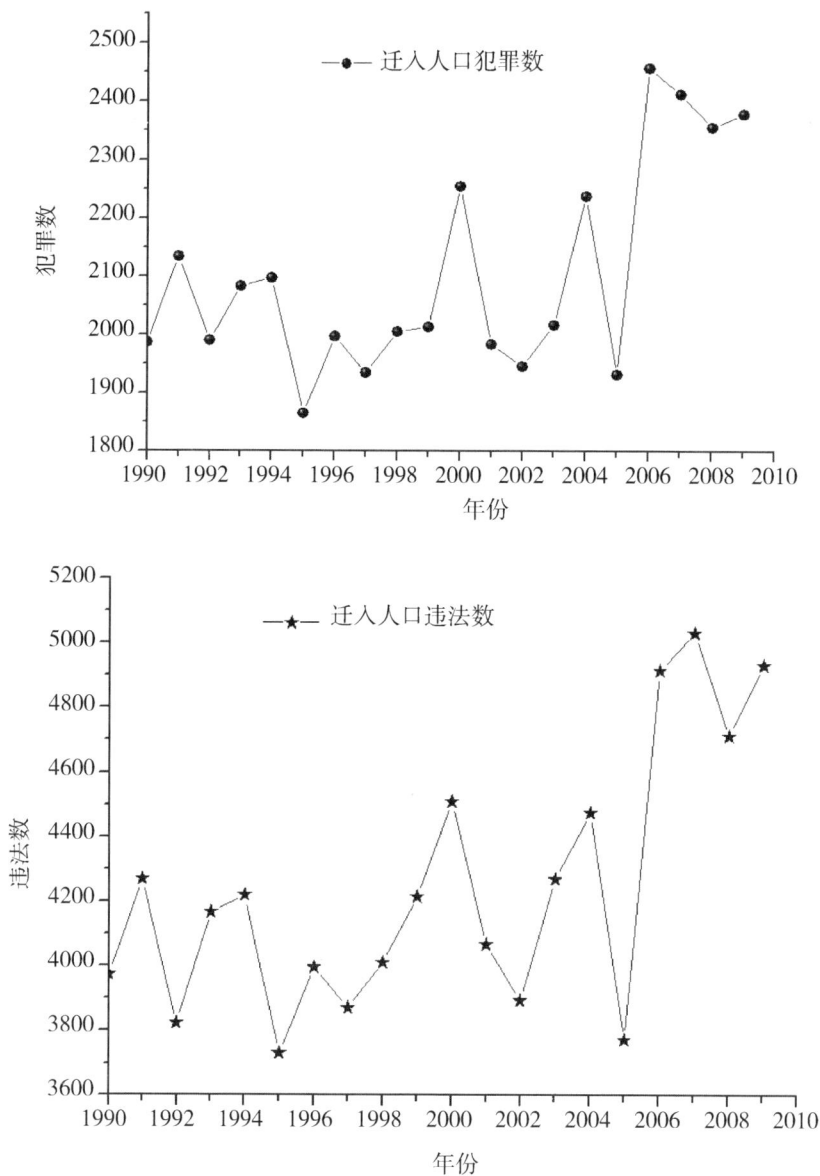

图 1-6　1990—2009 年迁入人口犯罪与违法数量的统计

从图 1-7 可以看出，该地区犯罪数量的变化波动较大、突变现象较多，说明该地区犯罪特征有一种无形的不确定性，但是突变的原因是有规律的，

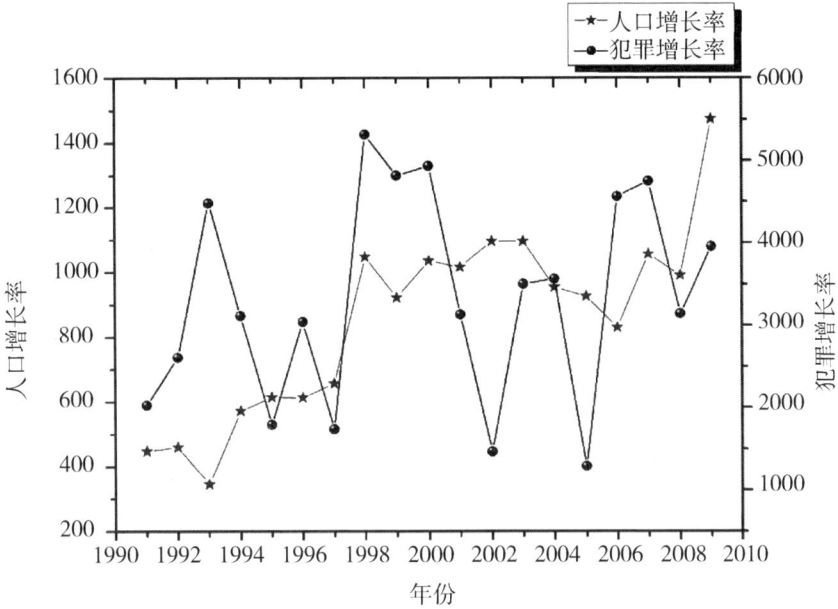

图1-7 1990—2009年人口增长率与犯罪增长率比较

可以通过实际分析验证犯罪绝对数的可信度。从1990—2009年犯罪率总体上呈上升趋势中可以看出，在1996年、2001年犯罪率出现2次较大的转折，这跟"严打"政策有关。"严打"是迅速扭转一个地方社会治安面貌，打击违法犯罪分子的有效手段。1996年、2001年两年犯罪率达到峰值，通过"严打"使得犯罪率又迅速下降，从而犯罪率序列出现两次明显的转折点。其中，虽然2000—2001年还进行了网上追捕逃犯的"新世纪严打"，但是，打击力度上不如1996年大，所以在犯罪率时间序列上并没有出现较显著的拐点。

统计分析表明，人口增长与犯罪增长在总体上是同步的，但在局部上是波动的。具体体现在两方面：其一，在人口增长的前提下，犯罪数量呈现单调增和单调减的态势，这种现象表明，人口当年的自然增长并不就决定了当年的犯罪增长，而决定当年犯罪增长的是人口增量周期犯罪率和人口机械犯罪率。另外，在人口增长的前提下，犯罪数量呈现突变现象，原因有两个方面，其二，人口机械增长对人口率产生负面作用，形成人口与社会的不相容现象。另外，犯罪现象的成因出现异常和突变。因此，可以得出这样的结论：人口增长是犯罪增长的充分条件，但不是必要条件。要了解人口增长对犯罪增长的影响，必须对人口增长的性质进行分析。从统计数据可以得出，该地区人口自然增长是适度的，并没有对犯罪的增长产生直接的影响，如果通过"人口与犯罪周期分析"，可以得出具有滞后影响度。何平教授的"人口与犯罪周期分析"为人口与犯罪研究提出了新问题，主要特点是给出了一个人口增量周期犯罪率。

在人口增长研究中，不仅要考察人口增长的数量指标，还要考察人口增长的质量指标和人口增长的效果指标，如图1－8给出了某地区人口率与犯罪率的统计结果。

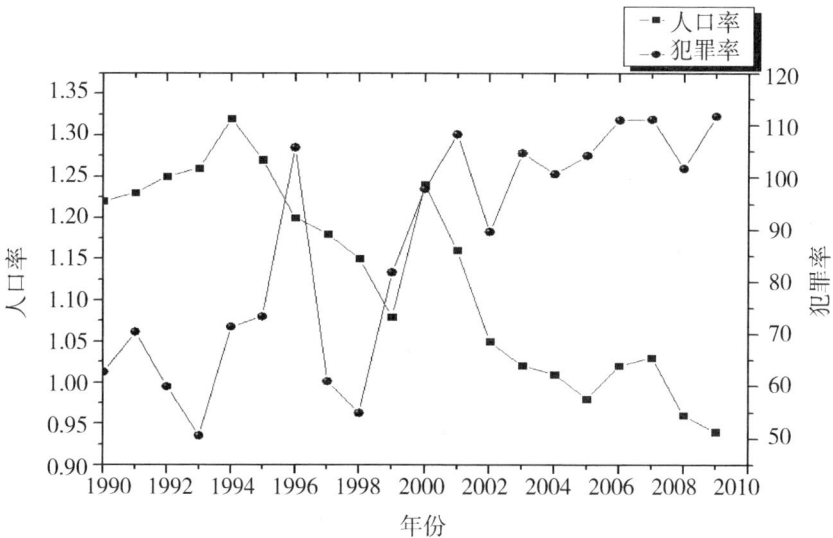

图1－8 1990—2009年某地区人口率与犯罪率的统计

也就是说，该地区人口增长的"量质效"模式构建了一个可控的耗散结构。例如，人口率就是一个衡量PCS自组织结构的判断依据。

实际上，人口率是一个反映人口增长质量的动态指标，它的意义在于，当社会各种资源以及经济发展的水平满足人口增长条件时，人口增长数量适应社会、经济发展的目标，人口增长不会给社会带来负面作用，具体来看，人口增长不一定就是犯罪增长的原因。根据该地区社会、经济综合发展指标对人口增长需求数量的评价，人口率由不相容程度达到目标要求，并且向理想的目标发展。通过分析可以发现该地区的人口增长数量不是犯罪增长的主要原因。

第二章

区域各类犯罪统计分析

第一节　刑事犯罪数量和类型统计

前面我们仅从人口增长与犯罪基数（刑法角度）增长角度分析了某地区人口与犯罪状态的统计特征，它是研究城市犯罪规模与程度的基础，但是，这种角度下的犯罪数量仅是实际社会犯罪的一部分，甚至是一小部分（如果破案率较低的话）。根据我国公安基层单位在犯罪统计方面的现状，盲目统计比较普遍。在对派出所和社区群众的访谈中，得到的犯罪数基本上都多于立案数，不同时期立案数与实际发生数的差别不同，有的立案数还不到实际的40%。不从根本上解决犯罪信息的真实获取，那么就无法谈论犯罪的防控问题。为了得到某地区犯罪总量的真实结论，先从该地区公安机关刑事案件立案数的统计结果开始分析，图2-1给出了1990—2009年刑事立案数（相对犯罪数）的统计结果。

表2-1给出的是刑事案件分类数统计数据（来自警方的），与实际情况具有较大的差距。

表2-1　某地区2000—2009年刑事案件性质分类统计

年份	放火	爆炸	杀人	伤害	强奸	绑架	两抢	盗窃	诈骗	毒品犯罪	经济犯罪	其他
2000	346	22	195	572	284	14	2229	22923	2651	354	591	2246
2001	217	6	213	856	253	18	1858	21485	2423	497	562	2426
2002	185	6	228	1166	245	13	1935	20231	2767	620	523	2010

续表

年份	放火	爆炸	杀人	伤害	强奸	绑架	两抢	盗窃	诈骗	毒品犯罪	经济犯罪	其他
2003	189	3	188	1408	287	10	1556	20053	2768	552	513	1986
2004	139	6	183	1362	209	15	1810	21740	2235	218	337	1794
2005	88	5	161	1644	201	10	1678	21564	1873	101	320	2263
2006	58	3	151	1487	182	8	2237	22341	1647	83	469	1516
2007	34	3	109	1423	117	10	2113	18811	1520	266	364	2182
2008	27	4	96	1336	127	5	2929	18115	2631	183	776	1914
2009	49	1	92	1565	181	8	3002	25197	3065	235	1388	3128

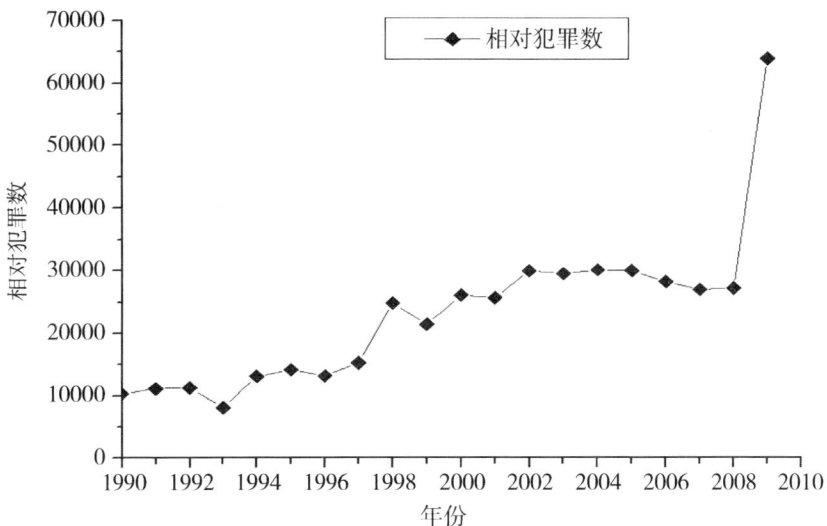

图 2－1 某地区 1990—2009 年相对犯罪数统计图

从表 2－1 中可以反映出目前公安机关在犯罪统计方面存在较多问题，因此，不利于警务工作研究与决策。虽然犯罪数量信息存在着不真实现象，但它也能反映一个总体的趋势。同时从表 2－1 可以看出，盗窃案件数量占整个公安机关立案的刑事案件的绝大多数，一般占到 70% 左右，如果再加上两抢、诈骗等犯罪，可以看出带有经济目的的犯罪在公安机关立案的刑事案件构成中可达到 80% 以上，考虑到检察机关立案的自侦案件主要是贪污、贿赂等职务犯罪，这类犯罪也是以经济利益为主要目的。虽然各类犯罪统计数据不能完全反映实际规模，但它反映了总体的特征。

第二节　治安案件统计分析

治安案件的数量多少是判断社会治安状况的一个重要指标。表 2 - 2 和图 2 - 2 给出了某地区 2001—2009 年治安案件分类统计。

表 2 - 2　某地区 2001—2009 年治安案件分类统计

年份	扰乱单位秩序	寻衅滋事	非法携带枪支弹药及管制刀具	违反危险物质管理规定	殴打他人	敲诈勒索	盗窃	赌博	毒品违法活动	违反淫秽物品管理规定	卖淫嫖娼
2001	1006	1790	1657	1627	7809	23	3041	911	71	137	571
2002	1044	2040	25	106	11504	31	4225	1107	126	82	588
2003	705	1746	22	101	13635	31	4835	1263	129	159	391
2004	519	934	14	20	11286	35	5167	376	136	223	400
2005	493	897	2	24	11155	40	3418	454	175	127	343
2006	311	692	249	27	11533	59	2548	234	152	56	231
2007	376	519	235	10	23876	51	2817	171	335	33	192
2008	207	397	213	24	21926	67	2221	190	304	38	216
2009	372	469	202	9	37642	98	2614	217	362	36	234

以上的统计数据仍然存在着较大的偏差，实际治安案件的数量要比统计数据多得多。实际上，治安案件反映治安广度问题，我们将这些数据作为犯罪防控的基础数据，同时，也可以为预测真实数据起到辅助作用。表 2 - 3 给出了 1991—2009 年人口增长率与违法率的统计结果，为了有一个直观的比较，人口增长率、违法增长率和违法率都以十万分比。

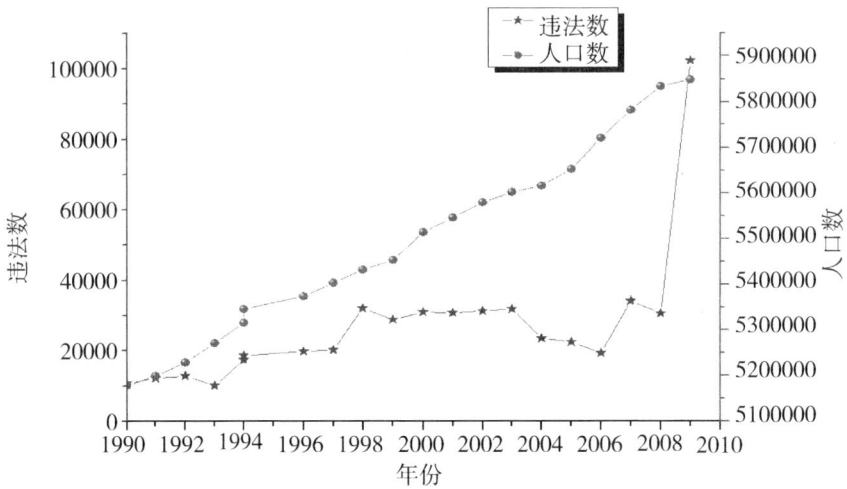

图 2－2　某地区 1990—2009 年人口数与违法数增长情况

表 2－3　某地区 1991—2009 年人口增长率与违法率的比较　单位：十万分之一

年份	人口数	人口增长率	人口率	违法数	违法增长率	违法率
1991	5199505	448.6196	1.23	12181	13438.25666	234.2723009
1992	5229038	461.06	1.25	12893	5845.168705	246.5654294
1993	5270939	345.631	1.26	10123	－21484.52649	192.0530668
1994	5315293	572.2733	1.32	17329	71184.43149	326.0215382
1995	5346581	614.6732	1.27	18672	7750.014427	349.2325282
1996	5373955	613.6635	1.20	19823	6164.310197	368.8717155
1997	5403589	656.6562	1.18	20192	1861.474045	373.6775687
1998	5432313	1047.712	1.15	32108	59013.47068	591.0557805
1999	5453064	922.2338	1.08	28901	－9988.164943	529.9956135
2000	5514721	1034.74	1.24	31023	7342.306495	562.5488579
2001	5546137	1016.455	1.16	30807	－696.2576153	555.4677066
2002	5579312	1096.694	1.05	31258	1463.952998	560.2482887
2003	5601533	1096.093	1.02	31885	2005.886493	569.2191763
2004	5616015	954.1285	1.01	23536	－26184.72636	419.0871997

年份	人口数	人口增长率	人口率	违法数	违法增长率	违法率
2005	5653325	926.5698	0.98	22472	−4520.734194	397.5005859
2006	5720810	829.3581	1.02	19264	−14275.5429	336.7355322
2007	5781853	1056.461	1.03	34131	77175.04153	590.3124829
2008	5833745	990.7187	0.96	30653	−10190.14972	525.4429187
2009	5848049	1472.953	0.94	52228	70384.62793	893.0841722

表 2-3 给出的统计数据波动较大，与实际治安案件有较大的偏差，但是违法数量具有不确定性、动态性，它不具有随机统计特征，也不像刑事案件具有相对的稳定性。图 2-3 给出了人口增长率与违法增长率的统计结果。

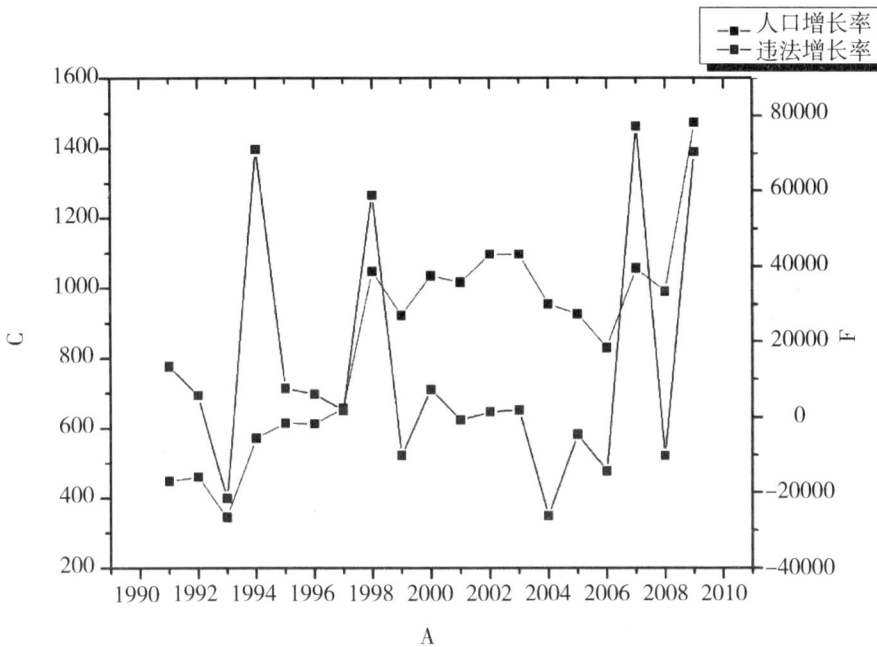

图 2-3 人口增长率与违法增长率统计结果

第三章

人口特征与区域犯罪分析

本章以大连市早期人口特征与犯罪状况为例，对分析区域人口和犯罪问题进行论述，分析与描述中的有关数据仅是为了阐明研究方法，不代表具体意义。

第一节　区域人口与犯罪统计特征

一、区域概况

大连市行政区划分为中山区、西岗区，沙河口区、甘井子区，旅顺口区、金州新区、普湾新区、瓦房店市、庄河市、长海县。总面积 12573.85 平方千米，市区平均人口密度 10550 人/平方千米。

表 3-1　大连市行政区特征

大连市内行政区				
		中山区	西岗区	沙河口区	甘井子区
总面积		40.10	23.94	34.71	451.52
户数		133160	114635	228386	257965
人口数		357091	307850	653762	722559
区划	街道	8	7	9	15
	居委会	51	45	87	122
	村委会				47

表 3 - 2　大连市新区、县市

大连市行政区						
	旅顺	金州	普湾新区	瓦房店	庄河	长海
总面积	512.15	1352.54	2769.90	3576.40	3655.70	119
户数	83471	263027	278810	363621	285113	26232
人口数	212752	729100	827585	1026160	922876	74010
区划 街道	13	14	4	11	4	
区划 居委会	95	105	39	52	52	7
区划 村委会	71	65	162	285	221	23

二、区域人口特征

人口地域结构是按照人口居住标识来划分的。人口地域结构包括人口自然地域结构、人口行政区域结构、人口城乡结构等多种具体的地域结构表现形式。人口地域结构是人类长期适应、利用和改造大自然的结果。在不同的经济发展水平和制度下，人口的地域结构是不同的。

通过调研发现，中山区、西岗区作为该市的中心区人口数量呈逐年下降趋势；沙河口区与甘井子区人口数量呈逐年增长趋势，逐年拉大了与中心区的差距，特别是甘井子区这种差距较大。这种情况反映了大连市近些年城市区域向外延伸的发展趋势。比较明显的是，从2002年开始甘井子区人口增长的数量较大。从非中心区的情况来看，金州新区人口数量增长明显（主要指原开发区来说），其他地区人口增长平稳。

三、区域人口犯罪特征

大连市2000—2009年各区的犯罪数统计（来自警方统计数据），见表3-3。

表 3 -3　大连市 2000—2009 年各区的犯罪数统计

年份	中山区	西岗区	沙河口区	甘井子区
2000	11541	6276	6898	10113
2001	6511	5944	5245	9209

续表

年份	中山区	西岗区	沙河口区	甘井子区
2002	7637	6656	5400	6346
2003	6961	4634	5337	4626
2004	5669	5004	5335	6452
2005	6368	5452	4681	6720
2006	5169	4271	4381	6315
2007	6561	4681	5685	9952
2008	4434	3441	3412	5718
2009	11178	8090	15414	12944

表3-4给出了大连市新区、县市犯罪数统计：

表3-4　大连市新区、县市犯罪数统计

年份	旅顺口区	金州新区	普湾新区	瓦房店市	庄河市	长海县
2000	3123	13154	7540	8156	5096	557
2001	1773	9042	3814	8256	4099	415
2002	2073	13556	4649	7537	3594	441
2003	1913	12929	4295	5926	3544	518
2004	1821	11708	4038	6804	3706	371
2005	2253	9588	2185	5969	4035	595
2006	2218	7987	4097	5944	3756	531
2007	3425	11540	4193	5965	5069	773
2008	2370	7756	3035	3957	2477	453
2009	3354	15047	5436	4290	4494	572

　　根据所得资料，沙河口区、甘井子区犯罪案件比率比其他区高。一般人认为，当一个地区有较多人居住时，该区便会有较高的犯罪率。究竟一个地区的人口与该地区的犯罪率有没有直接的关系？又是否使该地区的犯罪率高于其他地区？需要进一步研究。

　　虽然甘井子区犯罪数量与其他地区比较并没有十分显著的差异，但当犯罪数字与人口作比较时，甘井子区犯罪率的波动明显大于其他地区。究竟是什么因素导致这一地区的犯罪率出现波动？是年龄分布？是经济活动？是教育程度？这正是我们将要深入探讨的。有人认为，如果当一个地区有较多的年轻人居住的时候，该区便会有较高的犯罪数字。又或是该区有较多老年人居住时，便较容易成为不法之徒的侵犯对象，使该区的犯罪数字升高。究竟不同年龄人口数目与一个地区的犯罪率有没有直接的关系？又是否因而使该地区的犯罪率较其他地区高？这也需要进一步研究。

四、人口密度与犯罪的变化

人口密度系指每一平方千米土地面积上平均分配居住人口数。大连市2009 年人口密度为每平方千米 465 人，由历年资料可以看出，该市人口密度逐年增长，并且分布特征变化较大。10 年来该市人口密度与犯罪数量的变化与增长情况，如图 3 - 1 所示。

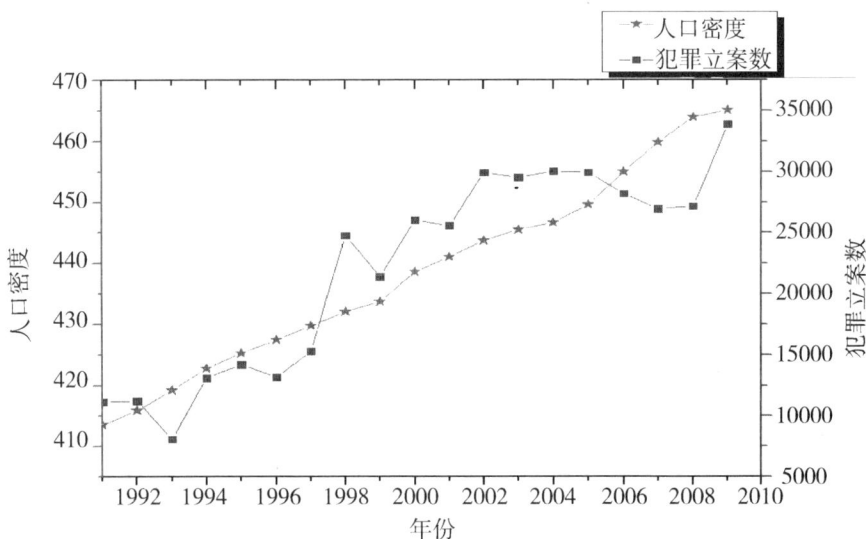

图 3 - 1 大连市人口密度与犯罪数量的变化与增长情况

第二节 人口基本特征与犯罪情况

人口基本特征分析包括：人口年龄结构、性别结构、职业结构和教育结构。这些结构的犯罪情况分析只能通过法院的统计数据来分析，因此，数量远远小于犯罪数（立案数）。

一、年龄结构与犯罪

年龄是人口最基本的自然属性之一，以岁为计量单位，成活一年就增长一岁。随着年龄的增长，个体的人也是经历着一个从小到大、从不成熟到成熟、从不谙世事到明辨是非的逐渐成长、成熟的漫长过程。因而每个年龄段的人群所表现出来的行为及其对社会的影响也不尽相同，甚至差异很大。因此，要研究犯罪的人口学特征，有必要研究犯罪人口的年龄特征。

一地区未来人口成长的趋势，可由人口年龄分配情形测知，而人口年龄结构可反映经济建设的发展。若一地区经济活动人口多、生产力强、产业发达，则一定会发展为繁荣都市；相对地，在一个经济繁荣的环境下，特定（如欺诈、白领、经济）犯罪亦可能随之增加。一般人口年龄结构，将 0 至 14 岁和 65 岁以上人口归为依赖人口，即无生产能力者；15 至 64 岁人口为经济人口。表 3 - 5 给出了大连市 2001—2009 年刑事案件年龄特征分类统计。

表 3 - 5 大连市 2001—2009 年刑事案件年龄特征分类统计

年份	合计	性别		年龄				文化程度			
		男	女	17 岁以下	18 至 35 岁	36 至 59 岁	60 岁以上	文盲	小学初中	高中	大专以上
2001	14441	13236	1205	1798	9025	3499	119	545	11981	1574	341
2002	16291	14787	1504	2821	9260	4040	170	506	13740	1586	459
2003	14631	13105	1526	1990	8617	3901	123	530	11582	2041	478
2004	11314	10418	896	2004	6888	2352	70	416	9279	1286	333
2005	12579	11628	951	2131	7682	2697	69	656	10076	1430	417
2006	10262	9702	560	1064	6558	2580	60	438	8597	999	228
2007	5179	4715	464	539	3187	1417	36	266	4082	685	146
2008	4530	4111	419	408	2787	1307	28	186	3525	652	167
2009	6571	6079	492	1128	3645	1758	40	717	4799	748	307

表 3-6 给出了大连市 2001—2009 年刑事案件职业特征分类统计。

表 3-6 大连市 2001—2009 年刑事案件职业特征分类统计

年份	合计	身 份								
		国家公务员	企事业人员	工人	农民	个体业主	在校学生	离退休人员	无业人员	其他
2001	14441	30	222	1153	5058	216	1045	67	5046	1604
2002	16291	8	308	1096	6149	240	1524	48	6219	699
2003	14631	16	259	908	5058	262	909	60	6217	942
2004	11314	6	256	483	3358	203	885	24	5402	697
2005	12579	–	213	638	4444	266	741	82	5482	712
2006	10262	–	137	307	3104	136	248	73	5119	1138
2007	5179	3	124	232	1102	118	103	27	1887	1583
2008	4530	4	119	268	1048	84	88	11	1912	996
2009	6571	2	1865	170	504	56	49	12	1674	2239

表 3-7 大连市 2001—2009 年刑事案件人口区域和违法经历特征分类统计

年份	合计	户籍所在地				违法经历			
		本市	流动人口	外国人	其他	受过刑事处罚	受过劳教	受过治安拘留	其他
2001	14441	8327	6069	1	44	248	197	241	13755
2002	16291	10557	5701	6	7	111	93	18	16069
2003	14631	8508	6098	16	9	92	47	31	14461
2004	11314	6285	5016	1	12	47	25	21	11221
2005	12579	6973	5573	1	32	89	39	111	12340
2006	10262	5231	4919	10	102	70	31	67	10094
2007	5179	2428	1705	7	1039	695	100	417	3967
2008	4530	2314	1920	2	294	737	75	344	3374
2009	6571	2901	2673	20	977	531	49	405	5586

从未成年人犯罪数量的变化可以发现，与成年犯罪增长率相比较，未成年人犯罪增长率较大，这是一个不能忽视的社会问题。大连市的社会环境、未成年人管理与教育因素对未成年人的影响有多大？是什么原因出现这种局面？我们将在后面进行论述。同时，如何通过对未成年人犯罪的成长轨迹进行分析，是社会治理工作的重要任务。

二、性别结构与犯罪

性别和年龄并列为人口最基本的自然属性，性别分为男性和女性。不同性别的个体不仅在生理上、外形上具有明显的区别和特征，在性格上也差异明显。女性细腻、柔弱、遇事比较理性、不易冲动，男性刚直、不拘小节、遇事易冲动，正是不同的性格特征造就不同的处事原则和处事方式，明智的处事方式常常化险为夷，不理智的处事方式则常常挑起矛盾、激化矛盾，严重时造成犯罪。所以，研究犯罪人口的性别特征对于研究犯罪的人口学特征具有重要意义。

三、职业结构与犯罪

人口职业结构主要是指经济活动人口在各种职业中分布的状况及其构成关系。人口的职业结构反映社会生产力发展水平和社会分工状况，人口职业结构是按个人工作的性质划分的。通过对该市1990—2009年不同职业类型的犯罪情况进行统计发现，该市无职业人口占有较大的犯罪比重，并且这种犯罪数量变化不平稳，形成了一种由经济政策、法律等社会环境造成的突变时间段。例如，1993—1994年，1995—2000年，2000—2002年，2002—2006年，2006—2007年，2007—2009年。可以通过区间点上的突变分析来研究区域犯罪人口的属性变化情况。不同的经济区域具有不同的犯罪特征，行业与经济属性的划分状况可以反映出本地域的犯罪特征。有人认为，当一个地区的大部分人口均从事经济活动时，该区的犯罪数字会较低，因为那些人有较少的犯案动机，如追求高质量生活或有更多的空闲时间等。究竟从事不同经济活动的人口数量与一个地区的犯罪率有没有直接关系？又是否使该地区的犯罪率较其他地区高或低？这是一个值得研究的问题。

四、教育程度与犯罪

文化是人类在社会历史发展过程中所创造的物质财富和精神财富的总和，一般是指运用文字的能力，文化程度是衡量一个人知识水平、涵养水平、综合素质高低的标准。文化程度取决于整个社会的经济发展水平和文化发展水平，又制约和影响着整个社会经济的发展。人口文化程度常常通过所受学校教育水平表示，分为：文盲、半文盲，小学，初中，高中或中专，大学（又分为大专、本科、硕士、博士）。一般来说，文化程度越高，思维越开阔，处事方法越理智，违法犯罪的概率越小，反之亦然，所以，研究犯罪的人口学特征需要研究犯罪人口的文化程度特征。

有人认为，若一个地区有较多教育程度低的人居住时，那些人可能会为生计而犯罪，使该区有较高的犯罪率。或者教育程度高的人则会因为收入较高而容易成为被侵犯目标，使犯罪率上升。究竟不同教育程度的人口数量与一个地区的犯罪率有没有直接关系？又是否使该地区的犯罪率较其他地区高？这需要进一步研究。

第三节　流动人口对犯罪规模的影响

一、城市流动人口特征

对于人口流动现象，不同的学科、不同的学者有不同的定义和研究范围。如人口学主要研究流动人口，而经济学和管理学主要研究人口流动。其实，在学科内部，对流动人口含义的精确界定也是一件困难和复杂的事情。这主要表现在：一是称谓的多样性。国际上一般把流动人口称为"人口迁移""迁移人口"，而没有"人口流动""流动人口"概念。"人口流动""流动人口"是我国学界独有的概念，是和我国特有的户籍制度相联系的概念。以户籍为基本依据，学界常把流动人口也称作非户籍迁移人口、暂住人口、外来人口等。二是空间界定的不统一。人口流动是一种跨越一定空间的行为。人口流动所跨越的行政区域究竟是哪一级行政单位？是省、市，还是县、乡？学者往往根据自己的研究目的采取不同的标准。三是时间限定不一致。人口流动是具有一定时间界限的，而对此时间限定，有的采用三个月，有的采用半年，还有的采用一年。不仅人口流动的定义不统一，流动人口统计指标也不统一。各级政府部门有着不同的流动人口统计口径，甚至同一部门在不同时期统计指标也往往变化较大。我国第六次全国人口普查，流动人口统计指标与日常户政管理统计不同。由于统计数据口径不一致，往往无法进行准确比较。

由于本项研究是研究人口与犯罪关系，既要研究作为主体的流动人口状况，又要研究引起人口流动的经济、社会原因，因此，本研究对流动人口定义的界定不拘泥于学科的定义，不对流动人口和人口流动在概念上作严格区分。这里所谓流动人口是指离开户籍所在地到其他地区暂住的人口。考虑到统计指标的口径不一，采取最宽泛的定义，在流动区域上界定为跨县区，在流动时间上界定为三个月以上。如此，各级政府部门不同时期的统计数据都可以采用。

对流动人口和几个关联概念也做一下比较分析。流动人口与迁移人口：流动人口与迁移人口在形式上的区别是是否取得流入地的户籍。从本质上看，流动人口没有在流入地永久居住的意愿，而迁移人口则选择在流入地长期居住并不打算再度流动。从相同的方面看，在一定时期内，流动人口和迁移人口都导致了流入地人口的增加。流动人口与劳动力流动：两者主要区别在于流动的目的不同。劳动力的流动目的在于求职，其主要动机是经济因素；而流动人口的目的要复杂一些，既包括经济原因引起的流动，也包括其他原因引起的流动。从主体上看，流动人口中有不是劳动力的群体，如流动人口的未成年子女，他们也属于流动人口，但不是劳动力。总体上看，劳动力流动属于人口流动的组成部分。流动人口与农村劳动力转移以及农民工：农村劳动力转移是指原来从事农业的人口转为非农人口，农村劳动力的转移形式有离开居住地转为非农人口（包括迁移人口和流动人口），即所谓的离土又离乡；也有在居住地就地转为非农人口，即离土不离乡。而农民工是指在城镇从事非农业劳动但又具有农民身份的人。可见，农民工是流动人口的组成部分。

二、流动人口与犯罪关系

流动人口犯罪一直是社会各界关注的问题。但是，我国司法部门没有对流动人口犯罪进行持续、规范的统计工作。在目前大连市统计资料中没有发现长期、持续的流动人口犯罪数据。因此，无法对流动人口犯罪的变化情况进行精确的计量分析。不过，可以从大连市公安机关不定期公布的数据中观察到流动人口犯罪的大致变化情况。

据大连市公安局犯罪统计资料，1990—2009 年间流动人口犯罪基本平稳，自 2005 年起犯罪人数急剧增加呈阶梯状走势。另据统计，流动人口犯罪人数的比例在历年虽有所起伏，但总体呈上升趋势，如图 3 - 2 所示。

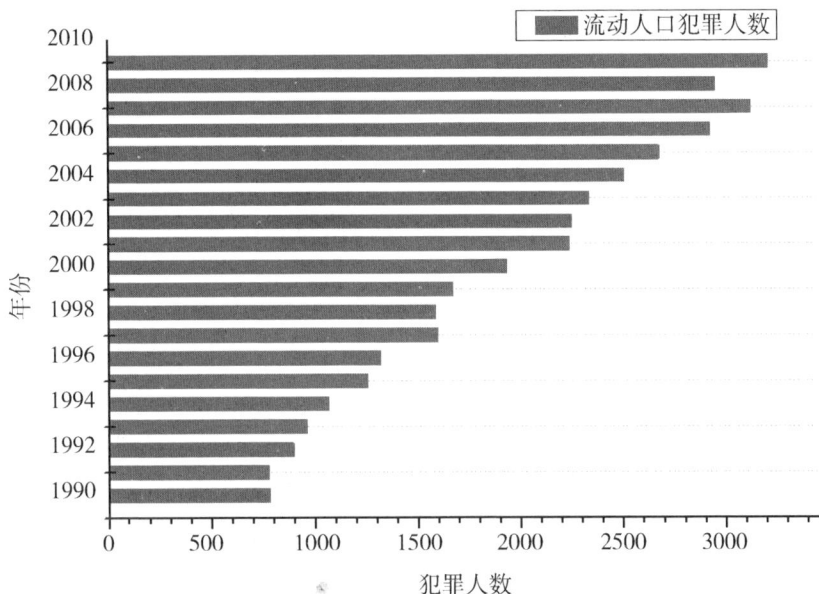

图 3 - 2　流动人口犯罪的增长情况

调研发现，2005—2009 年大连市户籍人口犯罪人数变化不大，这 5 年犯罪案件逐年上升的"动力"主要来自流动人口犯罪。但流动人口犯罪增长较为平稳。与流动人口犯罪相比较，本市人口犯罪具有较大的波动，如图 3 - 3 所示。

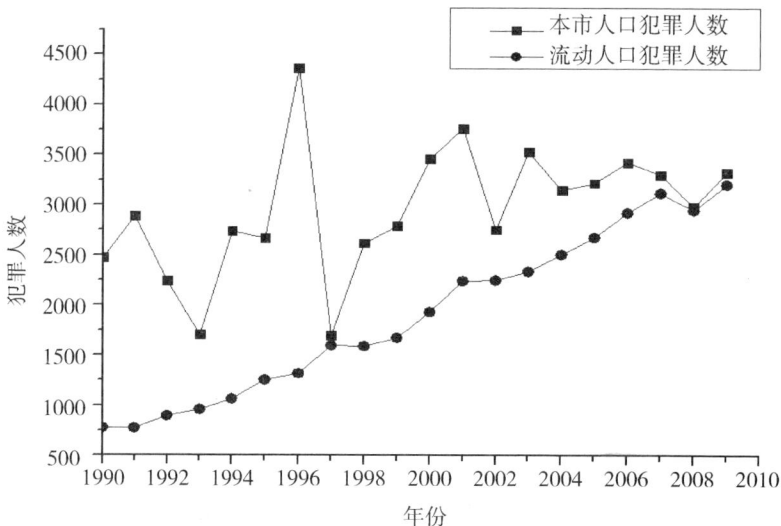

图3-3　大连市本市人口与流动人口犯罪人数比较

从上述数据可以看出，在日益增长的犯罪数量中，流动人口犯罪占了相当大的比例，且以经济犯罪为主。为了更精确地描述流动人口与犯罪的关系，需要用两者较长时期的数据进行分析。如前所述，目前并没有连续的流动人口犯罪数据，因此仍然采用人民法院一审受理刑事案件数作为犯罪指标。这里用大连市客运总量作为一个替代指标计算人口流动率，即人口流动率用年份全市客运总量除以当年全市总人口计算得出。严格意义上说，全市客运总量和流动人口并不相同，按照我国官方对流动人口的界定，是指离开户籍所在地前往流入地的暂住人口。按照这个定义，客运总量中的相当一部分人不能算作流动人口，但是在没有全市连续的流动人口统计数据的情况下，客运总量能在很大程度上反映人口流动状况，因此采用全市客运总量可以作为流动人口的一个替代指标（数据来源于《大连统计年鉴》和大连市城乡社会调查统计数据库）。

三、地区流动人口犯罪特点

除了流动人口犯罪数量不断增长的显著特征外，城市流动人口还有如下犯罪特点：

（1）作案的内容多以杀人、盗窃、抢劫、卖淫、嫖娼、制黄贩黄、贩毒等犯罪为主。流动人口中农民占绝大多数，文化程度偏低，初中及初中以下文化程度占89.93%，这种知识结构决定了流动人口中的犯罪分子难以在金融、计算机、税收等领域犯罪，而多实施杀人、盗窃、抢劫、诈骗、卖淫、嫖娼、制黄贩黄、贩毒等犯罪行为。抽样调查表明，流动人口中的犯罪分子，盗窃、抢劫、诈骗案犯占70%以上。从2003—2006年的变化趋势来看，文盲的比例从2003年的0.68%到2006年的0.59%有略微下降的趋势，而较高学历人群数量基本维持在30.15%左右。逐年微减的文盲人数均进入了庞大的较低学历流动人口范围内，所占比例从65.65%微升至69.85%。可见，流动人口的文化素质在这几年几乎没有实质性的改变。由于学历偏低，工作技能缺乏，流动人口在大连市的生存状况不容乐观。

（2）流动人口来连后大多没有固定的工作。从2006年流动人口在连身份情况可以看出：89.18%的外来犯罪人员系农民和无业人员，这部分人在连寻找工作的空间相当有限。由于流动人口在连从事的职业大多是制造加工、商业服务和建筑业，相当一部分人就成为社会闲散人员，逐渐养成游手好闲的习惯，容易滋生犯罪。

将2006年犯罪的流动人口身份情况与1999年至2002年期间流动人口相比较可以发现：2005年来连后能够在校学习或从业的人员比例相当低，仅为1.64%，2007年上升到6.13%，直到2009年后基本稳定在8.8%左右。应该说，流动人口在连的就业率与就读率是有所上升的，但这一比例与数量庞大的无固定职业人口相比就显得微不足道了。就总体而言，流动人口犯罪人员的工作、学习的情况始终没有大的改善。

（3）往往以地缘或亲缘为纽带结成团伙实施犯罪。大量的流动人口来自农村，往往是靠亲戚的介绍才走出农村的。这种独特的流动方式，使流动人口带有浓厚的地域性和乡土观念，具有好抱团、排外的心理。在犯罪活动中，这些人也往往利用同村、同乡、同县的较为有利的地缘、亲缘为纽带，拉帮结伙组成松散的或是紧密的团伙进行犯罪，形成诸如盗窃团伙，诈骗团伙，抢劫团伙，流氓团伙，拐卖妇女、儿童团伙，制贩黄团伙，贩毒团伙以及协助销赃团伙危害社会。团伙成员倚仗人多势众，相互壮胆，因而大案不断。调查表明，流动人口中犯罪分子共同作案的比例均超过常住人口案犯的比例。常住人口案犯共同作案占34%，流动人口案犯共同作案占40%。尤其在诈骗案中，流动人口在诈骗案件中共同作案的比例约占50%，同年常住人口案犯在诈骗案中共同作案的比例只有 30% 。

（4）利用发达的交通条件流窜犯罪趋势明显。商品经济的大发展，人、财、物的大流动，以及交通路线的扩展，现代化交通工具的增多，这些都给犯罪分子提供了可以利用的条件。而流动人口犯罪分子，有的是被通缉的刑事案犯，他们逃脱在外，行踪不定，到处作案，常常是身系数罪，罪恶累累；有的是刑满释放人员，因受打击而心怀不满，变本加厉地报复社会，制造种种恶性案件；还有的是以犯罪为职业的惯犯或犯罪团伙分子。由于流窜作案与固守一地作案相比，被发现和查出的风险要小得多，于是，为逃避公安司法机关的打击，追逐更多的利益，他们不断地变换作案地区。还有的甲地作案，乙地销赃，丙地藏身。据调查，在城市中发生的犯罪案件，共同作案成员约有一半以上来自农村，尤其是盗窃案件，外来人口作案高达 70% ~ 80% 。

在流窜作案中，铁路、主干公路等仍然是主要发案地点。因为交通沿线的市镇和工矿区经济繁荣、情况复杂，既便于作案，又便于逃跑、隐匿，所以成为犯罪分子的"首选"。据统计，交通沿线发生的流动人口犯罪案件比远离交通沿线的地区要多一两倍，甚至几倍。

（5）力图谋求各种形式的掩护。流动人口中的犯罪分子为了生存，也为了便于作案，往往要想方设法寻求各种形式的掩护。其基本形式主要有两种：谋求正当职业和搞到"合法"证件。

流动人口中的犯罪分子大多来自农村，一般都有劳动能力，有的还有一技之长。谋取正当职业掩护其不法行为，既是客观的需要，又有现实的可能。他们一旦谋到一份正当职业，其身份就由原来行踪不定的流浪者，变成有固定工作地点的"劳动者"。改革开放以来，市场经济提供了广大的就业机会。流动人口中的犯罪分子不少混迹于各种临时劳动组合和私营、个体经济之中，如搬运队、建筑队、手工作坊、饭店客栈、手工修理店、小煤窑、砖瓦窑等。从各地查获的情况看，以这些职业作掩护的占相当大的比重，有的地方甚至占三分之二。

在日益严格的治安管理和多样化经济活动情况下，流动人口中的犯罪分子非常看重各种能证明自己身份的证件。他们不仅把证件看作自己的护身符，而且把它当作作案的工具。有的犯罪分子交代，"在外面漂着，头一件事就是搞到证件，使身份合法化"。事实也正是如此。据有的地方抽查，被抽查的对象几乎都持有"合法"证件，如身份证、工作证、驾驶证、学历文凭、结婚证、介绍信等。"证件"的来源有盗窃的，有从不法分子那里买来的，有向他人索要或借用的，也有从商店购取样本私刻公章伪造的。他们凭证冒充各种身份，落脚旅店，广为交际，乘机进行诈骗、盗窃等犯罪活动。

（6）犯罪目标相当随机、盲目。流动人口的流动属性决定了其犯罪目标的随机性和盲目性。一部分居无定所的人往往抱着碰运气的心理，游荡于街头巷尾、车站码头、城镇乡村，寻找犯罪目标，捕捉犯罪时机。当然，大部分犯罪仍是以侵犯公私财物为主要目标。在目前的经济、社会条件下，一般不存在专门进行杀人、强奸等流窜犯罪分子。流动人口中的犯罪分子为了既易于寻觅、择取犯罪客体，又易于逃避法律惩处，往往采取东游西荡的形式，往来于交通沿线的市、镇，伏一处、害一片，窜一路、害一线，作了案即跑，异地销赃，而且作案的目标相当随意。既可能是见财起心，也可能是见色起心，可能起初只是想入室盗窃，发现家中有人后发展为抢夺，最后可能更进一步发展为杀人。这种犯罪目标的不确定性，使流动人口犯罪带有实施多种犯罪的突发性和盲目性。

（7）犯罪动机十分贪婪、低级。流动人口由于文化水平低，不少人仍处于文盲加法盲的程度，盲目的求富欲望与狭隘的小农意识，决定了这部分人犯罪动机贪婪而低级。他们偷割通信电缆，只是为了变卖其中的铜丝，却不知这种行为给社会整体运行所造成的巨大损害是远远不能以铜丝本身价值来计算的；他们盗卖下水道口的铁箅子、水井盖，仅仅是为了把它当作废铁卖，却不知其后果可能是车毁人亡。

（8）犯罪手段恶劣、凶残，而且往往不计后果。因为流动人口处于城乡之间、贫富之间，灯红酒绿的花花世界对他们刺激十分强烈。所以流动人口中的犯罪分子普遍具有一种强烈的反社会倾向。在实施犯罪过程中，他们大多表现为不计后果，只图一时之快，犯罪手段一般较为低劣、残忍。他们可以为几元钱而洗劫过往行人，可以劫持几岁的小孩作人质，也可以连杀几人甚至连续几十次杀人而眼不眨、手不颤。调查显示，重特大案件中，流动人口案犯的比例大大超过一般案件，以杀人、诈骗、抢劫案为例，重大案件流动人口占37%，特大案件流动人口占55%，一般案件流动人口占37%。

（9）犯罪地点具有相对的独特性。从总体上看，大范围的流窜作案呈递增之势，但在流动中也有停顿。流动人口中的犯罪分子总是在一个地方活动一个时期，又转到另一个地方活动，转来转去，多数还是离不开他活动过的那几个地方。从作案地域看，由于流动人口大多居住在城乡接合部这个治安管理的薄弱环节，居住的隐秘和管理的松散为其犯罪和销赃留有一个缓冲带，因而城乡接合部便成了流动人口犯罪的多发区。从作案场所看，在旅馆、商业场所、建筑工地作案较多。旅馆、商业场所、建筑工地是流动人口的密集区，因此，以上三类地点也就成为流动人口作案的集中地。抽样调查表明，流动人口在旅馆、商业场所、建筑工地作案约占30%，而非流动人口在以上三类地点作案只占13%。流动人口在居民住宅作案的比例较低，抽样调查约占24%，而非流动人口在居民住宅作案约占40%。

（10）犯罪成员的低龄化发展相当突出。流动人口本身以青年人居多，他们当中有许多是未成年人，有的甚至是失学、失管的未成年人。调查表明，流动在大中城市的外来青少年人口数量近年来增长较快，相当数量外来青少年，除了随其在该市打工的成年亲友流入外，有些是因厌学或受不法分子欺骗而被迫滞留的。这些人不可能具有合法的打工资格，所得的劳动报酬很低，有的甚至只要求雇主"管吃饭"就满足了。这些受教育程度极其有限而涉世不深的外地少年，在强烈的经济收入落差刺激下，常常成为犯罪分子的教唆对象，如近年街头盛行的小扒手，就是一群从新疆等地流入又被不法分子操纵的失学少年。

对流动人口犯罪的研究是时代赋予我们的一个重大课题。只有正确认识流动人口犯罪的特点，才能制定出切实有效的控制流动人口犯罪的对策，使流动人口的负效应得到有效控制，积极作用得到充分发挥。

第四节　人口城市化特征对犯罪增长的影响

在城市化带来经济社会全面发展的同时，城市的高速发展也不可避免地带来一些消极影响，人们常常把城市化带来的负面影响称作"城市病"，在各种"城市病"中犯罪无疑是最为典型，也是最为严重的一种。大连市作为正在加速城市化的发展中城市，城市犯罪问题也日益突出。

一、农业与非农业人口比较特征

表 3 - 8 给出了 1990—2009 年大连市农业与非农业人口数量的变化特征。

表 3 - 8 1990—2009 年农业与非农业人口数量的变化特征

年份	总人口数	人口增长率	农业人口数	非农业人口数
1990	5177951		2943028	2234923
1991	5199505	0.004163	2964621	2234884
1992	5229038	0.00568	2902612	2326426
1993	5270939	0.008013	2867597	2403342
1994	5315293	0.008415	2858135	2457158
1995	5346581	0.005886	2848441	2498140
1996	5373955	0.00512	2834721	2539234
1997	5403589	0.005514	2803269	2600320
1998	5432313	0.005316	2776285	2656128
1999	5453064	0.00382	2756070	2696994
2000	5514721	0.011307	2753471	2761250
2001	5546137	0.005697	2802018	2744119
2002	5579312	0.005982	2879346	2699948
2003	5601533	0.003983	2974829	2626724
2004	5616015	0.002585	3123151	2492864
2005	5653325	0.006644	3174350	2478975
2006	5720810	0.011937	3288804	2432006
2007	5781853	0.01067	3368269	2413584
2008	5833745	0.008975	2355455	3478290
2009	5848049	0.002452	2269796	3578253

农业人口与非农业人口（城镇人口）是我国地区人口的主要特征，这种人口特征的变化对犯罪产生直接影响。过去20年该市全区域城镇化进程是衡量经济社会发展的重要标志，表现在农业人口向城镇人口转化，以及人们生产、生活方式由乡村型向城镇型转化的社会历史进程。据统计数据显示，

1990 年大连市城镇人口 223.4923 万人，占总人口的比例为 43.2%；农业人口 294.3028 万人，占总人口比例为 56.8%；而 2010 年第六次人口普查结果表明，2010 年大连市城镇人口为 357.8253 万人，占总人口之 61.2%；农业人口为 226.9796 万人，占总人口之 38.8%。20 年间，大连市人口城镇化转变的规模必然对犯罪有一定程度的影响。

二、人口城市化与犯罪的研究现状

大连市人口城市化特征是否是犯罪增长的原因？影响因素有多大？不能用简单的统计数据对比给出盲目的结论，也不能依据理论上的某些研究结论来解释本地区的实际状况。美国犯罪学家路易斯·谢利在《犯罪与现代化》一书中指出："现代化的进程发展给过去和现在各方面极不相同的国家带来共同的犯罪情况，犯罪是现代化进程中的一种代价，城市化和工业化是导致犯罪增加的主要原因。"但是，也有很多实证研究并不支持这一类观点，例如，联合国就曾抽样提取 29 个不同国家，进行了时间跨度为 11 年的调查研究。联合国亚洲远东预防犯罪研究所对 1980—1986 年东亚各国犯罪率与 9 项社会经济指标进行了回归计算。美国犯罪学权威沃尔夫冈教授在 20 世纪 70 年代首次提出了理论计量模型。这些研究得出的一致结论是：犯罪与城市化以及现代化没有显著相关关系。面对各种矛盾的理论和中国日益严峻的犯罪状况，中国学者也在努力地研究，试图寻找到恰当的理论来解释这个难题。许多学者采用实证方法得出了我国犯罪率与城市化水平呈正向相关关系。

从图 3-4 可发现，从 1990—2000 年大连市农业人口逐年递减，城镇人口逐年递增，至 2000 年达到均衡。从 2002—2007 年出现逆变现象，农业人口逐年递增，城镇人口逐年递减，但是在 2008—2010 年城市人口突变。在大连市人口基本特征交错突变的状况下，犯罪的变化特征如图 3-4 所示：

从统计图 3-4 可看出，在 1990—2000 年间，犯罪增长率小于人口增长率，但是城市犯罪增长率大于总体犯罪增长率，从而说明大连市人口城镇化特征对犯罪具有一定的影响。从 2000—2007 年间，农业人口反弹递增，农业人口犯罪率也同步增长，在 2002 年达到高峰，主要原因是国家有关农业政策以及城乡贫困差距拉大。在这期间，虽然城镇人口逐年递减，但是城镇人口犯罪率并未减少，说明城镇人口的增长并不是犯罪率增长的必要条件，它还取决于其他有关社会要素。从图 3-4 可以明显看出，从 2008—2010 年间，

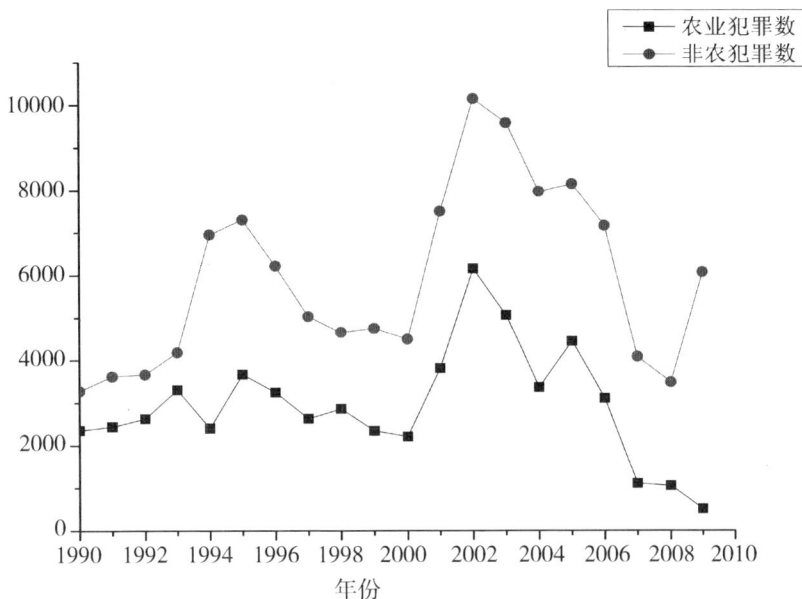

图 3-4 两种人口的犯罪数量变化特征

在大连市城镇人口发生了突变的形势下，城市人口犯罪率突变增长，农业人口突变下降。针对这一情况，本项研究采用协整分析方法考察了大连市犯罪率与城镇化水平两者之间的长期均衡和短期动态关系，然后在此基础上，建立了基于结构突变的犯罪率与大连市城镇化水平的相关关系模型，根据统计结果得出该市人口城镇化特征与犯罪增长的基本结论。

三、人口城镇化与犯罪率的关系模型

本书用城镇化率代表大连市的城镇化水平，即城镇人口占总人口的比重，着重分析犯罪率与大连市城镇化水平之间的相关关系。为了消除时间序列存在的异方差问题，对原始数据进行对数处理，变换后不改变原序列的协整关系。我们用 CRIME 表示犯罪率序列，用 URBAN 表示城镇化率，两者取对数后的序列分别用 LCRIME 和 LURBAN 表示，其时间趋势如图 3-5 所示。

（一）平稳性检验

由于大部分犯罪率与城镇化率的时间序列都是非平稳序列，因而在不进行平稳性检验的情况下直接应用 OLS 回归分析，势必造成"伪回归"现象。

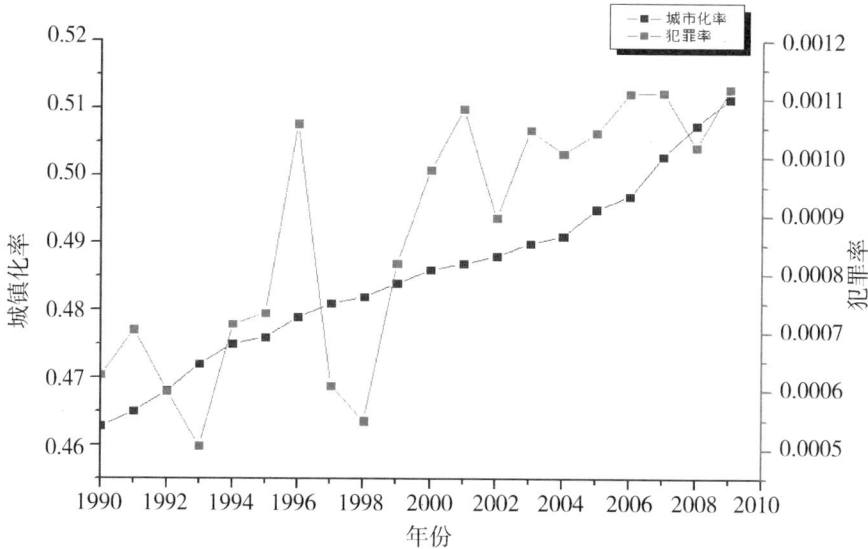

图 3 - 5　LCRIME 和 LURBAN 的序列趋势图

为了使回归有意义，必须对序列进行平稳性的单位根检验，我们采用 ADF 检验，得表 3 - 9：

表 3 - 9　LCRIME 与 LURBAN 的单位根检验结果

变量	ADF 统计量	5% 临界值	Prob.	一阶差分 ADF 统计量	5% 临界值	Prob.
LCRIME	− 2. 359742	− 2. 963972	0. 1611	− 8. 491435	− 2. 986625	0. 0000
LURBAN	− 0. 291388	− 2. 967767	0. 9146	− 3. 866714	− 2. 967767	0. 0064

　　注：LCRIME 和 LURBAN 均采用只含有常数项的检验形式，ADF 检验的最优滞后阶数基于赤池信息准则（AIC）和施瓦茨准则（SC）的最小值进行选取，选取时允许的最大滞后阶数为 7。

　　由表 3 - 9 可知，在 5% 的显著性水平下，一阶差分的对数犯罪率序列（LCRIME）和对数城镇化率序列（LURBAN）的 ADF 值都小于各自 5% 的临界值，伴随概率分别为 0.0001 和 0.0064，均远小于 0.05，说明 LCRIME 和 LURBAN 的一阶差分序列都是趋于平稳的，即 LCRIME 与 LURBAN 都是一阶单整序列，因此可以对两者进行协整分析。

　　（二）协整模型建立

　　平稳性检验结果显示，LCRIME 与 LURBAN 都是一阶单整序列，于是认为序列 LCRIME 与 LURBAN 是（1，1）阶协整的。因此，可以对其进行协整分析，我们采用 Engle 和 Granger 于 1987 年提出的两步检验法，也称为 EG 检验。

在协整回归之前，为了判定一个变量的变化是否引起另一个变量变化的原因，有必要作两个变量的格兰杰因果关系检验，检验结果如表 3 - 10 所示。表 3 - 10 数据表明，在 5% 显著性水平下，拒绝了 "LURBAN 不是 LCRIME 变化的格兰杰原因" 的原假设，接受了 "LCRIME 不是 LURBAN 变化的格兰杰原因" 的原假设，因此，对数城镇化率的增长对对数犯罪率有单向的格兰杰因果关系，对数城镇化率的增长促进了对数犯罪率的增长。

表 3 - 10　LCRIME 与 LURBAN 的格兰杰因果关系检验结果

原假设	P - Statistic	Prob.	结论
LURBAN 不是 LCRIME 变化的格兰杰原因	8. 70550	0. 0004	拒绝原假设
LCRIME 不是 LURBAN 变化的格兰杰原因	2. 22415	0. 1071	接受原假设

由于对数城镇化率是对数犯罪率的格兰杰原因，所以以对数犯罪率作为被解释变量，对数城镇化率作为解释变量，利用 OLS 法建立回归模型，结果如下：

$$CRIME = -0.255164 + 1.137880 * LURBAN + \varepsilon$$
$$(0.6083) \qquad\qquad (0.0000)$$

注：括号中的数值为 t 统计量的 P 值。

$R^2 = 0.678167$　$DW = 1.144493$　$AIC = -0.113853$　$SC = -0.021338$

研究表明：大连市的犯罪率和城镇化率之间存在长期的均衡关系，上述所建立的回归方程表示了大连市犯罪率增长与城镇化率增长的长期均衡关系的协整方程。得到的主要结论是：

大连市农业人口与城镇人口的增长规模如果在适度范围内，两种人口特征的犯罪率增长变化平稳；当城镇人口稳定增长时，不会对犯罪率产生直接影响；当城镇人口突变增长时，会对社会犯罪产生较大影响。也就是说，大连市人口城镇化特征是犯罪充分条件。

第五节 城乡收入差距、人均收入及失业率对犯罪率的影响①

21 世纪以来,我国政府特别关注收入差距问题。收入差距越来越大,从经济宏观层面来说不仅会在短期内造成社会经济内需不足,而且会在长期内限制国民经济持续健康发展。从社会层面来说,收入差距悬殊会严重影响社会各阶层人民和谐相处,加大对立面,在人民内部形成不必要的矛盾,不利于和谐社会建设。失业也是社会发展中不容忽视的一个问题。一直以来,失业率被视为一个最为敏感的、反映整体经济状况的指标。一般情况下,失业率下降,代表整体经济健康发展。而在经济学上,失业又很容易和犯罪牵扯上关系——失业时属于低收入,此时犯罪的收益往往会大于成本。可是,在欧洲以及美国学者有关的研究报告中,并没有看到失业率和犯罪率有显著关系,那是因为正值欧洲的高福利时期和美国的低失业率时期。中国的状况和欧美又有很大的不同,作为一个农业大国,农民的收入比重及结构值得研究。

一、经济与犯罪

现代经济学开始关注犯罪问题是从贝克尔(Becker)的《犯罪与惩罚》开始的。他认为犯罪也是一种理性行为,犯罪者的成本取决于被惩罚的概率和被惩罚的程度,潜在犯罪人只有在收益大于成本的时候才会去犯罪,于是产生了著名的威慑理论。在此后的 20 世纪 70—80 年代大约 20 年时间里,大量实证研究都集中于检验贝克尔所提出的威慑理论,结论几乎一致认为:惩罚的确定性和严厉性的提高都具有非常显著的威慑效应。在对威慑理论进行大量研究之后,大约在 20 世纪 90 年代前后,经济学对犯罪的研究开始更多地关注犯罪率的决定因素,特别是各种经济社会因素对犯罪率的影响。他们广泛地考察了收入分配不平等、教育水准、失业、劳

---

① 李殊琦,柳庆刚. 城乡收入差距、人均收入及失业率对犯罪率的影响 [J]. 中南财经政法大学学报,2009,(6):15 – 19.

动力市场环境、贫困等对犯罪率的影响。社会学假说倾向于从社会分化冲突角度理解这两者关系，有代表性的包括：Merton 的"相对资源剥夺论"、Shaw 和 Mckay 的"社会分化无序论"以及 Blau 等的"亚文化冲突论"。与社会学的理论不同，始于贝克尔的犯罪经济学，强调犯罪是个体理性选择的结果，收入差距扩大主要通过改变潜在犯罪分子的机会成本与收益约束，进而影响犯罪供给。

在实证研究方面，这个领域早期的研究大多使用发达国家的横截面数据，控制变量较少，一般集中于研究收入差距、贫困人口规模与犯罪率之间的相关关系；近 20 年比较有影响的有：Pablo Fajnzylber、Daniel Leaderman 和 Norman Loayza 的研究。基于 39 个国家每隔 5 年的非平衡面板数据的 GMM 发现：收入差距对杀人罪、抢劫罪有显著正向因果效应。国内学者研究发现，收入差距与我国刑事犯罪率之间存在正相关关系。然而，这些研究均使用国家一级的加总数据进行时间层面上的回归，这样处理可能的缺憾是：一方面如果省级立案或逮捕尺度存在差异，那么国家级加总数据估计将无法反映更丰富的省级信息的变化。

首先，使用面板数据，同时考虑了时间跨度和省份差异，数据是从 2003—2007 年，这是一段比较连续的时间段，但是却不能忽略各个省级之间的差异性，所以控制了省份的固定效应，这样可以得出更为稳健的结果。其次，执法警力支出与犯罪率是共时相互决定的，即执法警力支出的内生性会使回归结果出现偏误，但都没有正视这个问题，仅仅提到而已。可以通过比较加入执法警力支出前后的回归结果，对执法警力支出的内生性影响进行稳健性分析。最后，已有的研究多是分析收入差距对刑事犯罪率的影响，本节在此基础上分析城市收入水平和农村收入水平，以及失业率分别对刑事犯罪率的影响，并针对不同的经济因素对如何减少刑事犯罪率进行探讨。

二、实证分析

（一）变量选取

收入差距方面的研究发现，城乡收入差距可以解释总体收入差距的 75% 以上，所以以下实证研究中我们实际上是用各省的城乡收入差距作为省级收入差距的代理变量，即城市可支配收入与农村可支配收入之比度量的结果，这是不同度量方法中的一种，但是，不同度量方法的结果基本类似。有关我国犯罪统计，胡联合曾指出实际报案率可能不到真实发生率的一半。但只考虑刑事犯罪，犯罪漏报影响应相对较小。根据我国的刑事司法体制，刑事犯罪立案总数应为公安机关刑事案件立案数和人民检察院自侦案件立案数之和，因此也以此数据为犯罪总量数据，然后用犯罪总量数据除以人口数，得到每十万人口的犯罪数，即犯罪率。由于官方只公布了城镇登记失业率，在无其他更好替代数据的情况下，我们选择该指标作为失业率的度量。此外，以往的分析要么只考虑相对的收入差距，要么只考虑总体上的人均收入水平，本节则分别考虑不同收入阶层的绝对收入水平对犯罪率的影响，即在回归中加入城市人均可支配收入、农村人均可支配收入两个解释变量，所得到的回归结果应该更可靠。

$$Y_{it} = \beta_1 X_{it} + \beta_2 Z'_{it} + \beta_3 C_{it} + \beta_4 R_{it} + \alpha_i + \varepsilon_{it}$$

其中：Y_{it} 代表 i 省 t 年的刑事犯罪率；X_{it} 代表 i 省 t 年城乡收入差距（Incom Gap）；Z'_{it} 是一个向量，具体包括上文提到的各省其他经济社会状况指标，即社会福利支出（SocWel）和失业率（Unem - Rat）以及执法警力支出（Police）；C_{it} 为各省农村人均可支配收入（RuralIncom），R_{it} 为各省城市人均可支配收入（UrbanIncom）；α_i 代表省份固定效应，ε_{it} 是白噪声。统计软件选用现有的通用版本。

（二）数据来源

（1）刑事犯罪数据。本节中的刑事犯罪率来自《中国检察年鉴》（2004 - 2008 年）、《中国法律年鉴》（2004—2008）。（2）城乡收入差距、人均实际收入来自《中国统计年鉴》（2004—2008 年），以及《中国人口统计年鉴》。失业率、福利支出和执法警力支出来自《中国劳动和社会保障年鉴》。

（三）回归结果分析

首先用 F 统计量判断选择混合回归模型还是变截距模型，利用软件算出的混合回归模型回归残差项平方和（S_1）与固定效应模型回归算出的残差项平方和（S_2）做 F - test。计算结果显示在 5% 的显著性水平上拒绝每个省份的特定效应相等的原假设，说明固定效应模型理论上比混合回归模型更合适。而鉴于中国各省发展不平衡，各省文化风俗、经济发展以及自身条件差异很大，所以我们使用最合适的加入省级特定效应的固定效应模型，而不是随机效应模型。因为执法警力支出与犯罪率之间可能同时相互影响，所以，我们先暂且不加入执法警力支出，观察其对回归结果是否有影响。

表 3 - 11　FE 模型下无执法警力支出的回归结果

GEE population-averaged model			Number of obs	=	124
Group variable：		Area	Number of groups	=	25
Link：		identity	Obs per group：min	=	4
Family：		Gaussian	avg	=	5.0
Correlation：		exchangeable	max	=	5
			Wald chi2(5)	=	102.43
Scale parameter：		469.037 5	Prob＞chi2	=	0.0000
			(Std. Err. adjusted for clustering on Area)		

CrimiRat	Coef.	Semi-robust Std. Err.	z	P＞|z|	[95% Conf.Interval]	
IncomGap	32.521 55	10.074 24	3.23	0.001	12.776 41	52.266 68
UnemRat	−5.663 488	6.466 228	−0.88	0.381	−18.337 06	7.010 086
RuralIncom	0.038 006 7	0.009 105	4.17	0.000	0.020 161 3	0.055 852 1
UrbanIncom	−0.008 699 2	0.003 758 5	−2.31	0.021	−0.016 065 7	−0.001 332 7
SocWel	−0.012 347 4	0.008 109	−1.52	0.128	−0.028 240 8	0.003 546
_cons	−48.859 64	39.851 65	−1.23	0.220	−126.967 4	29.248 15

结果显示在 1% 的显著性水平下，收入差距对犯罪率有着明显的正向关系，即收入差距的扩大使犯罪率提升。由于警力投入具有一定的内生性，所以在这个回归中我们暂时未加入警力投入作为解释变量，下面加入警力投入，观察是否存在明显的回归结果改变，请参见表 3 - 12。

表 3 - 12 显示，收入差距在 5% 的水平下对犯罪率的影响仍然是显著的，所以，无论警力投入是否有内生性，收入差距对犯罪率的影响都显著（显著水平略微下降，这可能是由于警力投入的内生性导致，但是即使如此其显著性还是比较可观的，也说明我们对警力投入的内生影响的稳健性检验是成功的）。注意到研究的重点不在于研究警力支出是否产生内生性或者产生多大的内生性，所以，在这里可以选择这种做法，分别对是否加入警力支出这一变量做不同的回归，而回归结果也支撑了我们的观点：即使加入可能存在内生性的警力支出，收入差距的扩大化仍然会对犯罪率的增长显示很强的相关性。

表 3－12　　FE 模型下加入执法警力支出的回归结果

GEE population-averaged model				Number of obs		=	124
Group variable：			Area	Number of groups		=	25
Link：			identity	Obs per group：min		=	4
Family：			Gaussian			avg =	5.0
Correlation：			exchangeable			max =	5
				Wald chi2(6)		=	178.60
Scale parameter：			335.597 4	Prob＞chi2		=0.0000	

CrimiRat	Coef.	Std.Err.	z	P＞|z|	[95% Conf. Interval]	
IncomGap	20.61	9.713 635	2.12	0.034	1.571 624	39.648 37
UnemRat	−4.654 957	3.204 632	−1.45	0.146	−10.935 92	1.626 006
RuralIncom	0.019 601 8	0.009 144 8	2.14	0.032	0.001 678 4	0.037 525 2
UrbanIncom	−0.004 853 3	0.002 910 6	−1.67	0.095	−0.010 558	0.000 851 4
SocWel	−0.030 528 1	0.007 934 6	−3.85	0.000	−0.046 079 5	−0.014 976 6
Police	0.124 377 8	0.033 780 6	3.68	0.000	0.058 169	0.190 586 6
_cons	−7.895 349	34.191 7	−0.23	0.817	−74.909 84	59.119 14

　　在上述回归中，可以观察到，无论是否加入执法警力投入，失业率变化对犯罪率的影响都不显著。为何会有这种结果？首先，我国目前的失业率统计还是使用城镇人口登记失业率，这种登记失业率在一定时间内，反映总体失业状况的敏感程度不是很强，有一部分失业人员没有进行登记，其结果不能全面反映真实情况。其次，无论是下岗职工还是失业人员，"隐性就业"情况都普遍存在。据抽样调查，下岗职工中有 80% 左右的人员从事过一次以上有收入的工作，其中工作时间在半年以上的占 80% 左右。最后，国家重视且不断完善社会保障制度，目前全国社保基金总资产已超过 2300 亿元，社保覆盖人数每年递增 6%，各地都针对自身不同的发展水平，改善当地低收入人群的福利。

　　应该注意到，当今的失业者（大多数）即使在就业时也属于低收入人群，失业的效果实际上就是收入差距扩大化的双重加深化，所以在这个层面上来看，收入差距的扩大化才是重点。失业率对犯罪率的影响很大一部分都是通过收入差距的扩大化来解释的，从而在别除了收入差距的影响后，失业率的不显著也就很好理解了。但是，这并不代表我们可以完全无视失业率这一统计数字，因为失业不仅仅会降低个人收入水平，还会影响个人的精神状态。过多的处于闲置状态的个体存在于社会，不仅会影响个体的发展，也会影响社会的发展，所以我们不应该仅仅从纯经济收入角度来看待失业就业问题，而应该从一个更广的角度来看待失业问题。政府在给失业人员提供福利补助的基础上更应该提高失业人员的再就业水平，提倡自主创业，政策上鼓励民营中小企业发展，从而从根本上减缓失业带来的不利影响。此外，绝对人均收入对犯罪率也存在影响。随着城市人均可支配收入的增加犯罪率降低；但是随着农村人均可支配收入的增加，犯罪率升高。很大一部分原因是由收入分化所致，由于不少统计数据都是以户籍制度为划分依据进行统计的。我国城镇的统计数据基本上把进城务工农民工排斥在外。农村人均可支配收入的提高很大程度上是因为农民工的收入提高，这样就出现了农村的局部收入分化，即农村绝对贫困对犯罪率也产生了影响，提高农村贫困人群收入能够降低犯罪率。

实证研究结果表明，城乡收入差距对刑事犯罪率有显著正影响。减少收入分配不公是缩小收入差距、有效降低犯罪率的根本途径。长期的经济稳定增长和建设和谐社会都要求减少全国范围内、农村内部以及城乡之间的收入分配不公。新农村建设中最重要的就是经济建设，在经济发展、农民收入增长的基础上，才能改变农村的面貌。加强制度建设，切实保障农民工利益。在宏观政策上，促进城乡一体化发展，积极推进农村新型合作医疗和养老保险。

以上分析得出：失业率没有显著影响犯罪率。一是因为失业率的统计口径，二是因为低收入人群的"隐性收入"，三是因为我国社会保险制度近年来的不断完善。现阶段大量灵活就业、短时就业的人员参保率低，这意味着进一步扩大失业保险制度覆盖面、提高失业人员受益率仍有较大空间。另外，隐性就业并不能保证长久稳定的收入。为了防止失业率波动造成大的社会动荡或危机，就必须继续完善社会保障制度，健全医保福利等体系，提高失业保险的覆盖面。同时，除了通过物质上的福利补助之外，从人民生活的精神层面，国家要通过政策鼓励自主创业；鼓励民营中小企业发展，以提高就业水平。

第四章

人口与犯罪预测及治安评价

第一节　基于人口增长的犯罪预测

适度人口与犯罪的规模，不是柏拉图理想意义上的最优人口，是所谓的最低犯罪率。在对某地区人口与犯罪问题分析的基础上，对人口与犯罪的发展趋势给出合理的预测。

一、人口预测

人口流入推动了地区经济社会的迅速发展，同时也给地区的基础设施、资源环境和社会管理带来了压力。因此，研究地区的适度人口将对调控人口增长、改善区域生态与治安环境、发展地区经济，以及促进人口、资源、环境三者之间协调发展，具有非常重要的现实意义。地区适度人口与犯罪比例也成了人类社会可持续发展的一条基本实现途径。

社会经济发展水平是影响区域适度人口的关键，应该将就业看成制约人口容量乃至制约适度人口规模的一个重要因素。一个区域的居住人口实际上是由劳动力来供养的，劳动力需求量构成了区域人口承载力的最重要的基础。在一定的平均抚养系数下，一个区域可以提供的就业岗位的数量和质量就基本决定了该区域的经济适度人口规模：区域经济适度人口 = 就业需求量×1 + 平均抚养系数。对一个相对较长时期劳动力需求态势进行预测时，一个简单而且有效的方法是经济增长的就业弹性模型。就业人口需求量模型表述如下：

就业人口需求量预测值 = N（现状就业人口）×1 + 就业人口增长率，其中，就业人口增长率＝经济增长率×就业弹性系数，N 为预测的年份与现状年份的差。

由于无法精确地获得大连市的就业弹性系数，因此对经济增长的就业弹性系数采用高、中、低三种方案。其中：低方案采用经济增长就业弹性系数的全国平均值 0.17。中方案采用某地区 2002 年的就业弹性系数 0.20，该系数虽然比全国平均值高近 20 个百分点，但考虑到该地区的就业情况在全国是比较好的，而且随着就业渠道的多样化、经济结构优化以及我国综合实力增强，我们认为该地区在未来一段时间内保持该系数的可能性是很大的。高方案系数采用 0.25，该值比大连市平均值高出 25 个百分点。在预测中，2009 年该地区从业人员为 345 万人，以此作为劳动力需求量预测的基数。经济增长率预测的依据主要是经济发展状况以及"发展规划纲要"所确定的经济发展指标。预计 2011 年之前该地区内生产总值年均增长率可保持在 11% 左右，2011—2020 年保持在 9% 左右，预测结果见表 4 - 1。

表 4 - 1　地区劳动力需求量

年份	低方案	中方案	高方案
2011	368	370	375
2015	414	427	451

由于缺乏该地区从业人口和被抚养人口的具体数据，我们根据以往数据进行预测。1998 年，该地区从业人口占城市人口的 47%，目前应在 48% ~ 49%。而最近几年随着外地年轻劳动力的流入，从业人口占总人口比重在 2010 年会达到 52%，2020 年则将降低至 49% 左右。根据前面预测的各年份所需要劳动力数量以及劳动人口与总人口的比率，可以确定该地区适度人口的变动范围，结果见表 4 - 2。

表 4 - 2　地区适度人口预测

年份	低方案	中方案	高方案
2011	784	752	822
2020	843	871	920

图 4 - 1 给出了该地区 2011—2020 年人口增长数量预测：

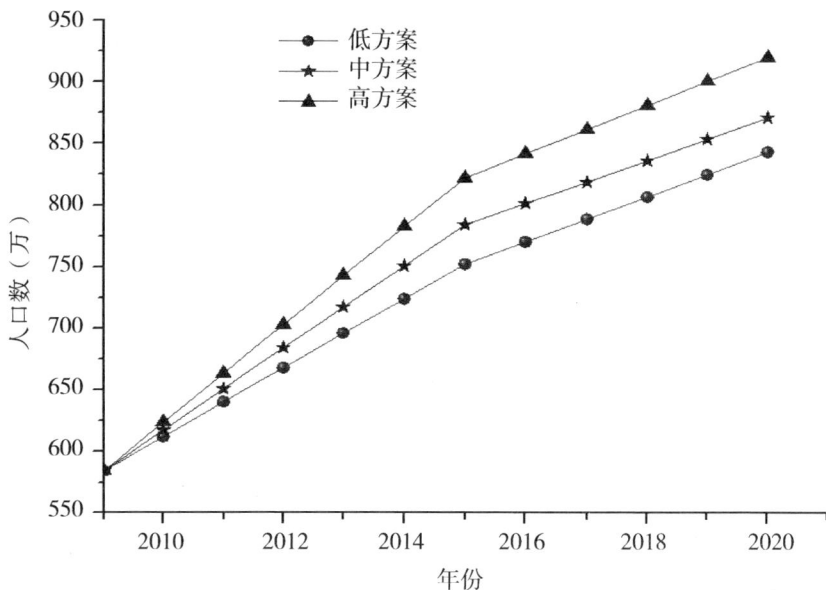

图 4 - 1 地区 2011—2020 年人口增长数量预测

根据该地区人口预测结果，2020 年该地区基于劳动力需求的经济类适度人口容量为 878 万，资源类适度人口容量为 915 万，生态环境类适度人口容量为 643 万，代入上述公式，求得该地区 2020 年适度人口容量为 812 万人。

二、犯罪预测

（一）预测原则

针对该地区犯罪样本数据量小、不连续等特点，并且统计不完全现状，本项目采用 Logistic 曲线拟合和等维递补灰色预测理论，预测该地区犯罪数量（或犯罪人口）的增长情况。首先，在该地区人口规模的高、中、低方案预测基础上，通过 Logistic 曲线拟合与外推，掌握该地区犯罪人口增长的总趋势。其次，选定不同长度的历史犯罪数据序列以建立多个等维递补灰色模型，检验并分析各种预测结果的合理性与不足。最终，确定该地区犯罪规模增长预测的高、中、低方案。实践表明，灰色等维递补预测法对"小样本""贫信息"的犯罪预测是切实可行的。

20 世纪 90 年代初以来，我国学者也从不同角度开展了人口犯罪问题研究，并取得可喜成果。但就总体上来看，上述理论模式多偏重于定性说明与解释，即便有数学模型，也因过于简单仅考虑两个地区间的人口犯罪，或数据获取困难，而无助于城市犯罪人口的定量预测。目前，犯罪人口定量预测方法可粗略分为两类：因素解析法和趋势预测法。所谓因素解析法，就是先剖析犯罪人口的内部结构，例如：性别结构、年龄结构、就业结构等，将全部犯罪人口划分为若干组成部分，再分别对各个部分作预测，最后汇总求得犯罪人口的总量。相反，趋势预测法就是只分析以往犯罪人口的总量数据资料，运用数学方法揭示其数量变化规律，进而推出未来一段时期的变化趋势。例如，数学函数拟合法线性函数、指数函数、Logistic 曲线等、GM（1，1）模型、神经网络预测法，等等。此外，也可根据常住人口与犯罪人口之比例来推断未来犯罪人口数量，由于此法误差太大，一般不用。在实际研究工作中，上述两类方法都有运用的案例，有成功也有失败。但是，倘若系统的结构复杂，影响因素众多，且相互交织在一起，或者系统各个部分变化剧烈、难以预料，那么趋势预测法所固有的整体性思维的优势就将凸显出来，预测结果往往较为理想。正是基于上述思想，本研究综合运用等维递补灰色预测法和 Logistic 曲线拟合法，建模预测该地区犯罪人口的增长变动趋势。

（二）基于灰色理论的预测方法

灰色理论是由我国学者邓聚龙于 20 世纪 80 年代提出，用于控制和预测的新理论和新技术。与研究"随机不确定性"的概率统计和研究"认知不确定性"的模糊数学不同，灰色系统理论的研究对象是"部分信息已知，部分信息未知"的"小样本""贫信息"的不确定性系统。其次，一般统计方法依据随机原则进行抽样调查，以获取大量样本；而灰色理论则遵循现实优先的原则，即注重对系统未来发展趋势起主导作用的现实信息。再者，灰色系统模型对试验观测数据及其分布并无特殊要求和限制。

综上所述，灰色理论并不要求大量的历史数据，甚至有 3~4 个数据即可建模预测。灰色理论已初步形成了较为完善的一套模型、方法和技术体系。灰色预测是其中的重要应用之一，主要包括数列预测、系统协调预测、突变预测、季节灾变预测和拓扑预测等。灰色数列预测主要是指利用 GM 模型，对系统的时间序列进行数量大小的预测。灰色数列预测属单数列的预测——只运用预测对象自身的时间序列，而与预测对象相关联的其他因素没有参与运算和建模。因此，灰色数列预测特别适用于因素众多、结构复杂、互补性好、涉及面广、层次较高、综合性强的社会经济系统及其主行为特征的预测。

　　一般情况下，通过数据序列长度的取舍以获得不同的预测结果，从而组成一个预测灰区间——灰靶，供决策者选择使用。倘若数据序列较短，仅4～5个，便难以建立长期的预测模型；数据变化较大，模型所得灰区间过大而失去意义；系统明显受外部因素的控制与干扰，等等。如此种种情况，都会导致 GM（1，1）模型的直接预测结果差强人意。此时，可用"等维递补灰预测法"弥补直接建模法之不足。

　　1. 等维递补灰预测法

　　所谓等维递补灰预测法，是指只用已知数列建立的 GM（1，1）模型的第一个预测值，而非全部采用。将其补充在已知数列之后，同时为不增加数据序列的长度，去掉数列的第一个已知数值，保持数据序列的等长等维，建立新的 GM（1，1）模型以预测下一个值，再将预测值加入数据序列之后，同时去掉该数列的第一个数据。如此逐个预测，依次递补，直到完成预测目的或达到一定的精度要求为止。所以，等维递补灰预测法的优势可概括为两个方面。首先，及时补充和利用新的信息，提高灰色区间的白化度，即使是预测灰数，在多数情况下也是有效信息。当然，这种递补并非无止境的，因为灰度也随着递补次数的增加而增大，有用信息量在减少。其次，每预测一步灰参数作一次修正，模型得到改进。如此，在灰参数不断修正的同时，模型也逐步改进，因而预测值都产生于动态之中。

　　2. 数据预处理

　　等维序列预测适合于对增长迅猛的时间序列进行数量大小的预测，为减小原始数据随机波动影响，先要对原始数据进行平滑处理，这里采用三点平滑法。为了避免小数循环，采用如下公式计算。

$$X^{(0)}(t) = \{X^{(0)}(t-1) + 2X(t) + X(t+1)\}/4$$

两个端点分别为：

$$X^{(0)}(1) = \{3X^{(0)}(1) + X^{(0)}(2)\}/4$$

$$X^{(0)}(m) = \{X^{(0)}(m-1) + 3X^{(0)}(m)\}/4$$

　　3. 数列 X 建模的可行性检验

　　对于欲建模的数列 $X^{(0)}$，可否建立精度较高的 GM（1，1）模型，一般用 $X^{(0)}$ 级比 $\sigma^{(0)}(k)$ 的大小与所属区间，即其覆盖来判断。若级比 $\sigma^{(0)}(k)$，

满足 $\sigma^{(o)}(k) \in (e^{-2/n+1}, e^{2/n+1})$，其中 $\sigma^{(o)}(k) = X^{(0)}(k-1)/X^{(0)}(k)$ 则认为该数列 $X^{(0)}$ 可作 GM（1，1）建模。

（三）犯罪人口数据的特点与选择

由于样本数据不连续，从 1990—2009 年间，该地区犯罪数量的调查统计是间断性的，无法建立一个完整的时间序列。自 2005 年该地区才开始犯罪人口的动态监测，方可构建 2005—2009 年的犯罪人口短时间序列。此外，样本数据量偏小，信息量少，1990—2009 年间，样本数据共有 10 个。

显然，上述数据量少、残缺不全和不连续等特点，造成普通的时间序列建模和预测方法无法使用。但是，依据灰色预测的短序列、现时性和贫信息难以准确界定影响因素及其影响大小等特点，易知灰色数列预测法对该地区犯罪人口预测较为合适。而且，将多个预测模型结合使用，可提高预测的准确性与可信度。为此，本研究依据建模要求，对现有数据进行选择与处理，然后采用灰色数列等维递补法建模并预测。此外，辅以 Logistic 曲线拟合预测法，最终确定该地区未来犯罪人口的变动情况。建模所用数据与方法如下。

采用 Logistic 曲线拟合与外推。城市环境容量有限，犯罪人口增长率也随着密度上升而降低。因为城市犯罪人口系统就如同生态系统中的种群，其数量增长理应符合"与密度有关的种群增长模型"，这种"慢—快—慢"的增长变化趋势可用生长曲线来描述，Logistic 曲线是其中最为典型的一种。所以，本研究通过 Logistic 曲线拟合与外推，确定犯罪人口变动的总体趋势，以辅助灰色预测。由于各种原因所致，2009 年的犯罪人口数值过大，从 20 年的全过程和实际拟合结果来看，它是一个异常值。所以，作 Logistic 曲线拟合时将 2009 年犯罪人口数据忽略不用。

通过插值运算求得 2003 年和 2004 年的犯罪人口总数，从而建立 2002—2008 年的连续序列，再用等维递补法建模预测。之所以选择 2002—2008 年时间段，主要原因有：遵循"平稳信息优先原则"，2002—2008 年的数据变动不大比较准确可信；灰色建模维数不宜太大，5~8 个数据较为适宜。研究表明，数列维度，即数列的长度不等则预测结果必然不同。所以，应采用"变长等维递补灰色预测"——分别采用不同维数的数列来建模，并通过实际值的检验以确定适宜的序列长度及预测模型。

采用 2005—2008 年的 4 个短序列数据构建等维递补灰色模型。因为这 4 年数据可信度高，所含信息量最大，对未来影响也最强；4 个数据已满足灰色建模用"小样本"数据作预测恰恰是等维递补灰色预测法的特长。

（四）数据分析、建模与预测

2005—2008 年的 Logistic 曲线拟合与预测 Logistic 曲线拟合法，实质就是以时间 T 为自变量建立的回归模型——倾向线的拟合。由于犯罪人口增长符合生态系统中种群的增长变动规律，故其总体趋势为非线性的 S 形增长。S 形增长曲线主要有 Logistic 曲线和 Gompertz 曲线。由于 Gompertz 曲线更适用于拟合与预测那些本身发展密切依赖于人口数量的增减和居民消费能力高低的产业的发展过程，Gompertz 曲线趋于极限 L 的速度较慢，而且用它们对大连市犯罪人口的拟合效果十分相近，所以选用 Logistic 曲线更为合适。我们采用的 Logistic 曲线拟合是在 DPS 数据处理系统辅助下完成的，它运用非线性最小二乘法 Marquardt 法，从而避免在估计 K，a，r 值时的相互依赖性，使曲线参数有客观标准，拟合精度大大提高。

曲线拟合与外推 $Y = K/[1 + a \times \exp(-rt)]$ 这个 Logistic 曲线方程是美国生物学家和人口统计学家 Pear 在大量研究生物繁殖和生长过程、各国人口增长情况之后提出的，它是用于模拟生长过程的数学模型。采用表 4 – 3 中的数据（2006 年除外），用 DPS 软件作拟合所得的 Logistic 曲线方程为：

$$Y = 789.6252/[1 + 23.5601 \times \exp(-0.112405 \times t)]$$

其中，确定系数较大 $R = 0.9731$，回归方程统计检验达极显著水平 $P < 0.001$，认为拟合效果较为满意。

由于 Logistic 模型是基于长期数据建立的，它反映的是渐进式变化趋势，而排除了随机变动部分。所以，用该模型做的外推结果数值偏小，趋于保守。在该模型中，$K = 5.6252$ 万人，K 的理论意义是曲线的水平渐近线，此外，代表犯罪人口总数的增长极限，从该地区环境容量来看，这个结果符合实际情况。对于 Logistic 模型 $y = K/1 + a \times \exp 2rt$，将其在区间 $(0, K)$ 中的拐点记为 (t, y)，易知：$t = \ln a/r$，$y = K/2$。拐点是事物由高速发展变为缓慢发展的转折点，在拐点之后则意味着事物的发展速度逐渐减慢，处于发展和成熟阶段。在该地区犯罪人口 Logistic 模型中，其拐点为 $(28.0987, 394.8126)$，这说明大连市犯罪数量在 2013 年和 2014 年之间增长速度最快。

这之前为快速发展阶段，呈加速发展状态，这个结果完全符合 2010 年之前的犯罪人口增长情况。

显然，2015 年之后的犯罪数量变动的总体趋势应该是逐渐减慢。所以，在做灰色建模预测时，犯罪人口增长率也应该呈逐渐降低的渐变过程，才是符合实际情况的。下面建立的多个灰色模型都充分考虑到这一点，以求预测更为准确可靠。

（五）2011—2015 年的短序列灰色建模与预测

根据大连市实际犯罪数量的调查分析，对 2005—2009 年的犯罪统计数据进行修正，得出表 4 - 3 的犯罪数据。

表 4 - 3 2005—2008 年修正的犯罪率

年份	2005	2006	2007	2008
犯罪数	54300	55100	55300	56120

根据 $Y = 789.6252/[1 + 23.5601 \times \exp(-0.112405 \times t)]$，将该模型用于外推预测。所得结果见图 4 - 2。

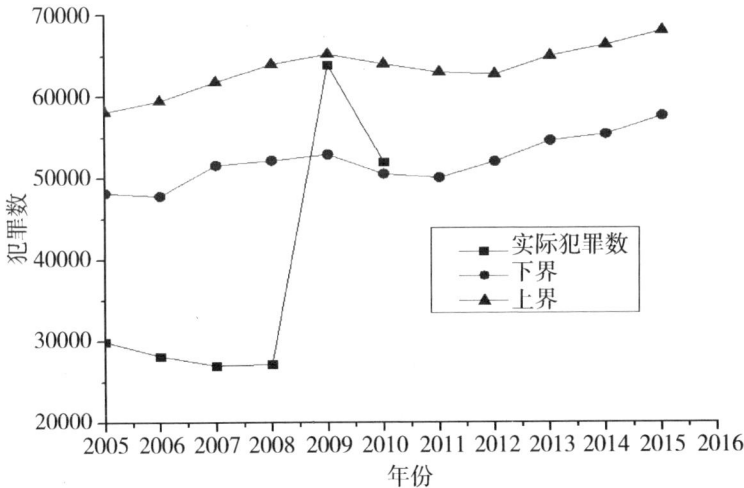

图 4 - 2 该地区 2011—2015 年实际犯罪数预测

我们采用同样的方法得出该地区 2011—2015 年违法数的预测值，所图 4 - 3 所示：

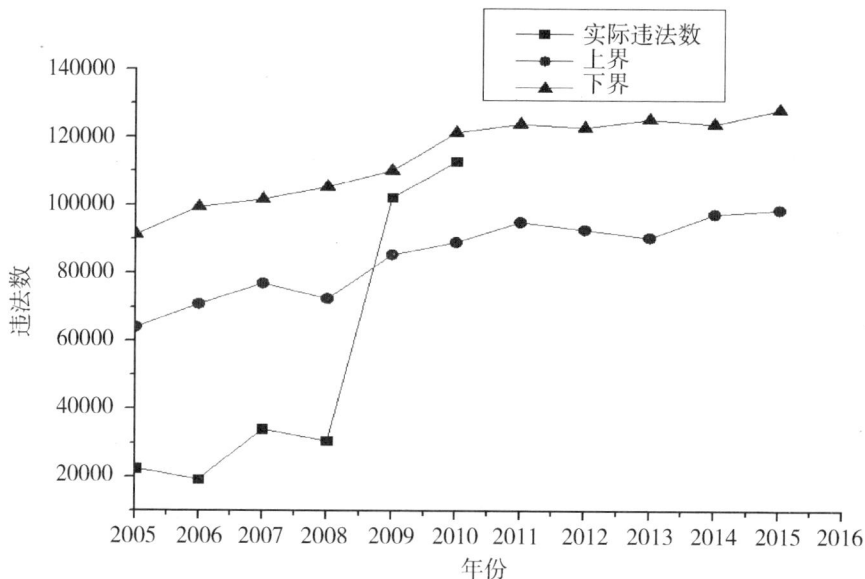

图 4－3　该地区 2011—2015 年实际犯罪数预测

第二节　社会治安水平的评价

　　如何评价城市社会治安水平是一个非常敏感且重要的问题，也是公安机关改进警务模式和发展规划的关键。虽然理论界和实战部门在社会治安水平的评价方面存在不同的看法，但是，在科学建立评价指标体系方面的认识是一致的。也就是说，治安水平的真正含义是反映警方与人口－犯罪状态的博弈过程，并且评价的角度要体现警方的能动性、综合防范能力和管理与服务能力。对社会治安水平的评价要基于本地区人口与犯罪的基本特征，在明确本地区犯罪规模的基础上，划分出社会治安等级，其中包含三个方面：一是打击应对能力等级，即应对犯罪案件的水平；二是防范等级，即降低治安脆弱性的水平；三是警方投入产出的效用水平。三种水平的综合构成了社会治安水平，如下，依据这种原则对大连市治安水平给出一个比较实际的评价。

一、社会治安评价指标的选择

科学、合理的社会治安评估体系应是由若干个能客观反映社会治安动态发展规律、相互联系的指标项组合而成。科学界定社会治安状况评价指标范围是科学评价社会治安状况的前提。其内容必须考虑地区实际治安状况，其范围和涵盖面都不宜过大，否则内容繁多又不易量化；但也不能太小。因此，社会治安安全评价指标应当取适中的范围，界定在可以量化的、具有可比性的、较为稳定的、对治安安全影响较大的范围内选取。本研究从五个方面来考察社会治安状况，在科学界定相关指标及设定分值分配的基础上，以显性指标（也称敏感性指标）为主体，通过隐性指标的印证、能动指标的牵引、资源指标的支撑和参考指标纠偏构筑一个能够相对客观地反映某地区社会治安状况的指标体系。

（一）显性指标

显性指标，主要是指那些能够直接反映社会治安状况的指标，例如110接报警数、刑事案件数、治安案件数、交通事故数、火灾事故数等。一是110接报警情指标，选择实有人口年每万人接警数量。二是刑事案件指标。我国各地在评价治安状况时，都通常选择刑事案件发案率这一指标，即辖区每万实有人口的刑事发案数。但是必须看到，由于受隐案和统计数据不足的限制，这一指标存在缺陷。相比较而言，杀人、抢劫等八类严重刑事犯罪立案数在各地比较真实，虚假成分较少，数据的可信度较高。同时还可以选用八类恶性案件占全部刑事案件的比重这样的结构性指标，通过恶性程度来反映社会治安状况。三是治安案件指标。我国各地普遍存在治安案件与刑事案件倒挂的现象，而且比较严重。治安案件和公安机关的打击程度有关联性，打击力度大，治安案件就能得到有效控制。因此，地区每万人口治安案件受理数可以进行参考。四是交通、火灾事故指标。交通秩序和火灾事故对于人们安全感的影响越来越大。地区每万人口交通事故死亡人数和每万人口火灾死亡人数是反映社会治安的一个主要指标。五是多发性刑事案件严重影响社会公众安全感。部分多发性案件长期居高不下，给社会公众安全感带来恶劣影响。

（二）隐性指标

这里的隐性指标主要是指群众安全感。安全感调查受到影响的因素很多，包括调查问卷的设计，被调查人的职业、文化程度，以及对安全感的理解和承受力。根据美国心理学家马斯洛的需要理论，人的首要需要是温饱，其次才是安全。经济发达地区的人与经济欠发达地区的人，富裕人员与贫困人员，对社会治安感受的标准是完全不一样的。所以，在群众安全感的调查中，必须首先考虑到不同地区、不同群体对安全感的不同感受。国外主要是自报调查，即对揭示隐案的自报调查和被害人调查，从被害人角度来看待犯罪行为、被害人的报案态度和警察的工作效率来测定社会的实际犯罪水平，从而弥补官方调查的不足。我国于1994年5月在北京市进行过首次犯罪被害人调查。但目前这项调查没有经常性地开展，可靠性还不高。当前，我国各省市主要进行的还是安全感调查。因此，本研究选用群众安全感调查数值作为社会治安评价的因素之一。

（三）能动指标

这类指标主要是指公安机关打击犯罪的能动性。反映的主要是公安机关在维护社会治安稳定方面主观能动性的发挥情况。各类刑事案件特别是八类暴力恶性案件能否及时得到侦破，犯罪嫌疑人能否及时归案，直接关系到人们对治安状况的反映。因此，必须有相关指标来反映公安机关打击犯罪的能力。因此，选择两个指标：一是八类恶性案件破案率。八类恶性案件的破案率直接反映了公安机关打击犯罪的能力。由于在刑事案件立案方面尚存有一定水分，所以目前暂不宜将全部刑事案件的破案率纳入考评指标。二是每百名民警查处治安案件数。由于治安案件受理数在统计时有较多水分，治安案件查处率很难反映一个地区对治安案件的查处力度。从目前情况来看，比较合适的指标就是每百名民警查处治安案件数。

（四）资源指标

这里的资源指标主要指政府部门在打击犯罪和维护治安的资源投入，包括人、财、物。目前世界各国在这方面主要选取的是每万人口警察数，即特定时间内某地在编人民警察数量与辖区总实有人口的比率。考虑到地区间经济发展水平存在的差异，分值设定不宜过高。对于经费和装备的配备，对于社会治安状况的关联度很小，这里就不予考虑。

（五）参考指标

社会治安是政治、经济、文化等诸社会因素相互作用后的一种综合反映，对社会治安评估不能脱离特定区域经济社会发展背景，不能忽视一系列与社会治安直接相关的参考指标，如外来人口基数指标和经济发展水平指标。众所周知，经济发展水平较高的地区，人、财、物流动比较频繁和集中的地区，外来人口作案比较突出，刑事发案总量较大。如果不将地区外来人口基数和经济发展水平作为重要的、背景性的关联指标，纳入整个指标体系进行适当纠偏，那么治安评估的结果肯定是那些经济欠发达地区的社会治安相对良好，而那些经济活跃地区的社会治安相对要差。可以说，这样的结果有失偏颇，也有悖于推行治安评估的初衷。因此，必须设计诸如外来人口基数、经济发展水平等一些修正性的正向指标，纳入社会治安评估指标值，以弥补不足。这里主要是针对大连市治安状况进行评价，近年来外来人口对于大连市社会治安的影响很大，因此，在参考指标的选择上主要是考虑外来人口数占本地人口数。综上所述，在对相关指标的选取上，遵循的原则是相关指标尽可能是可以量化的、具有可比性的、较为稳定的、对治安影响较大的、具有代表性的。

二、社会治安水平评价

所谓"专家调查法"亦称"特尔菲法（Del Phimethod）"，是社会形势等测评中一种比较成熟的方法。此次评估以问卷调查的形式进行，所调查的问题涉及公共安全状况的评价和公共安全的影响因素及其变化趋势。专家调查通过面访填答、电话询问、电子邮件、传真等方式完成，所得数据结果运用SPSS做了定量分析。

专家们对评估治安状况各项指标权重的看法是：违法犯罪严重程度占23%，居民安全感占17%，社会经济形势占17%，群体性事件占15%，安全事故发生频率占14%，公安民警工作效率占11%，此外，还有其他一些方面，但仅占3%。以上表明"违法犯罪严重程度"是评价社会治安状况的核心问题，所占比例高居第一；居民安全感和社会经济形势分别以17%的比例并列第二位。这说明社会治安状况评估既需要客观的指标，如违法犯罪率等，又应包括居民的主观安全感受，既应该包括直接指标，也应该包括社会经济稳定形势等方面的间接指标。安全事故发生频率虽然与违法犯罪率没有太大的直接联系，但却会极大地影响居民的安全感。因此选择交通事故作为这方面的指标来进行考察。从上述可以看出，违法犯罪和群众安全感是反映一个地区社会治安状况的主要因素，其权重值应该占首要地位。

本书对于上述所选取的评价指标的权数值考察，综合考虑，选择如下指标，为了便于计算，总的权数确定为100%。再根据各指标在评价指标体系中的重要性，确定各级指标。一是危害城市治安秩序的显形指标（45%）：a. 每万人口接报警数（5%），b. 每万人口八类暴力犯罪案件数（15%），c. 八类暴力犯罪案件占全部刑事案件比重（5%），d. 每万人口交通事故死亡人数（5%），e. 每万实有人口火灾死亡人数（5%），f. 每万人口"两抢"案件数（5%），g. 每万人口盗窃案件数（5%）。二是隐性指标（30%），即公众安全感，因为公众安全感是衡量城市安全状况的主要主观指标，其权重值为30%。三是维护城市治安秩序的能动指标（15%）：a. 八类暴力犯罪案件破案率（10%），b. 每百名民警查处治安案件数（5%）。四是资源指标（5%），即每万人口警察数（保有率）（5%）。五是参考指标（5%），外来人口占本地人口比重（5%）。近年来，由于人口的大量流动，外来人口正成为容易违法犯罪的主要人群，外来人口聚集的地方，也是刑事案件高发地。需要说明的是，对于社会治安的影响有很多因素，如属于经济因素的居民平均生活水平、贫富差距、通货膨胀率、失业率等；属于人口与家庭因素的婚姻家庭稳定程度、外来人口子女失学率等都对社会治安产生一定的影响，从犯罪的角度研究，对于上述因素不予考虑。按照上述指标的选择，建立社会治安发展状况评价指标体系共5个方面、12项明细指标。上述指标的选择主要考虑：是可以量化的、具有可比性的、较为稳定的、对治安影响较大的。其他指标，例如青少年在校学生违法犯罪率和刑释解教人员重新犯罪率，有学者认为应纳入指标体系；也有学者认为不具备横向对比条件，不纳入；也有学者将社会发展方面的指标纳入评价体系，例如，经济发展指标、社会关系指标。由于这些因素对人的安全感起到的是间接作用，相关性还没有得到科学判断。因此，上述指标不予考虑。下一步是对该评价指标体系进行计算，得出反映社会治安状况的具体评价指标，统一为综合反映社会治安状况的总指数。

其计算步骤和方法如下：

一是搜集反映社会治安基本状况的统计指标资料。

二是将反映社会治安基本状况的统计指标分别加工为以上12项社会治安状况评价指标，确定每一评价指标的方向性和权数。

　　三是将每一项评价指标进行标准化处理并赋予权数。标准化处理：标准化处理的计算公式为：正向指标：Yn = Xln/Xon；逆向指标：Yn = Xon/Xln。公式中，0 表示基期，1 表示报告期，n 表示评价指标序号，n = 1，2，…i（i 为评价指标个数）。Xon 为第 n 个评价指标的基期数值，Xln 为这一评价指标的报告期数 Yn 为第 n 个评价指标经标准化处理后的数值。将某一评价指标经标准化处理后的数值（Yn）乘以其权数，即得到这价指标的单项指数。这里以 2009 年为基期计算。

　　四是将单项指数加总为总指数。全部指标综合得分计算（综合评价）。计算公式为：全部指标综合得分 = E（单项指标得分）。说明：如果数值无法除尽，其值选择为 0，即不予考虑其影响因素。

表 4 – 4　社会治安发展状况评价指标体系

评价范围	序号	评价指标	方向	权数
显性指标 （45%）	1	每万人口接报警数	逆向	5%
	2	每万人口八大类暴力犯罪案件数	逆向	15%
	3	八类暴力犯罪案件占全部刑事案件比重	逆向	5%
	4	每万人口交通事故死亡人数	逆向	5%
	5	每万实有人口火灾死亡数	逆向	5%
	6	每万人口"两抢"案件数	逆向	5%
	7	每万人口盗窃案件数	逆向	5%
隐性指标 （30%）	8	公众安全感调查值	正向	30%
能动指标 （15%）	9	八类暴力犯罪案件破案数	正向	10%
	10	每百名民警查处治安案件数	正向	5%
资源指标 （5%）	11	每万人口警察保有率	正向	5%
参考指标 （5%）	12	外来人口占本地人口比重	逆向	5%

表4－5 地区5年来社会治安状况数据

数　据	2005 年	2006 年	2007 年	2008 年	2009 年
实有人口数	6066925	6427025	6508353	6708633	6754946
常住人口数	5653325	5720810	5781853	5833745	5848049
暂住人口数	413600	706215	726500	874888	906897
接报警数	1459753	1459483	1460247	1461732	1462372
刑事案件立案数	29910	28182	26952	27143	63911
八类暴力犯罪案件数	3789	3624	3398	3160	3982
治安案件查处数	19059	16732	31094	28353	92558
交通事故死亡人数	474	293	294	274	248
火灾死亡人数	14	12	9	0	0
"两抢"案件数	1678	2237	2113	1929	4002
盗窃案件数	21564	20341	18811	18115	45197
群众安全感调查值	97%	96%	96%	98%	97%
八类暴力犯罪案件破案数	2071	1795	1763	1590	2607
刑事案件破案数	10141	9129	10339	12321	18994
警察数	119486	119739	119947	120254	120468

表4－6 地区5年来社会治安状况数据

评价范围	序号	评价指标	方向	权数	2005 年	2006 年	2007 年	2008 年	2009 年
显性指标 45%	1	每万人口接报警数	逆向	5%	2406	2271	2244	2179	2165
	2	每万人口八类暴力犯罪案件数	逆向	15%	6.25	5.64	5.22	4.71	5.89
	3	八类暴力犯罪案件数占刑事案件的比重	逆向	5%	0.127	0.129	0.126	0.116	0.062
	4	每万人口交通事故死亡人数	逆向	5%	0.781	0.456	0.451	0.408	0.367

续表

评价范围	序号	评价指标	方向	权数	2005年	2006年	2007年	2008年	2009年
显性指标 45%	5	每万实有人口火灾死亡人数	逆向	5%	0.023	0.018	0.013	0	0
	6	每万人口"两抢"案件数	逆向	5%	2.766	3.48	3.247	2.875	5.924
	7	每万人口盗窃案件数	逆向	5%	35.54	31.65	28.9	27	66.91
隐性指标（30%）	8	群众治安危机感知度	正向	30%	0.03	0.04	0.04	0.02	0.03
能动指标 15%	9	八类暴力案件破案率	正向	10%	0.339	0.324	0.519	0.454	0.523
	10	每百名民警查处治安案件数	正向	5%	15.95	13.97	25.92	23.58	76.83
关联指标 10%	11	每万人口警察保有率	正向	5%	197	186	184	179	178
	12	外来人口占本底人口比重	逆向	5%	0.073	0.123	0.126	0.15	0.155

表 4-7 地区治安水平评价表

评价指标	2005 年	2006 年	2007 年	2008 年	2009 年
显性指标（45%）	0.387	0.5145	0.492	0.4373	0.3638
隐性指标（30%）	0.3	0.4	0.3	0.15	0.45
能动指标（15%）	0.183	0.2343	0.253	0.133	0.278
关联指标（10%）	0.0895	0.0764	0.0982	0.0906	0.0981
合计	0.096	1.2245	1.1432	0.8109	1.19

从表格 4－7 中可以看出，2005 年至 2009 年期间，社会治安综合评价值在 0.8 至 1.3 之间浮动，说明社会治安状况一直处于稳定状态，没有出现社会秩序严重恶化，从而导致人们安全感降低的现象。

三、社会治安状况分析

（一）犯罪总量处于可控状态

当社会结构、社会环境处于稳定状况时，犯罪也处于相对稳定状况。但是，一个地区社会治安的有序性取决于犯罪和控制犯罪两种力量的较量。犯罪学认为：在犯罪现象中，八类暴力刑事案件的增长速度低于或等于全部刑事犯罪案件的增长速度。虽然刑事案件总量增加，犯罪率呈上升态势，犯罪仍处于社会的可控状态，社会可以通过犯罪预防和犯罪治理，提高公众安全感，社会治安秩序可以保持良性发展。因此，不论该地区从 2006 年至 2009 年，八类暴力案件的增长率均低于刑事案件增长数，甚至处于比较稳定状态。因此经济增长放缓并趋于稳定，市场经济体制基本定型，经济运行已经规范，政府调控和监管到位，大规模的结构性失业不再产生，城市化水平显著提高，国民收入再分配体制、社会保障体制、社会信用体制、法治体制逐步健全，社会发展的各种矛盾得到有效缓和，社会重新达到新的平衡，各种致罪因素逐步趋于平稳，犯罪增长预计也会控制在较小幅度内。

（二）犯罪分布由中心区域向边缘郊区蔓延

人口流动是社会进步和经济发展的重要标志，合理配置资源则是市场经济的基本功能。因此，经济越发展，生产要素流动量越大，配置的频率就越高。人口作为一种资源，劳动力作为生产要素，也将受到市场规律的影响，形成新的流动和配置。改革开放以来，由于地理环境、经济发展的传统优势，加之国家优惠政策及地方党委、政府努力，大连市经济飞速发展，吸引了大量外资，对劳动力需求也进一步增大；同时，开发区、新区大量兴建，基础设施投资日益庞大，这些都需要大量的体力劳动者。由于城市中心区域受人口和用地规模控制，导致城市中心区域人口和产业向城市边缘地区疏解。

城市是一个国家或地区的政治、经济、文化、教育、科技中心，也是一个国家或地区文明发展程度的标志，既是繁荣的中心，也是滋生犯罪之地。

城市社会由于本地人口和流动人口低度密集整合，实际上形成原生社会和外生社会两个板块。城市经济发展造成城市环境的复杂状况，使城市中流动人口中的违法犯罪比例不断增加。大连市外来人口在 2009 年达到了 58 万人，这还不包括没有进行登记的隐形人口，其中，甘井子区外来人口最多。

该地区作为城市化进程中的地区，外来人口增长处于不断上升趋势，"两抢"盗窃等侵犯人身财产案件处于高发状态，分析原因在于：一是甘井子区作为城乡接合地区，既有繁荣的城镇地区，又有相对落后的农村地区，相对于大连市中心城区而言，农村地区物价、生活水平较低。二是甘井子区这几年来经济发展迅速，大量企业落户，本地劳动力无法满足，急需大量外来劳动力，而大量外来人口的涌入，给社会治安带来了沉重的压力。犯罪率处于高位运行的原因在于：

其一，流动人口加大了城市人口密度，客观上增加了犯罪得逞的机遇。流动人口是劳动力市场的重要补充，对城市建设、经济发展、商业繁荣作出了积极的贡献。但是，伴随着流动人口的大量涌入，该地区人口急剧增长，人口密度迅速加大，在一些城乡接合部，外来人口数量已经接近或超过常住人口数。以往按常住人口计划比例实行的管理模式已远不能适应客观实际的需要，在某种程度上有些管理工作甚至处于失控状态。市场经济中，经济发达地区各种商贸活动频繁，金融交易繁多，财物周转频率加快，一些不法之徒趁机采用盗、抢、扒、骗等手段非法捞取钱财。

其二，流动人口整体素质偏低，法制观念淡薄，易诱发犯罪。流动人口大多数来自农村，文化程度较低者比重较大，这部分人因其自身素质较低，自控能力较差，缺乏法制观念，加上社会涉罪诱因较多，以及城市生活方式与农村生活方式的碰撞，易于使其成为违法犯罪的主体。

其三，多数流动人口经济生活条件差，为追求最大经济利益容易铤而走险。流动人口外出谋职的自发性、盲目性程度较高，有些人盲目到达城市后，找不到工作，成为无固定工作、无固定住所、无生活来源的"三无"人员。有些人打工劳动收入较少，难于以合法致富来平衡急切的求富心理。有些人因就业的不稳定带来经济收入的不稳定，在生活拮据的情况下，容易使用非法手段，铤而走险，走上犯罪道路。

其四，流动人口以血缘、地缘关系为纽带所形成的生存共同体，往往是寻求自我保护或对付流入地政府管理的自发的社会组合形式，有些容易衍生为犯罪团伙的社会基础。随着在流入地生活、居住时间的增长，经济实力的增强，以及亲朋、宗族人数的增多，这种自发的社会综合形式越发稳固。

其五，流动人口中夹杂违法犯罪分子。一些违法犯罪分子为了逃避公安机关的追捕和打击，混迹于流动人口中，或长期隐蔽，或以各种职业和合法身份为掩护继续从事违法犯罪活动。

（三）侵犯公民财产安全的多发性犯罪呈上升趋势

犯罪类型变化的突出表现：一是近年来侵犯公民财产安全的多发性犯罪一直维持在较高水平。"两抢"、盗窃犯罪的猖獗，严重威胁着城市居民的安全。"两抢"、盗窃类犯罪活动在全部刑事案件中所占比例一直很大，这也是导致刑事案件发案率高位运行的主要因素。并且，有时"两抢"和盗窃案件由于被发现会转化为抢劫案件，直接威胁居民的财产和人身安全，很容易引发广大居民的不安全感，这种区域化特征比较突出。

（四）犯罪手段日趋暴力

进行暴力犯罪的主要是三类人员：社会闲散人员、部分农村外来人员、一些"两劳一少"放回人员。因为好逸恶劳、贪求欲望膨胀，他们试图通过犯罪行为获得较大财富，带有强烈的反社会情绪，犯罪动意一经形成往往采取暴力手段达到其犯罪目的。例如，许多案件都发生在商业繁华地区。周围人员众多，案件经过电视、网络媒体传播，影响十分广泛，尽管如此，在繁华地区犯罪分子仍然铤而走险进行犯罪，会对社会治安产生严重担忧。而且市中心区，人口密集，当发生重大暴力刑事案件时，信息迅速传播，会对人们的安全感产生更加严重的影响。

第五章

犯罪暗数及其统计研究

第一节 犯罪暗数及有关问题①

一、犯罪暗数的产生

至少自1个世纪以来，统计是衡量犯罪的主要尺度，而且正如人们所看到的，犯罪社会学也是随着统计学的发展及其对社会现象的应用而发展起来的。犯罪统计可以引导刑事政策的制定，可以安稳舆论或使其不安，可以证明改革的正确或否定改革。但犯罪统计是十分复杂也是最困难的任务之一，各种因素都对犯罪统计产生决定性影响：公众对犯罪行为的承受能力及其告发意愿、国家刑事司法系统的作用范围和有效性、犯罪统计的方法和效率等等。无论如何科学的统计方法所获得的原始数据，与现实生活中实际存在的犯罪数目都不可能绝对一致。

警方获悉并记录在案的犯罪行为只是"实际犯罪行为"那座冰山露出水面的尖顶。尽管看起来很奇怪，但我们的确对犯罪只掌握很少的有用的情况。描述同样也是记数，而犯罪统计描述的只是犯罪现象最表面的东西：即可以记数的表象，在很多不掌握更好的统计工具的国家甚至更糟。法国学者罗杰·胡德和理查德·斯帕克斯在其著作《犯罪》一书中认为："没有什么能比犯罪统计更能让人作出错误的解释了。"官方的犯罪统计作为正式社会主管当局的工作报告是理所当然的，但是，必须认识到这种统计的局限性和

---

① 刘广三．论犯罪黑数［J］．安徽大学学报，1996，（6）：73.

弱点，只有在利用这种统计材料时，始终明白它的来历，才能使之成为刑事司法系统的计划和监督工作，以及犯罪学研究工作的宝贵而可靠的测量工具。官方的犯罪统计同时也测定有关刑事司法系统的作用范围和工作效率，正如法国司法部在一份报告中指出：这些统计"系由政府机构进行的，因此不适用于对其与其他部门的关系进行直接的研究"。

换句话说，统计资料的重要目的不是告诉我们犯罪的状况，而主要是衡量作出这些统计的机构，如警察机构和其他司法机构的活动及其效率。因此，单单官方的犯罪统计还不是衡量犯罪状况的标准。法国司法部的报告强调："对所有的犯罪活动和犯罪分子，这些统计只是忠实地反映了一部分，对其他的只是片面的反映，还有的甚至没能包括。"第六届联合国预防犯罪大会也肯定："即使是涉及的那些被法律禁止的行为，所实施的犯罪并不总是反映在犯罪统计中，因为这些犯罪未被发现，未被报告，或是因为这些犯罪未被追究，或是因为刑事司法制度对这些犯罪的实施者给予了优待。"因此，为了查明犯罪的规模、结构、发展和分布，必须掌握一切可以利用的统计数据。除了官方公布的犯罪统计之外，有关犯罪暗数的调查统计资料是最为引人注目的。

二、犯罪暗数的定义

所谓暗数，是指一个存在的未知数。犯罪暗数，是犯罪统计学上的一个专有名词，最早由比利时犯罪统计学家凯特莱（A. Quetelet，1796—1874 年）提出。他指出："如果我们对已发现、被判决的犯罪与未被发现的犯罪总数之间存在着的某种固定关系缺乏估计的话，那我们所掌握的犯罪统计就毫无用处。"此后，日本检察官、学者大场茂马于 1908 年在贝尔根用德语撰写的博士论文《难以矫治的犯罪及其处遇》中第一次使用了"不明数"这一概念，后来被德语区的犯罪学研究所采纳。

犯罪暗数又称犯罪隐蔽数字，指的是尚未被发现的、潜伏的犯罪数。即在客观上实际已经发生了，但是由于各种原因尚未暴露，或者已经暴露但还未被司法机关依法查处的犯罪的数量。也有学者将其定义为："由于各种原因而没有记载在刑事统计中的具体犯罪数据，也就是刑事统计犯罪个数与实际发生的犯罪数之差。"简言之，就是"潜伏犯罪总量指标的估计值"。

一些学者将犯罪暗数称为"刑事隐案"，这在实际工作中，有待商榷。

因为犯罪暗数是"数"，即未在犯罪统计内出现的犯罪数。而刑事隐案，是指确已发生，但由于某种原因未被计算到司法犯罪统计中的潜伏犯罪，是未知案件而非数量值。犯罪暗数是犯罪学上的一个重要概念，是相对于已被刑事司法机关处理的犯罪明数而言的。犯罪明数是指因被害人或他人告发，或警方在日常工作中获悉的被警方记录在案的犯罪数量。犯罪暗数是指那些未被告发，或者被害人不愿告发，也未被警方在日常工作中发现的犯罪数量。现实社会生活中，犯罪暗数与犯罪明数都是客观存在的，也是犯罪学研究所必不可少的，只有把犯罪的暗数和明数综合起来考察，才能真实反映现实社会中的实际犯罪总量，这对指导刑事司法机关工作和制定国家刑事政策都有重要意义。犯罪暗数与犯罪明数又是相互联系、不断变化的。如果犯罪暗数上升，犯罪明数就相对下降，反映出司法控制的乏力，产生隐案的数量增加，诱发犯罪的动因增强，势必造成社会秩序混乱、法律遭到践踏。相反，如果犯罪暗数下降，犯罪明数就上升，体现出司法控制得到强化，制约犯罪的因素加强，整个社会规范系统效能良好，社会秩序必然好转。犯罪暗数的特性：首先，犯罪行为已经发生；其次，该行为是国家法律所禁止的具有社会危害性的行为；最后，这一行为应受到刑法惩罚，只因未被司法机关发现和证实，所以尚未受到刑事法律追究而未被计入犯罪统计数之列。

三、犯罪暗数的分类

犯罪暗数 DF 由三部分构成：未被察觉的犯罪数 UD（Un – detected Crime）、未报案的犯罪数 URP（Un – reported Crime）、未被记录的犯罪数 URC（Un – record ed Crime）。即 DF = UD + URP + URC。对于不同类型的犯罪，这三部分在犯罪暗数中的比例未必相同，因而降低犯罪暗数的措施和侧重点也未必相同。但是，在各种类型的犯罪中，犯罪暗数都是由这三项构成的。

根据以上对犯罪暗数内涵的论述，以犯罪隐匿的程度为标准，也可以划分为绝对犯罪暗数和相对犯罪暗数。绝对犯罪暗数即纯暗数，是指实际已经发生但未被检察机关发现的犯罪数。无论它是否正在实施，也无论它是否在追诉期内，只要未得以暴露，处于潜伏状态，就可以称为绝对犯罪暗数。当然在一定条件下，它可以向相对犯罪暗数转化。相对犯罪暗数，是指犯罪发生后被检察机关所觉察，但没有作出处理。这部分犯罪由于没有得到追诉和审判而未能纳入犯罪统计中，故称之为相对犯罪暗数。相对犯罪暗数主要包括以下几种情况：（1）举报部门收到检举或发现犯罪疑点，但是尚未展开侦查的案件；（2）虽然已经展开侦查，但由于各种原因中止侦查或没有移送起诉的案件；（3）由于证据不足或其他非法律上的原因，检察院不起诉或法院宣告无罪的案件。

四、犯罪暗数产生的原因

犯罪暗数大量存在是多种因素共同作用的结果，诸如法律制度不完善、监督机制不健全、司法查处力度的限制、某些刑事犯罪案件的立案标准较低、被害人不愿告发、证人不愿作证、官方犯罪统计方法有缺陷等。这些因素错综复杂，相互交织，共同产生了极高的犯罪暗数。

官方的职务犯罪统计实际上是汇集地方司法机关上报资料而形成的，以统一犯罪报表年度报告中颁布的"报警案件"为基础确定的。而司法机关的犯罪统计是以本部门的实际活动为基础的，只能反映实际部门的活动与变化，统计往往缺乏科学、周密的设计，其统计标准、含义与计算方法常常发生变化。所以，司法机关的犯罪统计数据本身就与实际情况存在一定的差距，不能完全反映犯罪活动的实际状况。另外，统计法规的可操作性差，有关规定难以得到切实遵守，统计人员的权益无法得到保证。统计数字是否准确，直接影响着决策的准确性。某些严重失实统计数字所导致的重大决策失误，甚至会严重影响国计民生。在我国，刑法中没有相应的惩罚规定，统计法中虽然有不准对坚持实事求是的统计人员进行刁难或打击报复的条款，但由于对什么是"打击报复"没有明确具体的界定，基本上没有可操作性。同时，"人非圣贤，孰能无过"，即使政治、业务素质都堪称过硬的统计人员，也难免在工作、生活的其他方面存在这样或那样的缺点，有关领导大可以堂而皇之地从其他方面寻找理由进行刁难或打击报复。这就使许多犯罪统计人员难免要从自身利益出发，不愿或不敢违背领导意志如实上报有关数字。

第二节 犯罪暗数的几种估计方法①

一、自述调查法（Self – report Survey）

自述调查法，就是采取某种抽样方法，选取一定数量的调查对象，根据事先设计的调查量表，让调查对象回答自己曾经参与过某些类型的违法犯罪活动。如果回答是肯定的，则进一步回答一些细节问题，如参与的次数、地点、犯罪对象等一些问题。通过执法机关对这些自述的违法犯罪行为的获知比例，可以估算相应类型犯罪的犯罪暗数。美国犯罪学家奥斯汀·帕特菲尔德于1943 年在《美国社会学杂志》上发表了论文《法庭和大学里的青少年犯罪及结果》，这是第一篇根据自述调查法所得数据公开发表的学术论文。在这篇论文中，奥斯汀·帕特菲尔德首先分析了2049 名已被法庭宣判的青少年罪犯的犯罪记录，并将他们的被宣判罪行归结为 5 种行为。之后，奥斯汀·帕特菲尔德在北得克萨斯的三所大专院校里调查了20 名男生和137 名女生，让这些学生回答他们自己是否曾经犯有这 5 种罪行之中的一些行为。结果发现，这些大学生几乎每个人都承认了自己曾经至少一次犯有这 5 种行为之一。虽然在次数上少一些，但严重程度并不逊色。而且，这些学生的犯罪行为几乎未被执法机关获知。自述调查法在诞生之后就不断受到质疑和批评，一般的质疑包括：被调查人出于自我保护等原因，不愿吐露自己真实的犯罪情况，或者避重就轻；调查量表中的罪行种类过少，并且只包含轻罪或过失行为，而很少涉及重罪；调查对象缺乏代表性，青少年占绝大部分，很少针对成年人进行自述调查；自述调查法的信度和效度问题，信度指调查对象的回答是否稳定一致，效度指调查量表中的问题是否准确反映了要研究的犯罪学概念和理论。尽管自述调查法受到了一些犯罪学家的质疑，但这种方法在美国等实证犯罪学比较发达的西方国家仍然得到了很大的发展，特别是关于犯罪的成因和发展过程的跟踪调查研究，许多相关论文和专著陆续被

---

① 杨学峰，商小平，姜兰昱. 犯罪黑数的构成与估计方法 [J]. 江西公安专科学校学报，2007（4）：52－55.

发表。

在现在的自述调查法中，所涉及的犯罪类型越来越广泛，从青少年的逃学、离家出走等不良行为到故意伤害和谋杀等严重犯罪行为，都要求被调查人作出回答。在参与犯罪的次数上，不再设定范围，而改为开放的回答模式，由受调查人自行回答。设计一些后续问题以便研究人员剔除那些前后矛盾的或不属于研究目的的回答。为了验证自述调查法的信度，犯罪学家发展了再测试方法。也就是在调查对象作出自述报告一段时间之后（一般建议一到四周时间），由这些人再次对类似的调查作出回答。两次调查的结果应该是高度相关的，一般要求相关系数至少在 0.70 以上。通过认真设计调查量表中的项目，以及对不同族群人们的自述报告进行比较，将自述调查数据与官方犯罪统计或者被害人调查数据进行横向比较研究，可以判断自述调查法的效度。

总之，犯罪学家在使用自述调查法的时候，更加注重提高这种方法的信度和效度，在对犯罪现象的描述和犯罪原因的研究中得到了许多很有启发性的成果，特别是利用自述调查法多年跟踪调查以获得犯罪时间序列数据，为研究青少年犯罪的原因，以及相关因素提供了大量的实证资料，而这些数据是官方犯罪统计无法完成的任务。此外，随机化调查技巧、计算机辅助调查、终身跟踪调查等日益专门化的技术使自述调查法越来越科学规范。在美国等实证犯罪学发达的一些西方国家，自述调查法已经成为与被害人调查法、官方犯罪统计同等重要的测量犯罪现象的一种方法。

二、被害人调查法（Vietimization Survey）

被害人调查法是利用统计抽样的方法，在特定的人群中选取一定数量的样本，通过面谈访问、电话调查、网络调查等方式，让受访对象回答在过去一段时间内自己是否受到某种形式犯罪的侵害。这些侵害行为包括已经向警方报案的案件，也包括未报案的案件，从而可以估算未报案的犯罪暗数。与自述调查法经常受到批评和质疑不同，被害人调查法自从 20 世纪 60 年代在美国兴起以来得到了大多数政府和犯罪学家的认可，从而成为官方犯罪统计最重要的补充。在美国和加拿大等西方国家，被害人调查已经成为统计机关的常规工作，也形成了严格的程序和方法。以加拿大为例，1981 年 6 月成立的加拿大司法统计中心（CCJS），隶属于加拿大统计局（ST ATISTICS CANA-

DA），每年定期发表官方犯罪统计，而且自 1985 年起，加拿大统计局每年进行一般社会调查（GENERAL SOCIAL SURVEY），每 5 年进行一轮被害人调查。在 GSS 中，通过在全国范围内采用抽样方法，选取一定数量的人口（在 2002 年以前选取大约 1000 名 15 岁以上的加拿大公民，2002 年开始增加至 2500 人），通过电话采访方式进行被害人调查，不仅要调查被害人的受害经历，而且还要调查被害人的报案情况，以及那些没有报案的原因。根据 1993 的 GS 调查，大约有 2000 名加拿大公民在前一年时间内受到某种犯罪侵害，但根据加拿大官方的《统计犯罪报告》，这个比例仅为 12%，由此可以了解犯罪暗数的规模，并且通过被害人调查还可以了解未报案犯罪暗数形成的原因。与自述调查法类似，被害人调查法也在不断地发展完善。特别是关于被害人调查法的信度和效度，通过问卷设计、计算机辅助调查、抽样技术等得到充分的保障，被害人调查法所得到的犯罪数据经常被犯罪学家和新闻媒体采用，为实证犯罪学研究和发展提供了丰富的素材。

第三节　犯罪暗数的测算[①]

长期以来，统计是衡量犯罪的一个重要尺度，而且正如人们所看到的，犯罪社会学也是随着统计学的发展及其对社会现象的应用而发展起来的。在人们对犯罪情况的印象方面，统计起的作用是决定性的。犯罪统计可以检测社会治安形势，安稳舆论或使其不安，引导刑事政策的制定；为防控犯罪提供帮助。但是，从犯罪学研究之初，犯罪暗数就是犯罪统计的大难题，犯罪是统计十分复杂和困难的任务之一。各种各样因素都对犯罪统计产生很大的影响，如公众对犯罪斗争的承受能力和告发意愿、国家刑事司法系统的作用范围和有效性、犯罪统计的方法和效率等。这就使根据犯罪现象最表面的东西进行计数的犯罪统计所获得的原始数据与社会生活中实际存在的犯罪数目存在一定的出入。官方数据虽然是进行犯罪学研究的有价值的犯罪测量工具，但不能反映犯罪的全貌，未统计的犯罪要比官方所掌握的严重得多。早在 20 世纪上半叶，犯罪暗数的研究就十分引人注目。经验型研究始于 1941

---

① 孙蕾. 犯罪黑数的统计测算研究 ［J］. 统计教育，2005，（4）：13 - 16.

年库尔特·迈尔和1957年贝恩特·魏纳所作的犯罪暗数估计,这种估计绝不是以直觉和灵感为基础,而是以犯罪学的经验知识为基础。但也有许多关于犯罪暗数的很不稳定的估计,尽管这种估计建立在警察局和法官在刑事案件中所积累起来的经验以及可靠的知识水平的基础上,但仍然不能令人满意。因为人们一直期望着对关于犯罪暗数的估计提出更有说服力的根据,从而真正科学地认识实际发生的犯罪状况。下面,首先介绍几种测算犯罪暗数的统计方法。

一、直接调查法

直接调查法,顾名思义,就是按照一定的原则直接对被调查者进行调查或观察以获取数据的方法。它以抽样调查为主体,由公安部或国家统计局负责,或借助于"央视"新闻调查网等机构,根据户口和身份证管理资料,定期在全国或各省、自治区、直辖市选择一定比例的家庭和个人,进行犯罪抽样调查,并以这种调查的结果和有关地区的犯罪统计数字相对照。根据调查内容的不同,直接调查法分为自我报告调查和犯罪被害调查两种。自我报告调查是指用日常生活语言描述的刑法条款向被调查者询问他们最近一年内是否触犯过这些条款,如果被访者承认有违法行为的,再请他们说明是否曾经被判罪。这种方法主要适用于对青少年进行调查,并在一段较长的时间间隔之后进行重复测验来验证其可靠性和有效性。犯罪被害调查则是向被访者了解在最近一年内是否成为罪行被害人,调查时用日常生活语言委婉表达法律条款,如果被访者作出肯定的回答,就向他了解成为被害人的详情:案发地点和时间、作案人、犯罪行为的原因和后果、造成的损失和人身伤害、被害人在发案后生活方式的变化、被害人的安全感、对犯罪行为的恐惧心理、对刑事司法的态度以及是否向警方告发了罪行。如果没有举报,则要继续了解被害人为什么不告发。这两种调查结果都可以估计出犯罪暗数。

同时要做好相关配套工作:一是尽快着手开展全部刑事隐案的普查工程。建议公安部借鉴对部分省市组织犯罪暗数课题研究的有益经验,组成精干高效的专门班子,统筹制定此项调查指标体系,就全国范围内的全部刑事隐案包括绝对隐案的类型、罪种、数量、分布、成因与控制方略,作出尽可能全面、系统、真实、准确的定性定量综合分析测评,为各地公安机关切实解决深层隐案症结问题提供客观依据和便于操作的具体方案。二是由公安部或省（自治区、直辖市）公安厅（局）的调研机构从各所在地上报的犯罪统计数字中，选择发案率很高或很低的地区，以及犯罪案件升降幅度严重偏离全国或全省平均值的地区，对其犯罪暗数存在的规模进行典型调查。三是充分利用许多大学和社科界的研究机构，让有关专家学者随时有机会进行关于犯罪暗数的专题调查研究，必要时，可在互助互利原则下主动请专家学者进行有偿研究。

二、间接推算法

在采用官方的犯罪统计制定刑事政策时，必须认识到犯罪统计的局限性和脆弱性。要采用已知的资料，科学推算未知的信息，为刑事司法实践工作和犯罪学研究工作提供支持和帮助。

一是根据典型调查所获数据推算。假设现阶段根据报案人口述情况达到立案标准的占 a% 左右，经过现场勘查等工作，认为可以立为刑事案件的为 b%，报到县（市、区）刑警大队的占 c% 左右。在这些由派出所或刑警中队上报的案件中，县（市、区）刑警大队实际立为刑事案件的约占 d%，立案后统计上报的约占 e%。这就是说，由县（市、区）刑警大队统计上报的案件数量，一般约占群众报警案件的 a%·c%·e%。另外，群众上报给公安机关的案件，也一般只占实际发案数的 f%，这样，一般县（市、区）刑侦部门统计上报的案件数量，大都只有实际发案数的 a%·c%·e%·f%，1 − a%·c%·e%·f% 即为犯罪暗数所占比率。

二是根据破获的团伙案件和隐案估算。现在各地公安机关每年都要破获大批团伙犯罪案件，经过审讯，每个团伙都能交代大批案件。假设公安机关实际立案 α 起，犯罪团伙共交代案件 β 起，考虑到团伙犯罪分子可能还有余罪没有交代，实际立案数占全部案件数的比重可能还要低于 α/β。同时，现有各地公安机关每年年终上报的破获年前隐案数，一般都是当年案件的 2~3 倍。虽然破获的年前隐案是上一年度的，但年年都要破获以前各年度的隐案，因此各年破获的年前隐案，可以近似为上一年度的隐案。考虑到上年度破获的当年案件加上本年度破获的上年隐案，也只是上年实际发案数的一部分，故推断犯罪暗数所占的比例 75%~85%。

三是根据重大和特大盗窃犯罪案件立案数量递减规律推算。在现行的盗窃案件立案标准中，特大盗窃案件立案起点是重大盗窃案件的 6 倍，重大盗窃案件立案起点是一般案件的 6 倍。从犯罪统计报表上看，在人均年收入约 3000 元人民币的地区，重大盗窃案件立案数量约是特大案件立案数量的 30 ~ 50 倍。因为重特大盗窃案件立案相对较实，大多数城乡居民家庭都仅是小康或获得温饱，以及绝大多数盗窃犯罪分子都是随机侵害一般家庭。而盗窃案件又有随立案起点降低而成倍增加的明显规律，因此可以认为一般盗窃案件的实际发生数量，至少应为重大盗窃案件实际发生数量的 15 ~ 20 倍。而实际上，一般盗窃案件的立案数量，只有重大案件立案数量的 2 倍左右。据此，也可以推断一般盗窃案件的立案数量只有实际发案数的 10% ~ 13%。

四是根据大多数西方国家杀人案件和盗窃案件的比例推算。据有关资料介绍，在西方国家，每发生一起杀人案件，一般都要发生 150 起左右的盗窃案件。即杀人案件和盗窃案件的比例约为 1∶150。我国的民族构成以及由此带来的文化冲突，并不比大多数西方国家复杂和严重，我国盗窃案件立案标准相对于人均收入而言远比发达国家要高，杀人案件的外延也比西方国家要小。以上因素综合起来看，我国盗窃和杀人案件的比例，不应低于西方国家。而我国大多数地区的盗窃案件立案数量，只有杀人案件立案数量的 15 倍左右。从这个意义上说，我国盗窃案件的实际立案数量不会高于 10%，有大约 90% 的盗窃案是隐案。

三、随机化回答技术

前文所述的自我报告调查和犯罪被害调查都属于对敏感性问题的调查。所谓敏感性问题，就是调查内容涉及私人机密而不愿或不便于公开表态或陈述的问题。这类问题涉及被调查者的隐私，如赌博、吸毒、婚前性行为、偷税漏税等。如果直接提问容易引起反感，或者得不到真实回答，或者遭到拒绝，无法得到调查结果。即使不是当面访问而是采取电话调查、网上调查等方式，被访者仍有一定的疑虑，影响调查结果的准确性。抽样调查中有一项独特的调查技术，即敏感性问题的随机化回答技术，能够很好地解决这一问题。该技术运用前要向被调查者解释清楚，被调查者选取的是哪一个问题，回答什么都是保密的，不会暴露自己的隐私，不会让被调查者尴尬。下面，以无关问题的随机化回答模型——西蒙斯模型为例，介绍如何利用这一模型估算犯罪暗数所占的比例。制作一套卡片，其中一部分卡片上面写问题（1）"你有过犯罪行为却未被司法机关依法查处，对吗？"另一部分卡片上面写问题（2）"你是 8 月份出生的，对吗？"两部分卡片的设置比例为多少，这由调查者控制。向个人进行调查，让每个被调查者从这套卡片中随机地抽一张，只回答"对"或"不对"。而调查员并不知道被调查者回答的是什么问题，只是记录回答"对"的次数，因此保护了被调查者的隐私。

设 π_A 是犯罪暗数所占的比例，样本总量为 n，回答"对"的人数为 m；π_B 为 8 月份出生的人的比例，它近似等于 1/12，则回答"对"的比例为：$\dfrac{m}{n} = P \cdot \pi_A + (-P)\pi_B$，$\pi_A$ 的总体估计值为：$\pi_A = \dfrac{1}{P}\left[\dfrac{m}{n} - (-P)\pi_B\right]$，$\pi_A$ 的方差估计量为：$V(\pi_A) = \dfrac{1}{(n-1)P^2} \cdot \dfrac{m}{n}\left(1 - \dfrac{m}{n}\right)$。于是就得到犯罪暗数所占比例的总体估计量及其方差。

第四节　基于模糊评价的贪污受贿犯罪暗数预测[①]

一、研究背景

根据一些国家学者总结的经验，犯罪暗数的规律是：暗数程度的高低与人们感觉到的犯罪危害性成反比。社会危害性越明显的犯罪，犯罪暗数越低；社会危害性越不明显的犯罪，犯罪暗数越高。苏联茨维尔布利说：一般来说，潜伏程度越低，这类犯罪的社会危险程度越高。如杀人罪和重伤罪，潜伏性的指数几乎等于零，而对于某些类型的渎职罪，根据抽样数据，潜伏指数则达 7% ~ 53%。

我国贪污受贿犯罪是否存在暗数？回答是肯定的。这个暗数与实际侦破数的比例有多大，目前尚没有精确的数据，但暗数较大这种看法，是可以取得共识的。贪污受贿犯罪之所以存在暗数较大，是由该罪具有下述一些特点决定的。

（1）犯罪行为的社会危害性不易显露。贪污受贿犯罪是公职人员利用职

[①]　郭国顺，郭欣，军伟. 贪污受贿犯罪潜黑数的预测研究［J］. 中国刑事法杂志，2002，（4）：95 - 106.

务之便实施的，其侵犯对象一般不是以公民个人利益为直接侵害对象，相对来说暗数就会大大增加。

（2）贪污受贿手段智能化，隐蔽性强。公职人员一般文化水平较高，阅历较为丰富，对自己职务范围内的情况熟悉，深知本行业管理制度和监督机制中的漏洞，有逃避法律的犯罪措施，一般人难以觉察到，使暗数大为增加。

（3）犯罪主体特定性的保护功能。其对抗司法机关的侦破活动，利用盘根错节的关系进行开脱，增加司法追诉难度，促使暗数增大。

（4）地方、部门保护主义的影响。从地方保护主义出发，予以袒护，因而也增加了暗数。

（5）模糊性行为对贪污受贿的放纵。模糊数学认为，客观世界存在着两种事物：一种是人们可以明确肯定它的性质、特征、状态的清晰事物，一种是人们不能肯定它的性质、特征、状态的模糊性事物。贪污受贿行为中，也有一些是属于模糊性行为。贪污受贿犯罪是特殊主体，在市场经济条件下，改变了过去公有财产的产权关系集中、利益主体单一的格局，出现了各种对公有财产的租赁、承包、公私联营、中外合作、合营等形式。这些利益主体中特定公职人员的界定、公私财产性质的界定，都具有一定程度的模糊性，对其中某些公职人员侵吞、盗窃、骗取这些经济体中的财物，是贪污还是一般侵占就难以界定。受贿谋取利益的界定也相当之难，其中虽不宜按贪污受贿犯罪论处，但就其实质而言，其中有的就属于贪污受贿犯罪，加大了暗数。

（6）知情人有顾虑不愿举报，保障举报人合法权益的制度不完备。

（7）办案能力不适应办案工作的需要。要减少贪污受贿犯罪暗数，关键因素取决于司法机关的追诉能力。追诉能力的不适应，追诉保障条件落后于作案手段，使贪污受贿案件查办受到影响。

二、贪污受贿犯罪潜暗数的概念及特征

（一）贪污受贿犯罪潜暗数的概念

贪污受贿犯罪潜暗数，是指罪与非罪行为形成界限上，把贪污受贿犯罪未能形成的预备数或者潜伏数称之为贪污受贿的潜暗数。这是对应于贪污受贿犯罪暗数的一种概念化提法，其内容这样界定便于清楚对比，但更重要的是体现法律的规范。贪污受贿犯罪暗数，即指实际发生而在正式统计中没有反映出来的犯罪数字。统计上反映出来的数字说明已被刑事追究，这一表现形式已告诉贪污受贿犯罪受到法律惩罚的多少。统计上反映出来的数字也称犯罪实证数，是刑事追究工作成果的反映。从犯罪学的角度看，贪污受贿犯罪的构成经过了一个相当过程的时空发展阶段，没有这样一个阶段，一般是不会实施贪污受贿犯罪行为的。贪污受贿犯罪的实证数与暗数都系犯罪行为已发生，两者之和也就是贪污受贿犯罪总数。然而，贪污受贿犯罪总数是在导致贪污受贿犯罪总数之前，客观上有一个贪污受贿犯罪预备数、潜伏数，这个预备数或潜伏数在主客观相互作用下，有的走向贪污受贿犯罪，即贪污受贿犯罪既遂（也可扩大到犯罪终了未遂），体现在数量上就是该犯罪的既遂数。有的灭失在贪污受贿犯罪产生决意之前，或者决意产生又由于外界条件不具备，加之犯罪情境影响自身意志而决意灭失（也可扩大到犯罪中止）。在贪污受贿犯罪与非罪行为形成界限上，对数量来讲具有模糊性。但在客观上，由于形成贪污受贿犯罪有一定的客观规律，因此，这样界定并加以研究，就可在贪污受贿犯罪形成前的关键时刻加强犯罪预防，体现预防的针对性，这将为遏制贪污受贿犯罪现象的发生发挥重要作用，也为预防贪污受贿提出了直观的定位参考。

（二）贪污受贿犯罪潜暗数的特征

一是潜暗数的形成与暗数形成具有相关关系。第一，潜暗数对象产生暗数，在犯罪形成上，暗数由潜暗数发展而来。第二，其成因潜暗数与暗数一致，只是主观恶性一般比贪污受贿犯罪较浅。第三，在罪与非罪行为界限上，贪污受贿犯罪潜暗数对象行为未构成犯罪，而暗数对象行为已构成犯罪，甚至还可能发展多次犯罪，因此暗数是潜暗数发展的结果。

二是潜暗数的量应大于暗数的量。第一，根据贪污受贿发生形成的一般规律，潜暗数来源于贪利心理与情境的支持。潜暗数的心态程度与外界情境支持的程度，同暗数形成的心态程度与外界情境支持的程度相比要弱，故量要大。第二，潜暗数中由于主、客观原因的变化其量也在变，其动态变量相对暗数动态变量程度要大。因此，研究潜暗数的产生与形成更具有广泛意义。

三是遏制潜暗数与揭露打击暗数是反腐败防治结合的关键所在，会更全面地体现法治国家意志。

四是客观上有必要探讨潜暗数的预测。第一，潜暗数预测在遏制贪污受贿犯罪方面有其特殊意义。第二，潜暗数虽具有模糊性，但对潜暗数的预测具有可行性。第三，现代化手段的运用，可为潜暗数的预测提供有利的条件。第四，对潜暗数预测过程本身就是一个教育过程，预测结果更具有真实感，具有真实情况反映的客观性，可具体指导犯罪预防。暗数是依据刑法揭露打击的对象，潜暗数是依据犯罪学预防犯罪的对象，因此预防贪污受贿犯罪的发生应定位于预防犯罪潜暗数的发生。

三、贪污受贿犯罪潜暗数的预测

犯罪预测，表现了人类企图发挥自觉能动性，对未来进行探索犯罪预防的要求。犯罪预测不是证实过去，也不是说明现实，而是探索未来。预测未来犯罪发展的趋势，其目的在于制定相应对策，采取有针对性的措施预防，鉴于前面把预防贪污受贿犯罪定位于预防潜暗数的发生，就要对潜暗数进行预测。

（一）贪污受贿犯罪潜暗数预测项目的确定

在科学认识贪污受贿犯罪一般形成过程基础上，进一步研究确定贪污受贿犯罪潜暗数预测项目。

1. 主体内因素方面

贪污受贿犯罪主体心理起因，起始于相对稳定心理在主客观相关因素作用下受到破坏，由量变发展到质变，转化为犯罪心理。这一系列过程中出现的贪污受贿犯罪的心理状态，作为犯罪原因，称之为主体内因素。主体内因素项目的提出，是对贪污受贿犯罪形成的整体因素一般规律而言，也就是说，这些项目对贪污受贿形成来说，是普遍存在的，经常起作用的主要因素，作为预测项目提出来以保证和体现预测项目的科学价值，因为所列预测项目还要通过预测者来回答，所以对预测项目的表述尽量体现易理解，易从程度上区分和量化，易评价。具体是：腐朽、没落思想意识，无休止地追求非分需要；道德水准低下，法制观念薄弱；以权谋私占有欲强，求利欲望自控力差；贪利心切意志薄弱，易受外界不良影响吸收消极经验；文化修养与智力水平和应有的道德水准反差大；追求享乐常有不足感，金钱万能求足感强烈。这几种心理又往往表现在主体本身的行为因素上：个性不良行为习惯，占有为荣，易小利于行；有机会占点，没有机会找机会也想占点；不平衡心理对消极行为的模仿，不要白不要、不得白不得，有条件要，没条件找条件也想要；常掩盖，容忍自己自私，贪心的非分要求或行为；主观支配已出现了不正当行为，有明显的贪受表现。

2. 主体外因素方面

人的本质属性是社会性。因此，贪污受贿犯罪的形成，离不开社会存在的主体外因素，即外界客观因素对贪污受贿犯罪主体心理状态的作用与影响。确定主体外因素预测项目，必然要依据现实社会存在，特别是与有密切相关关系的大、小客观存在环境来研究主体外主要因素。我国现在正以经济建设为中心，进行社会经济结构转型与经济体制转轨。在这一过程中，尤其是初始阶段，社会结构的大调整和体制大改革，社会生活发生着剧烈变化。这种变化从消极方面看，一是往往产生消极动因，金钱的价值升级为绝对化，使贪污受贿者的欲望迅速增长，繁荣越烈，欲望越烈。在某些传统约束失去权威时，渴望得到更多的报酬，致使欲望失控现象发生。二是转型与转轨又是客观历史过程，一定程度上不可避免会出现社会整合力的减弱与失衡，出现社会失范现象。因此，预测贪污受贿犯罪潜暗数对象，必须要预测其形成的主体外因素。主体外因素很多，也很复杂，应选择某一时期客观影响较大，又为贪污受贿犯罪案件剖析所证实客观存在的主体外因素，选择这样的主体外因素列入预测项目就具有客观真实性，有一定的科学分析价值，现将主体外因素预测项目列为：缺少社会规范社会约束失控状况，指现行法律、政策处于无法可依、无规可循的程度；社会规范冲突社会约束作用状况。指新旧法律、法规、政策规范并举，内容不一，甚至矛盾的程度。

（1）社会整合力——社会消极环境治理状况。在"双转"中，对出现的道德规范、法律规范、行为观念模糊，处于不确定环境活动，短期行为普遍存在，不良社会风气，甚至出现违法违纪等，社会对此整治的程度。

（2）物质消极诱惑力——社会物惑力消极刺激状况。商品经济发展带来的消极方面刺激人的欲望增生，常会诱惑人的自私贪利心理，尤其是送礼、行贿和性质相同的其他表现形式经常作用的程度。

（3）监督与教育——社会有关方面管理状况。指法律、纪律、道德等规范通过监督教育使人们受到约束的程度。

（4）行业特殊管理——社会防止特权行为商品化状况。指针对不同行业不同特点，对本行业容易产生特权商品化实施抵制和管理程度。

（5）及时揭露与打击——社会打击力度状况。贪污受贿犯罪具有隐蔽性、欺骗性，其职权、地位、作用又常有对抗性。同时，其贪污受贿犯罪的实施又有个暴露过程。在这个过程中，能否受到及时揭露与打击的程度。

（6）刑罚的社会效应——社会打击结果的客观效应状况。指贪污受贿犯罪依据刑罚进行打击的情况，地区间、诉讼环节间出现刑罚差异所引起社会效应的程度。

上述主体内因素与主体外因素，仅就贪污受贿犯罪潜暗数对象一般形成过程而言，就某一地区、某一行业单位可能有主体特定的主体内因素、主体外因素特点，可根据实际需要调整列入。

3. 提取贪污受贿犯罪实证数

贪污受贿犯罪实证数，是指某一地区、单位在某一时期实际发生的贪污受贿犯罪案件的被查处，并在统计中反映出来的数量及其相关分类。之所以作为实证数来引用，主要考虑这一实证数是贪污受贿犯罪形成诸因素合成的结果。这个结果，正是反映了质的主客观状况。以此来比较，具有直观性，有利于保证预测的科学对比性。实证数主要包括案件数量、程度及主体分类等，现采用的是一年实际查办的贪污受贿案件数量。此外，为了提高宏观分析的准确性，排除可能存在的时期偶然性，还应该提供十年来查办的贪污受贿犯罪案件的平均数量。实证数的提供，主要是供纵向比较，并用于定量与定性相结合进行分析。

（二）贪污受贿犯罪潜暗数预测方法与步骤

贪污罪潜暗数和受贿罪潜暗数最终的形成，都是某些主客观因素作用于主体心理，并在动态中最后形成主观故意而实施犯罪。尽管两罪心理构成和犯罪预备或决意实施状态存在差别，但都不影响犯罪构成要件。因此，可以建立一个共同认可的新的计量方法，该计量方法依据：

1. 归属于模糊数学运用范畴

在具体相关项目预测得出精确的量，再通过引入模糊数学的适当具体方式，可建立计算机数学模型，运用提供预测犯罪非此即彼的信息，达到事前预测。

2. 引入模糊数学预测的具体方式

根据犯罪形成的一般过程和促进犯罪行为发生的多方面原因，犯罪的预测要采取综合评价方法，这种综合评价方法既涵盖了量的广泛性，也涵盖了体现量的项目的重点性和动态性，具体引用加权平均数来进行分析预测。在隶属度的建立或模式识别过程中，多项目、多因素评价存在困难，但是隶属度的建立确实体现了综合评价在系统工程中的基本环节。综合评价中各项指标和各种评价因素在总评价中的地位并不完全相同，存在着一种权衡意识，也就是因子间重要性的相对比较。在犯罪行为过程中其直接因素、间接因素与主要方面、次要方面因时、因地、因人等都不能平等对待，必须客观确立，以期对犯罪预测更接近可能发生的实际，这就是引入加权评价方法的必要性和客观性。引入加权评价方法包含两种情况：一种情况是权重分明，即总结以往经验，服从共识需要，确定项目权重程度；由此产生另一种情况，即权重分明情况下的加权平均运算得出模糊情况综合评价结果。对模糊综合评价，引用的公式为：

$$K = \frac{1}{n} \sum_{i=1}^{n} C_i P_i$$

其中 K 为综合评价指数；C_i 为各因子分配的权数；P_i 为各因子的分指数。

权数确定很关键，权数的确定越接近实际，所确定的结果也越接近实际，从犯罪预防角度，主要采取确定法或者专家估测法（权数的具体确定方式在应用中说明）。预测准确程度的另一个关键是被测评者所提供的数据越接近实际越好。因此，必须做好参评者的工作，抱着客观、实事求是的态度认真参加各项数字的估测。

3. 结果预测

（1）设置主体内因素指数为 K，主体内因素率为 Tk。指数 K 求得过程是确定调查项目与调查范围；被调查者依据项目标准填写数据，对重点项目作权数处理；采用加权平均数运算求出主体内因素指数 K 犯罪潜暗数的理论案件数字。设置主体外因素指数 S，主体外因素率为 Ts，S 的求得过程同 K。

（2）准备一次对照实证数。通常采用当年或上一年实际发生已被查办的贪污受贿犯罪的案件数、案件比例数，必要时也包括其他有关数据。

（3）确定二次比照实证数，常指十年内被查办的贪污受贿犯罪案件的平均数。按上述方法步骤，对主体内因素预测结果进行分析，并由主体外因素看主体内因素的变化取向，再对预测指数做两次实证数比较，看未来可能发生贪污受贿犯罪案件理论数及其可信度。最后，再从主体内外因素预测结果，看预防工作的着眼点，研究提出相应对策与方法。

四、贪污受贿犯罪潜暗数预测的应用

（一）贪污受贿犯罪潜暗数预测单位选择的背景

贪污受贿犯罪潜暗数的预测原理、方式、方法，一般地区、单位或行业系统都可以采用。这里为了说明预测的应用，选择了某一市辖区级单位进行。这是因为：第一，市辖区属基层政权单位，对党政机关开展反腐败斗争预防贪污受贿犯罪发生具有相当重要的地位。第二，市辖区，特别是省会市辖区，常常是经济比较发达地区，责、权、利比较集中，具有较广泛代表性。第三，该区多年来注意抓了惩治贪污受贿犯罪工作，在办案中积累了斗争的经验，贪污受贿已办案件比较准确。第四，在办案中涉及职务类型比较全，对其为什么走上贪污受贿犯罪，能直接听到原因及其演变过程，即对心态变化掌握得比较清楚，有利于预测项目的确定与填写，对犯罪原因的重要因素权数的确定，有实践案例可分析，对确定权系数，具有可行性。第五，该区领导比较重视，有惩治的决心，同时也有应抓好预防的态度，认为加大预防减少犯罪比犯罪后再打击效果会更好，具有保证性。经过上述分析，依据预测要求，确定以该区作为预测单位。

（二）贪污受贿犯罪潜暗数预测的具体操作

在确定预测单位后，就要按预测方式进行预测。该预测区为市属区，区属主体人数 2882 人，该区上一年发生贪污受贿犯罪案件 49 件，发案率 17%。该区为了有针对性地开展贪污受贿犯罪预防工作，提出对未来可能发生的贪污受贿犯罪情况进行预测（即贪污受贿犯罪潜暗数的预测），以便有的放矢地进行预防。对此，运用预测方式进行预测，具体是：

1. 确定预测项目

围绕贪污受贿犯罪潜暗数对象可能形成的主体内因素与主体外因素选择确定预测项目（见表 5 - 1、表 5 - 2）。这些预测项目主要体现了行政区的特点，可经过相应座谈会（主要是发案单位），系统分析原因之后，对主要因素进行归纳，又反复征求意见后确定的。

2. 确定预测范围

根据该区的具体情况，将预测范围划分为四个单元，即区直机关，区属事业单位，区属国有企业单位，区属集体经济组织。参加预测人员主要是党委、总支支部成员，行政领导、纪检及行政监察、政工、人事、审计、物资、计划财务人员，群团组织负责人、部分党员、人大代表、政协委员及群众，检察机关人员。因主体外因素项目预测具有社会专项调查性质，除被调查人具有职业与层次特点外，还要有一定量的体现。所以，参加人数还应扩大些，设定 400 人，占主体人数 25% 左右。

3. 讲明项目填写标准及态度

为使预测者准确掌握填写标准，需要在正式填写前说明标准划分及应有的正确态度。对于主体内因素项目填写，是针对有所表现的具体人数，该表现是一个较长时间接触、了解、观察的"经验"印象，这个印象是比较突出的、明显的、非一般的、偶然的。就某预测者来说，填写有可能出现"空白"。对主体外因素项目填写，仅就预测者本人对所列项目的看法，需要每个预测者都要填写，作为计数单位，这个看法也是个人经常观察、认识、感受后的形成个人看法的升华，分为认为一般、认为突出两标准，计量时仅就突出的来研究，填写中强调个人思考、实事求是、态度端正。

4. 调查结果计量处理

贪污受贿犯罪潜暗数主体内因素调查表如下：

表 5－1　贪污受贿犯罪潜暗数主体内因素调查表

被调查单位:×××市××区　　　　　　　　　　　　　　　　　　19××年××月

	心理因素							行为因素		
被调查单位	腐朽没落思想意识无	休止追求非分要求无	法制道德观念薄弱	谋私利权利占有欲强	求利欲望自控力差	利己接受消极因素贪心吸收消极经验	享乐不足感强拜金求足感盛文化修养与智能水平悖于道德水准有不良行为习惯	消极行为模仿	掩盖容忍自非私分行为	不正当获利行为
区直属机关	3	5	23	15	15	10	15	18	29	19
区直事业单位	10	9	21	19	20	13	16	24	20	15
区直国有企业单位	40	20	36	27	42	7	37	30	20	16
区属集体经济组织	45	32	49	18	45	8	46	27	10	29
合计	98	66	129	79	122	28	114	99	79	79
权数	1.0	1.0	1.2	1.1	1.3	1.0	1.2	1.2	1.2	2.0
权数值	98	66	154.8	86.9	158.6	28	136.8	118.8	94.8	158
加权平均数(指数K)	$K = \dfrac{1}{n}\sum_{i=1}^{n} C_i P_i = \dfrac{1100.7}{12.2} = 90.2$									

通过计量结果，得出主体内因素指数 K 为 90.2，如单就此因素看，在未来可能有近 90 人左右产生贪污受贿犯罪的危险，即潜暗数。"发案率" $T_k = 90.2/2882 = 3.1\%$。

贪污受贿犯罪潜暗数主体外因素调查表如下表:

表 5－2　贪污受贿犯罪潜暗数主体外因素调查表

被调查单位:　　　×××市××区　　　　　　　　　　　　　　199××年××月

	缺少规范状况（人）	规范冲突状况（人）	社会整合状况（人）	物质诱惑力感状况（人）	监督教育状况（人）	行业管理特殊状况（人）	及时打击揭露状况（人）	刑罚社会效应状况（人）
认为一般	188	246	125	112	150	208	245	300
认为突出	212	154	275	288	250	192	155	100
权数	1.0	1.0	1.2	1.5	1.1	1.4	1.0	1.0
权数值	212	154	330	432	275	260.3	155	100
加权平均数（指数S）	$K = \dfrac{1}{n}\sum_{i=1}^{n} C_i P_i = \dfrac{1926.8}{9.2} = 209.4$							

通过计量结果，得出主体外因素指数 S 为 209.4，其外因率为 $T_s =$

209.4/400 = 52.4%，从外因率看，参测人数有一半以上认为主体外因素条件问题比较突出。

5. 提取两次实证数

（1）该区某年实际发生的贪污受贿犯罪立案数49件，立案率为1.7%。

（2）该区近十年来实际发生的贪污受贿犯罪案件平均数为40件。立案率为139%。

在对该区预防贪污受贿犯罪潜暗数主体内外因素调查表中，都涉及权数的确定问题。按照模糊数学原理及运用方式，这里权数的确定是某一项条件或原因在某事件中作用程度的量的体现。其主要来源于经验的总结，或专家的测评分析，给以数字的认定。这个权数的确定，一是参测人员自己的评定用数量来填写；二是参测人员提出的数字进行算术平均，以减少偶然性，增加真实性；三是对平均数的认定又反过来由专门部门集中专门人员评议，主要是纪检、监察、审计、检察等有关人员依据经验及本地区特殊原因情况适当整理确定。在确定的权数参与下获得单项权数值，这个值的获得体现了犯罪潜暗数动态的特征，最后通过运算得出预测值。这个预测值是在平面统计预测基础上，通过加权平均数的运算预测，具有了动态立体的预测性质。

（三）贪污受贿犯罪潜暗数预测结果定量比较与定性分析

由主体内因素和主体外因素的调查和计量得出，主体内因素指数为90.2，主体外因素指数为2094，两个指数说明，主体内因素未来可能会发生贪污受贿犯罪案件90件左右。如果外界环境因素继续存在或消极因素加大，会客观导致犯罪案件的形成。主体内因素是形成贪污受贿行为的主要方面，主体外因素是形成贪污受贿行为的外界条件。因此，将主体内因素指数作为未来可能发生贪污受贿犯罪潜暗数的理论数字，即预测的贪污受贿理论潜暗数。将该理论潜暗数同上年案件实证数比较，案件呈上升趋势，上升比例为87.7%，立案率增加1.41%，同十年案件实证平均数比较，案件更呈上升趋势，上升比例为130%，立案率增加1.71%。出现上述比较情况，是合乎客观实际的。第一，通过调查与科学计量得出的理论潜暗数是依据一定的科学方式，经过一系列工作得来的，具有较为可靠的客观基础。第二，用来做实证的两次比照数字，均为不同期间发生的实际案件数或案件平均数，作为参数比较，具有实际参考价值。但严格说，在该期间实际发生的案件数大于立案数，有时会较大地超过立案数，这是因为暗数的存在，同时在统计上又实际存在着犯罪时间与立案时间的统计时间差，其原因，是该类犯罪案件具有隐蔽性、欺骗性、对抗性，不易暴露，即使暴露出来也有时间长短之别。第三，现调查采取的模拟数字是依据一个时期开展反腐败斗争以来，各地分析贪污受贿腐败现象存在的原因，人民群众对其评议，以及典型案件公开报道后的看法。因为对该区工作了解，熟悉情况，掌握民意，模拟而提出来的，目的主要用来说明对于贪污受贿犯罪进行预测的科学方式。鉴于上述分析，作为调查并经过科学计量得出的理论潜暗数，再用主体外因素进行定性评价，即为潜暗数，并以此用来揭示未来可能会发生的贪污受贿犯罪案件数是可行的、可用的。

（四）贪污受贿犯罪潜暗数预测结果的应用

1. 根据预测结果做好主客观因素防范

该区未来可能会发生贪污受贿犯罪潜暗数案件数为 90 件左右，发案率约占 3.12，比上年呈上升趋势，上升比例可为 1.41% 左右。如果同十年平均案件数比较，上升的幅度会更大些，可能为贪污受贿犯罪案件发生的高峰期，必须引起各级重视，采取有效措施，认真抓好预防工作。为了有针对性地抓好犯罪预防，根据预测，建议：

（1）在主体内因素重点方面。一是追求享乐，金钱万能导致的犯罪（预测中导因为 26.3%）；欲望不能自控，利用职务谋取私利导致的犯罪（预测中导因占 26.1%）。二是思想落后，无休止追求非分要求导致的犯罪（预测中导因占 16.5%）；主观因素中的不良行为习惯，消极行为模仿，掩饰自己非分行为，特别是已经出现了的不正当获利行为因素等更要提请注意。

（2）在主体外因素重点方面。一是抵制物质诱惑力的消极作用（预测中认为该项作用最为突出）；二是社会实行综合治理，加强多方面、多层次的整治预防（预测中认为该项较为突出）；三是监督、教育；四是行业管理有待加强（3、4 两项预测中反映都较大）。

以上范例在计量方式上，引用了模糊数学对研究社会现象的运用。模糊数学是将普遍集合的绝对数变为模糊集合的相对数，通过对模糊集合的运算，描述事物渐变过渡能力隶属函数，使人们在亦此亦彼的事物中提取信息，在认识事物属性程度上提高了准确度，也强化了自然界的精神化。这里模糊集合的相对数提取科学与否、准确与否会直接影响其计量准确度。从本例看，最关键的是两个环节：一是项目确立要准确、科学，既要有覆盖面又要体现重点；二是参加预测的人数理论要求隶属面越宽越好。但实际上办不到，主要是选择具有较高思想水平、认识水平，同时又比较了解被测单位人员实际情况，能够认真负责回答预测内容的人员。提供情况越准，计量准确性越高。

2. 预防产生贪污受贿犯罪潜暗数的机制分析

（1）对预防犯罪潜暗数机制的法律认识。科学预防贪污受贿犯罪潜暗数发生，是刑罚预防工作的一种体现，是治理犯罪行为的前置，惩治是对已经发生贪污受贿行为，即已然之罪依法予以制裁，预防是针对那些尚未发生的潜在性的贪污受贿行为，即未然之罪进行扼制，做到防患于未然。这两种功能从不同侧面构成了贪污受贿犯罪的控制链条。从广义上说，惩治也是预防的组成部分，因为刑罚的根本目的是最大限度地预防犯罪，两者具有同一性。反贪污受贿机制的两个基本功能是一个问题的两个方面。只有使犯罪和刑罚衔接紧凑，才能指望相连的刑罚概念使那些粗俗的头脑从诱惑他们的有利可图的犯罪图景中猛醒过来。因此，预防贪污受贿犯罪潜暗数的形成也必须从反贪污受贿机制的法律认识来明确。

（2）对预防犯罪潜暗数形成过程机制的认识。贪污受贿犯罪潜暗数形成规律特征是由量变到质变，贪污受贿行为的隐形规律特征是具体预防对象不明知。犯罪形成过程由量变到质变向反社会行为方向滑去，常常是个人对社会占了优势，个体对整体占了优势，欲望对责任占了优势，一时对长远占了优势，情绪对理智占了优势，臆想对现实占了优势，表现了主体内心不良倾向，接受了主体外消极因素刺激（有时是多次、重复），产生反映私心与贪利严重膨胀到贪婪犯罪动机，并继续得到强化巩固犯罪意识，并继续变化犯罪决意，实施犯罪。犯罪潜暗数形成对象都体现了由量变到质变，其中，一是接受环节，二是动机形成环节，三是产生决意环节。因此科学预防贪污受贿潜暗数产生，就要紧紧抓住三个环节开展工作。这也就是预防潜暗数对象具体形成过程的工作机制。

3. 围绕贪污受贿犯罪潜暗数产生机制做好预防工作

较完整的贪污受贿犯罪潜暗数形成的预防机制明确了运用彼此间相互联系、相互作用的多种手段（基本要素或环节），控制、预防、减少、消除产生贪污受贿的各种原因和条件的有机序列系统。这一预防机制是以廉政建设、法制建设为基础和前提，以严格的管理为动力，以强有力的监督作保障，以艰苦细致的教育为根本，以打击为威慑，以改造育新人，从而把控制、减少、消除贪污受贿行为的客观外部原因与主观内部原因结合起来，社会普遍预防与专门特殊预防结合起来。在这个机制的运作过程中，一方面，每个环节构成自身的有机序列，在预防贪污受贿的不同方面和发展阶段，发挥着各自不同的功能。另一方面，各个环节之间又相互联系、相互作用，按照等级层次，遵循一定的规律和原则形成有机的整体，在预防贪污受贿上，发挥整体功能大于部分之和的最佳效应。具体为：围绕犯罪潜暗数产生的机制做好预测工作的核心，最主要的是抓好主体内变化环节与抓好主体外的控制环节。把贪污受贿犯罪潜暗数对象的犯罪意念、动机、决意消除，把可乘之机消除。就整体预防而言，应做好：

（1）加强建设。在贪污受贿行为的预防机制中，建设是其基础和先决条件，具有超前性的特点。所以，应该注重把该环节融会贯通在经济和政治体制改革之中，不失时机地立、改、废，以消除引发贪污受贿行为深层次的原因。在这一环节上，重点抓好各级领导机关的廉政建设，廉政建设搞好了，就能更有效地动员、领导和协调社会各方面的力量，把贪污受贿行为控制在最低限度内，预防潜暗数产生的量。预防潜暗数产生要靠法制建设。由于法的存在，一方面为严格执法，打击贪污贿赂犯罪提供了法律依据；另一方面又为人们的行为提供了一个模式、标准或方向。人们可以事先预见到自己的行为是否合法，会承担什么样的法律后果，从而起到预防犯罪的作用。在注意法制的同时，需要更加注重法律的执行，它直接关系到法律能否得到正确实施和执法效果的好坏，关系到反贪污贿赂斗争的成败得失和国家的长治久安。

（2）注重管理。从根本上说管理是一种社会控制，是要把相对静止的法律和制度转变为动态的行为过程。其目的在于兴利除弊，建立有条不紊的秩序，保障改革开放和经济建设的顺利进行，提高社会效益与经济效益。没有管理就没有秩序，没有秩序就容易产生犯罪的空隙。加强管理是预防和治理贪污受贿犯罪潜暗数对象产生的重要一环，是预防机制正常运转的动力和保障，具有规范性的特点。主体外因素需靠法制与管理机制有机地衔接起来，使管理机制在法制方面有法可依，在制度方面有章可循，使权利与义务分明，重赏明罚，以增强管理者的责任心，调动其管理的积极性、主动性和创造性，从而减少贪污受贿犯罪潜暗数发生的机会。

（3）严格监督。贪污受贿是亵渎职务、利用权力的犯罪，其本质特征是权力与金钱的交换。因此，预防贪污受贿犯罪潜暗数对象产生的一项重要措施，就是形成一个多方面、多渠道、多层次、相互联结、相互作用的全方位的监督体系，使各种权力切实处在强有力的监督控制之下，使贪污受贿难以实现或及时被发现，并得到最大限度的遏制。在预防机制中监督具有一种外力强制特点。目前，我国已经基本形成了独具特色有机的监督网络，在监督体系中，各类监督主体从不同层次和方面发挥着各自的监督作用，在它们分工负责的同时，还强调加强彼此间的配合协同，使监督形成完整的链条和合力。建立健全各项权力的监督制约机制，一方面能够引导人们循着严密的法制轨道行事；另一方面能够减少和杜绝滥用权力进行贪污受贿活动的机会和漏洞，能有效使国家工作人员廉洁者更加自律，欲贪者择善而从。

（4）加深教育。犯罪行为是犯罪主体在社会存在面前自主能动选择的结果，是犯罪思想的外化、客观化。因此，预防犯罪，还应当从解决思想问题入手，而解决思想问题要靠教育，教育具有一种潜移默化的内在功能，它贯穿于贪污受贿犯罪预防机制的各个环节。贪污受贿行为是精神的堕落、思想的蜕变，"物必自腐而后虫生"，外因是通过内因而起作用的。所以，加强思想教育和法制教育，从思想深处逐步形成自觉抵制拜金主义、享乐主义、极端个人主义等腐朽思想的心理结构，是预防贪污犯罪、拒腐防变的治本之举。现实看，一般化的教育已不适应反腐败斗争的需要，教育必须在"加深"上下功夫。一是加大犯罪危害性教育，特别是结合个人成长、发展与党和人民的培养，家庭、亲友的支持，个人长期的努力，开展动之以情，晓之以理，以法的教育，促使其珍惜自己的政治生命。通过教育，使形成的动机消除，尚未形成的动机不能形成。对产生犯罪决意环节，要进行警告式预防教育，并加强具体防范管理。二要加大法制教育、法律惩罚性教育。这种教育要通过硬性态度，警告只要敢于以身试法，法律是无情的，必然会受到法律的惩罚，最终自食其果。这种教育既是贪污受贿犯罪形成的边缘教育，也是达到犯罪质变前最为关键的教育。因此，时机、态度就显得非常重要，在可教育可转变的贪污受贿犯罪者中，教育得好，会使其贪污受贿犯罪自行中止，消失，不实施犯罪。这两个环节预防工作，往往都是同步进行的，但被预防者又都是不尽相同地接受某种预防教育。

（5）严厉惩处。在贪污受贿犯罪预防机制中惩处是极其重要的一环，体现一种惩戒性预防，对于预防犯罪具有更为积极的意义。它用严厉的党纪政纪和强制力迫使一切铤而走险者就范，起到警示、震慑、教育、预防作用。实践证明，只有惩处才能促使那些具有贪污受贿犯罪倾向的人认识到"法不可违，罪不可犯"，才能动员和鼓舞人民群众同贪污受贿犯罪斗争，从而有效地遏制、预防贪污受贿犯罪的发生。在惩处的同时，要注重综合治理。在治本上下功夫，帮助可能发生贪污受贿单位预测发案原因，发出"检察建议"，堵塞漏洞，健全制度，以案说法，宣传法制，有针对性地提出预防对策。有关部门应协调配合，以形成预防贪污贿赂犯罪潜暗数产生的合力。

就预防贪污贿赂犯罪具体工作环节而言，贪污受贿犯罪预防还应根据预测结果有针对性地定位，体现在对控制不良心态倾向接受外界消极刺激环节，体现在控制贪污受贿犯罪潜暗数心态转化动机环节，体现在控制其犯罪决意形成环节。其办法是党委统一领导下形成教育主体，针对预测情况，进行整治环境，严肃党纪、政纪、法纪管理。各执纪、执法机关也要结合本职工作，围绕三个环节发挥各自的优势，开展相应的预防工作。

02

警务模式与犯罪防控

第六章

警务空间认知与犯罪场论

犯罪防控理论的研究目标是寻求有效的主动防控框架，这就要求城市警务有空间意识。因此，要实现一个可操作的防控系统，对区域犯罪地点、时间和属性进行分类，是一项重要工作。

第一节　背景与意义

城市化进程改变了传统土地空间结构和社会网络，亦使都市生活出现了若干负面现象，21 世纪以来，中国城市犯罪所出现的新特点即为显著的负面现象。以往研究犯罪问题的学者倾向以"病理"观点来解析犯罪行为，认为犯罪者往往有悲惨的童年、破碎的家庭、恶劣的小区环境、扭曲的遭遇等不正常或病态的社会背景；而部分心理学者则认为犯罪往往是一时冲动之下的不理性行为。然而，芝加哥大学的贝克（G. S. Becker）却从经济学的角度提出"边际吓阻（Marginal Deterrence）"概念解析犯罪行为。贝克强调不少罪犯其实是"理性的"，他认为理性犯罪观点不仅适用于分析所谓智能型犯罪，也适用于杀人放火、强盗伤害等看似"冲动、病态、不理性"的犯罪。在理性犯罪观点下，许多罪犯是在权衡其犯罪的"收益"与被捕的机会后才决定进行犯罪。相关研究者更是以理性犯罪观点为基础，分析环境对犯罪行为之影响，而引发了诸如"犯罪热点""防卫空间理论""环境控制理论"等论述，进一步强化了犯罪与环境的关系。若将犯罪行为想象为一幕舞台剧，则犯罪事件可以拆解为实质环境、加害人、被害人及群众和动机与行为，上述犯罪的三个基本元素事实上相互关联，大部分犯罪行为都必须在三个基本元素均达到一定条件才有可能发生。其中，有关加害人、被害人及群众和动机与行为的研究，历来已有学者致力于从心理学与社会学甚至经济学角度进行分析，而实质环境的探讨则相形之下显得薄弱。

　　地域空间是城市系统物质要素和居民活动的空间依托，是城市赖以生存和发展的空间基础。自有城市之日起，人类都在自觉或不自觉地以具有时代特征的理念、准则和手段去塑造地域空间，尤其是近现代，人类对城市地域空间的规划、设计、建设和管理已成为理性干预城市发展的主导力量，这充分体现了人类对美好生存空间的不懈追求。但是，地域空间的已定格局对于各种城市问题如"城市病"的形成也起了重要的负面影响。例如，当代最大的城市问题——城市犯罪，就有着浓重的空间色彩，城市空间环境的分异格局、布局形态和相互作用与犯罪有着密切关系，是城市犯罪重要的影响因素之一。城市空间环境中的各种"空间盲区"使犯罪主体与犯罪受体发生关系，是承载犯罪行为和后果的空间载体。城市内部各种地域单元的疏于管理，造就了滋生罪犯的土壤和酿发犯罪的温床。因此，将地域空间作为防控犯罪的对象或依托，即对城市犯罪实施"空间防控"就应该是顺理成章的事。但是，长期以来，"创造一个安全的、可防控犯罪的空间环境"的工作受到犯罪学界、城市公共防控部门和城市建设管理部门的多重忽视，空间防控成了城市犯罪综合防控系统中最薄弱的环节。地理学研究的空间传统使犯罪地理学家对城市犯罪的空间背景有着特殊的兴趣，探索对城市犯罪实施空间防控的途径和手段是犯罪地理学实践性最强、最有挑战性、最有潜力并能作出特殊贡献的重大课题。

第二节　警务空间的基本概念

一、来自"地理空间"的认识

　　长期以来，人们对空间的概念一直处于神秘而模糊的状态。近些年来，各个学科领域都寻求从空间角度探讨领域问题，从而，不得不迫使我们去探讨空间概念的真谛。

　　首先，从当前警用 GIS 的角度来引出"空间"的概念。在传统 GIS 中，有关地理空间的分析功能一直占据着重要地位，能否进行空间分析及其实现水平的高低是评价警用 GIS 性能优越与否的一个重要标志。但是，从目前警用 GIS 的发展状况来看，有关地理空间的分析功能在警用 GIS 中一直显得比较薄弱，如果和传统 GIS 制图功能相比，则更是相差甚远。研究表明，其中一个重要原因就是到目前为止，人们对于自身是如何认识、理解地理空间的问题尚缺乏清晰的认识。当然，由于地理空间的巨大性及其人地相互关系的时空性，使得地理空间本身就具有相当的复杂性。

其次，地理空间作为"空间"的一种特殊形式，可以通过对有关"空间"的人类一般认识规律的研究指导人们对于"犯罪地理空间"的进一步认识、理解，以推动有关犯罪空间分析方法研究和发展。为了研究人们对于空间的不同认识，Sack 对有关"空间"理解的各种思想模型进行了研究，这些模型包括科学的、社会的、综合的、实践的，甚至于"神圣和感情的"。对这些模型的研究表明，"在不同时代和不同文化背景下，人们对于空间的认识和评价具有不同的方式"。Sack 认为，这些思想模型都具有不同程度的科学性和主观性，没有一个模型能够足以表述空间的多种设想，而这些设想可能提供不同的原因，以解释通过特征表达的各种空间模式究竟在哪里，如何解释，有什么目的。

迄今为止，人们已经从许多不同角度对于自身是如何认识和理解空间的问题进行研究，并尝试建立了各种不同的空间模型。Freundschuh 等人曾对 1960—1993 年间所提出的 15 种空间模型进行了比较、分析，并以"空间大小（Size of Space）"和"空间类型（Kinds of Space）"为轴，进行了 15 种空间模型的对比，认为不同的"空间大小"对应着相同或不同的"空间类型"。有关空间认知的研究表明，在不同空间尺度上，人类对于空间有着不同的理解能力和表达方式。由此可见，在以往空间模型的研究中，人们对于"空间大小"及其"空间类型"的对应划分符合人类有关空间认知的一般规律，即不同空间规模对应着不同空间尺度，并具有不同空间认知方式。

事实上，人类对于空间的体验及其概念的理解与人类的空间行为能力有着密切的联系，而人类的空间行为能力（如导航、探路等）则都是基于经验的、并与空间尺度的大小有关。因此，在对空间的理解与认识过程中，有关尺度（Scale）、空间（Space）和经验（Experience）三者之间的关系具有重要意义，特别是尺度对于区分对象和环境尤为重要。

二、警务空间思维

犯罪空间分析的核心理念是从空间的角度看待犯罪，对犯罪学的理论和方法进行改造，加入空间要素，或者发展崭新的理论和方法。在犯罪学研究中，常见的空间问题有以下几类：

• 研究犯罪案件的空间分布特征（如均匀、随机、聚集、分散），分析隐藏在空间分布背后的机理、演化特征。

• 研究对象是否依赖于空间位置？经典理论中是否强调了空间思维？

• 研究对象的位置特征是否突出，如改变空间位置或区域边界，是否影响研究结论？

• 研究对象的空间分布与空间过程对于所研究的问题重要吗？

• 是否存在空间尺度问题？如改变地理范围、改变边界划分理论、方法与结论的适用性是否改变？对这些问题的思考，是决定是否使用空间分析方法的基础。

如果在研究中存在以上空间问题，可以使用空间思维进行解决。空间思维体现在以下几个方面：

• 空间综合，即对于各种形式的、不同的过程、来源于多个学科的数据和信息按照位置进行整理、比较。例如，将环境数据与人的行为欲望数据按位置进行相关分析。

• 时空场景，即研究对象所在区域的时空场景，可以帮助人们解释空间格局和空间过程。例如，对于犯罪事件、案发地点的环境数据库，理解案发的时机、过程和原因。

• 空间模型，当位置、距离有促进、妨碍和影响着某种空间过程时，有必要建立空间数据模型，来分析因果关系、模拟空间的演变。例如，空间回归模型、空间机理模型等。

• 基于位置的信息组织，即在互联网环境中，基于位置组织和检索信息，通过位置查询获取大量的信息，帮助人们寻找研究线索。

• 科学知识与特定位置或区域的知识结合起来才能被利用。例如在城市规划、公共政策方面，需要大量的地理空间信息辅助作出选择和决策。

三、警务空间的表现形式

在传统的 15 种空间模型中，以 Couclelis 和 Gale 模型对于空间的理解最具代表性，该模型基于阿贝尔群（Abelian groups）代数结构的运算规则，认为空间类型具有 5 种形式：一是物理空间；二是感觉运动空间；三是感知空间；四是认知空间；五是符号空间。其中，物理空间实质上就是指现实世界的物质空间，它包括了所有规模大小的空间；而感觉运动空间则是指在人类身体尺度上发生物理作用的空间，由于它很小，因此在有关空间（尤其是地理空间）的研究与应用中一般不予考虑。在"空间大小"轴上，以城市（Cities）、房子（Houses）两种规模空间为对比空间，与空间类型轴平行画两条直线，以 Couclelis and Gale 模型为参照模型，与其他几个模型进行对比分析可见，这些空间模型的各种空间类型可以划分为如下三种表现形式：

（一）感知空间

感知空间是指人的感觉器官以不同方式与环境的突出刺激发生物理作用后形成典型特征感知图像的空间，它由与感知方式有关的人的位移（或移动）组成。感知空间分布范围从大于人体尺度的较大对象空间（Larger objects）到小于房子尺度（Houses）的房间空间（Rooms）。对属于感知空间的空间类型，我们对它们的感知行为仅从某一个视点（或角度）就能够完成。感知空间与 Kolars 和 Nystuen 模型中"生活/工作"空间类型相对应，是 Canter 模型中"对象"空间类型的一部分，它与 Kuipers 模型的"小"空间类型相对应。由此可见，感知空间属于一种"小"空间类型，是我们在日常生活与工作中所要频繁面对的一种空间表现形式，它与"对象"空间类型具有密切关系。

（二）认知空间

有关空间认知（Spatial Cognition）的研究是一个古老而又崭新的课题。就本源的意义来讲，人类的一切活动都发生在而且只能发生在时间和空间之中。其中空间更是具有及时性和现实性，人类在了解自己以及人和环境关系的过程中必然对空间关系产生极大的兴趣。对人类如何获取物理环境中的空间知识，以及如何使用所获得的空间信息完成相应的任务（如方位判断、导航策略和参照物等）的研究，有助于人们深入了解自身关于空间知识形成的过程，这为旨在提高相应空间判断任务绩效的界面设计和虚拟环境中的信息呈现，以及特殊状态（如失重和聋哑人）下的空间知识获取等领域的研究奠定了基础。但是与其他领域的知觉和认知研究相比，一个良好的空间认知模式初见端倪的时间并不是很长，这反映了空间能力本质的模糊性，即便是"空间（spatial）"这一个词语也具有很大的不确定性，物理环境中的空间知识记忆方面的研究也是如此。

认知空间将典型特征感知图像与信念、知识和记忆这些认知要素相连，以进一步形成有关典型对象认知图像的空间。认知空间是基于认知三要素（信念、知识和记忆）而形成的，其中，"知识"是有关空间实体的部分、整体（Part—whole）关系的知识（或经验），而"记忆"则具有特殊功能，它使得发生在认知空间中的认知行为不再受物理空间约束的影响，而这点正是认知空间和感知空间的重要区别。认知空间的分布范围从房子尺度空间（Houses）开始到城市尺度空间（Cities）。对属于认知空间的空间类型，我们对它们的认知行为已经不能单从某一个视点（或角度）来完成，而必须通过多视点（或多角度）认知方式才能够实现。

认知空间涵盖了 Lync 模型的几乎所有空间类型，它包括了 Kolars 和 Nystue 模型的"小区""城市/腹地"两种空间类型，它分别与 Canter 模型中"对象"空间类型的一部分和"地方"空间类型的一部分，与 Kuipers 模型的"大"空间类型，与 Pinxten 等模型的"社会地理"空间类型的一大部分，与 Meuhrcke 和 Meuhrcke 模型的"地方"空间类型，与 Montello 模型的"环境"空间类型相对应。由此可见，认知空间作为一种包括"对象"空间类型的空间表现形式，其所包含的内容十分丰富，几乎涵盖了有关城市空间研究的所有空间类型，是有关"社会地理""环境"与"地方"研究的主要空间形式。

（三）符号空间

符号空间是对空间的符号化表达。在符号空间内，人们基于对空间要素的简化、关联与综合，对空间的组织、结构、关系进行符号化表达。符号包括有形和无形两种。有形符号如地图，无形符号如影像。因此，符号空间根据其表达符号的不同，又分为地图空间与影像空间。符号空间所表现的空间范围可以从小区尺度空间（Neighborhoods）直到世界尺度空间。但符号空间本身却属于符号表达的、具有比例意义的"小尺度空间"。与感知空间相类似，我们同样只需要从某一个视点（或角度）就能够实现对于符号空间所包含的空间类型的认识。

符号空间分别与 Lynch 模型中"空间区域"类型的一部分，与 Canter 模型中"地方"类型的一部分，与 Kolars 和 Nystuen 模型中"区域/国家"与"全球"两种空间类型，与 Kuipers 模型中"小"空间类型，与 Pinxten 等模型中"宇宙"空间类型，与 Meuhrcke 和 Meuhrcke 模型中"全球"空间类型，与 Montello 模型中"地理"空间类型相对应。由此可见，符号空间主要用以表达区域、国家乃至全球这样的大规模空间，是有关大规模空间研究的一种重要空间形式。

第三节 警务空间认知模式

一、警务空间认知的层次

如前所述，空间实际上有 3 种表现形式：感知空间、认知空间、符号空间，并且不同的空间表现形式具有不同的认知方式。根据认知方式的差异，空间认知模式包括 3 个层次：

1. 空间特征感知

空间特征感知发生于感知空间。在感知空间，人们应用各种有关特征产生的感知手段和方法，从某一视点（或角度）观察空间实体的各个组成部分，以获得有关空间实体各组成部分的属性特征。由于通过感知手段和方法（如曲率最小原则、感知突现等）所产生的特征具有空间表现性，因此，在感知空间中所产生的属性特征是一种空间特征。由于感知是针对"特征"的感知，因此，感知空间也被称为特征感知空间。

2. 空间对象认知

空间对象认知发生于认知空间。在认知空间内，人们在有关空间实体各组成部分的属性特征感知基础上，基于空间实体的部分与整体（Part—whole）关系与知识（或经验），通过将空间实体各组成部分之间的属性特征相集成，实现对于某个空间实体的对象化认识。由于认知是"对象化"的认知，因此，认知空间也被称为对象认知空间。

3. 空间格局认知

空间格局认知发生于符号空间。在符号空间内，人们在对空间要素属性特征的简化、关联与综合基础上，以有关空间实体的部分 - 整体（Part - whole）关系知识（或经验）为指导，对空间实体进行对象化符号表达，由此，人们将能够基于实体的对象化符号进一步实现有关空间组织、结构与关系的逻辑判断、归纳与演绎推理分析，以形成有关空间的格局认识。

二、警务空间认知的两个基本单位

如前所述，"空间特征""空间对象"与"空间格局"共同构成了空间认知的 3 个层次。由于"空间格局"是基于"空间对象"的分类和推理，而"空间特征"又是"空间对象"识别与分类的基础，因此，"空间对象"是"空间格局"认知的基本单位，"空间特征"则是"空间对象"认知的基本单位。所以，"空间对象"与"空间特征"是空间认知的两个基本单位，人类正是基于它们实现了空间认知。

（一）空间特征

神经系统科学研究认为，特征是有关对象识别与分类的基础，是在大脑中存在的感知符号。大脑是通过神经元的活动排列来表达感知实体或事件的属性，而有关神经活动状态的记录结果就形成了感知符号，因此，感知符号是对于感知实体或事件的属性表达与记录。空间特征就是对空间实体感知的符号记录。根据空间特征在空间对象认知过程中所起作用的不同，空间特征一般分为两种类型：空间原始特征和空间功能特征，如图 6 - 1 所示。

空间原始特征是空间实体感知的基本单位，它具有最大空间分辨率，是空间功能特征产生的基础。空间功能特征是空间实体感知的高级单位，它具有相对较小空间分辨率，是有关空间对象概念形成的核心。空间原始特征是空间实体感知的基本单位，它一般发生于空间认知的早期阶段——空间感知阶段，它通过大空间分辨率下对于空间实体的详细观测而产生。心理学实验已经证明，在对物质实体感知的初期，有关对象视觉形状的认识引导着对象的分类，因此，视觉形状是有关空间实体感知的一个重要原始特征。

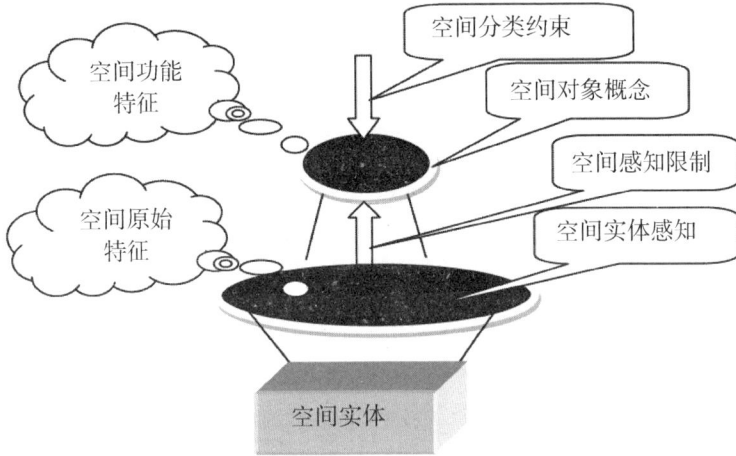

图6-1 空间对象概念的产生

当一个对象的属性成为重要分类的标志时，这些属性就成为这个对象表达的功能特征。由于功能特征的分类作用，功能特征也被称为分类特征。功能特征的形成要受到"分类约束"和"感知限制"相互作用的影响，其中，"自上而下"的分类约束通过规定空间原始特征组合的规则来影响地理功能特征的产生，但是，在感知过程中，仅仅依靠分类约束来预测感知数据是没有定解的，因为，即使分类约束能够列出所有的感知特征，对于某个具体特征能否在某种感知结构中出现是不能完全由分类约束限制的，对于感知特征在感知结构中的产生还要受到"自下而上"的感知限制的影响，因此，功能特征的产生是在"分类约束"与"感知限制"的相互作用下共同实现的。

（二）空间对象

人类的空间认知行为是直接与空间对象发生作用的，而人类所拥有的空间知识则广泛来源于对空间对象的分类。人类也正是通过认识和建立空间对象来模拟和研究地理世界的，如图6-2。

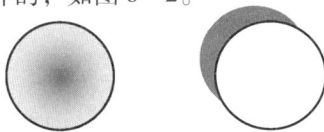

图6-2 人类基于空间对象划分来认识现实世界

在对于事物、关系、边界、事件、过程、性质以及所有这些方面的数量理解上，"对象"与"实体"被认为具有相同意义。但是，在实际应用中，两者之间还是有差异的，尽管这种差异不明显。"实体"是指现实世界中占据一定空间位置，并具有某种物理形态的物质，它具有客观实在性。而"对象"则强调了人们对现实世界中客观实体的主观描述，它反映人们对现实世界的认知理解，即客观世界的主观反映是一层次结构，而该结构的每一层次的组成单元就是对象。

空间对象按其边界的不同，可分为两大类型：一类是具有真实边界的对象（Bona fide object），如河道、湖泊、土地利用类型等；另一类是边界需要制定或划分的对象（Fiat object），如行政管辖区、海湾、土壤类型等。而根据边界制定方式的差异，后一种空间对象又可进一步划分为公认对象（如海湾、半岛）、法定对象（如国界、行政区划）、科学计算对象（如土壤类型、植被覆盖）。由此可见，空间对象边界的划分容易受到对象存在环境的不同和人们在有关对象认识和处理方式上差异的影响。基于不变特征的经典分析理论认为，对象表达产生于一个有限特征集和一个特征组合的规则集，特征的组合将产生有关对象的层次结构表达。

如图6-3，空间功能特征集是由若干个空间原始特征集基于某种组合规则组合而成，它是空间对象概念形成的核心。而将若干个空间对象概念各自的空间功能特征集进行组合，将形成一个高级的空间对象类概念的核心——空间功能特征集组合。由此可见，不同的特征核心形成了有关对象概念表达的层次结构。

在图6-3中，表示"空间实体感知""空间对象概念"和"空间对象类概念"的浅灰色圆自下而上依次变大，表示所产生的对象概念的外延逐渐变大。而表示"空间原始特征集""空间功能特征集"和"空间功能特征集组合"的深灰色圆自下而上依次变小，说明特征之间的组合不是简单的相加；相反，经过特征组合所产生的功能特征——对象概念的内涵却逐渐变小。

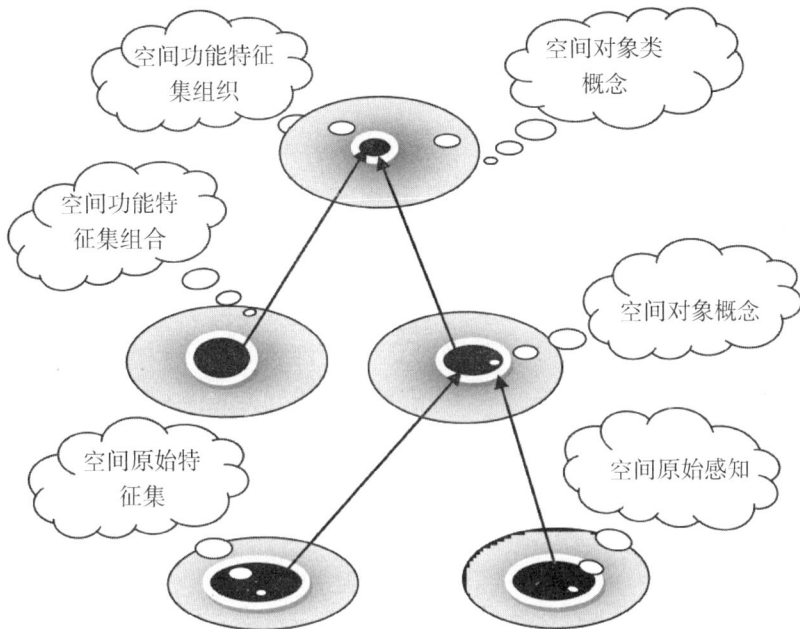

图 6 - 3　空间对象及其特征组成的层次表达

第四节　基于警务空间认知的犯罪场论①

　　运用"场"的理论对犯罪学问题进行研究是自然科学对社会科学的贡献。早在 20 世纪 80 年代，我国就有学者将"场"的理论引入犯罪学研究，提出了犯罪场的概念，并在犯罪场中研究犯罪的预防对策。这种尝试大大丰富了我国犯罪学理论，开阔了学者们的研究视野。但是，受长期以来犯罪学研究都是围绕犯罪人展开的影响，该理论所构建的犯罪场也是以犯罪人为核心，被害人只是被当作犯罪侵害的客体，因而不能很好地凸显被害人在犯罪互动过程中的作用。随着犯罪被害人学的诞生，被害人在犯罪互动中的作用日益受到学者们的重视。在犯罪被害人学中引入场的理论，研究犯罪人和被害人的互动模式，对于犯罪被害人学理论的发展和被害预防的实践都有重大

---

① 谭志君，余阳．犯罪场语境下的被害预防［J］．法制与社会发展，2008（5）：138－145.

意义。

一、犯罪场论的批判与重构

（一）对传统犯罪场理论的反思

"场"本是物理学中的概念，是指一定的质量、能量和动量相互结合的作用领域。只要事物之间存在互动，就必然存在着一个作用领域，这就是"场"。犯罪发生的过程，就是犯罪人和被害人在特定的领域互动的过程，所以，犯罪场也是客观存在的。传统的犯罪场理论认为，犯罪场即存在于潜在犯罪人的主观体验中，促成犯罪原因实现为犯罪行为的特定背景，是一定的社会客体间社会能量和动量相互作用的领域。由于该理论把犯罪场看成是犯罪原因系统的一个子系统，并且是围绕犯罪人展开对犯罪原因的探讨，所以，犯罪人在犯罪场中居于核心地位，被认为是"唯一具备主客观两方面属性的要素"。而作为犯罪侵犯对象的被害人和时空条件、社会控制疏漏一样，被看成是犯罪场中纯客观的存在。

研究表明，传统犯罪场理论存在明显的缺陷。首先，犯罪过程并非犯罪人在特定领域（犯罪场）中侵害被害人的单向运动过程，而是犯罪人和被害人互动的结果。正如汉斯·冯·亨梯所说："犯罪者和被害者的关系是互补的合作者，只认为犯罪人是积极的主体，被害者是消极的客体，还不能说明他们之间存在的实际相互关系，因为在被害者受害时也存在着一种积极因素，被害者造就着犯罪。"被害人不仅是犯罪场的背景要素，更是犯罪互动过程中的一方，和犯罪互动中的另一方——犯罪人一样，也是主客观相统一的要素。传统犯罪场体现不出被害人在其中的地位，更体现不出这种互动。其次，犯罪的过程也就是被害的过程，犯罪和被害同时发生，因此，犯罪场从被害人的角度来说也就是被害场。按照犯罪场是以犯罪人为核心的逻辑推理，则被害场是以被害人为核心的，那么犯罪场中就应该有犯罪人和被害人两个核心，两者应该互相对称于犯罪场中。但传统理论所构建的犯罪场并非如此，被害人只是作为犯罪人作用的纯粹客观对象处于和时空因素、社会控制疏漏等客观因素同等的地位，而不是处于和犯罪人对等的地位。总之，传统犯罪场理论未能体现"犯罪人←→被害人"互动的过程，因而是有瑕疵的。

（二）犯罪场论的重构

从以上论述可以看出，传统以犯罪人为中心的犯罪场理论存在明显缺陷。只有重构犯罪场理论，才能正确地反映出被害人和犯罪人的互动过程，凸显被害人在犯罪场中的地位。

首先，重构犯罪场理论是正确反映犯罪人与被害人互动过程的需要。犯罪的发生不仅仅是犯罪人能动地作用于被害人，对被害人造成侵害这样一个单向的运动过程，而且也是潜在的被害人积极诱发犯罪人实施犯罪行为的过程。把"场"的理论引入到犯罪学研究中来，其本身是犯罪学理论研究的一大成就，但传统以犯罪人为核心的犯罪场理论是以犯罪人为核心的犯罪学理论研究的产物。随着犯罪学理论的不断发展与完善，学者们对犯罪发生机制的认识也更加全面，特别是在被害人学已逐渐成为一门独立学问的背景下，修正传统的以犯罪人为核心的犯罪场理论，建立以"犯罪人←→被害人"双向互动为中心的犯罪场理论，不仅能正确反映犯罪发生的过程，而且能全面反映出犯罪学理论的新发展。

其次，重构犯罪场理论也是为了凸显被害人地位，使被害预防理论研究进一步深入。"近百年来，（学者们）把全部注意力集中在犯罪行为或犯罪分子本身，而没有对被害人给以应有的注意。"这也是传统犯罪场理论中被害人地位不高，仅仅被当作是犯罪背景条件因素的主要原因。其实，被害人在犯罪过程中并不是完全被动消极的客体，而是和犯罪人一样，是积极的主体。在犯罪人和被害人的互动关系中，被害人对犯罪的发生起着重要的作用，有的学者甚至认为被害人对犯罪人的刺激才是犯罪发生的关键原因。"被害人的先行刺激是犯罪人实施犯罪的前提，犯罪行为不过是犯罪人对被害人所予刺激作出的反应；在犯罪人作出犯罪行为之前，必定有被害人方面的刺激先于存在；没有被害人有意、无意的先行刺激，则犯罪人的犯罪行为也就无从产生；被害人之所以成为犯罪行为的受害者，根本的原因就在于其自身存在的相关致害因素对犯罪人构成了有意、无意的先行刺激，犯罪行为不过是犯罪人对这些刺激所作出的一种反应和结果而已，无此刺激，就无这种反应和结果。因此，从这个意义上说，是被害人有意或无意的致害因素先行刺激诱引、推动了该种具体犯罪的发生。"这种观点在对被害人地位的论述上虽有矫枉过正之嫌，但重视被害人在犯罪过程中作用值得肯定。在犯罪互动过程中，被害人对犯罪发生的促进作用和犯罪人难分高下。在重构的犯罪场中，把被害人置于和犯罪人同等重要的地位，共同作为犯罪场的核心，有利于突显被害人在犯罪互动中的应有地位和被害预防在犯罪预防中的重要作用，从而推动被害预防理论研究的深入。

基于以上原因，本研究主张犯罪场应以犯罪人和被害人的双向互动为核心，由场中各要素相互作用组合而成。如图6-4所示：

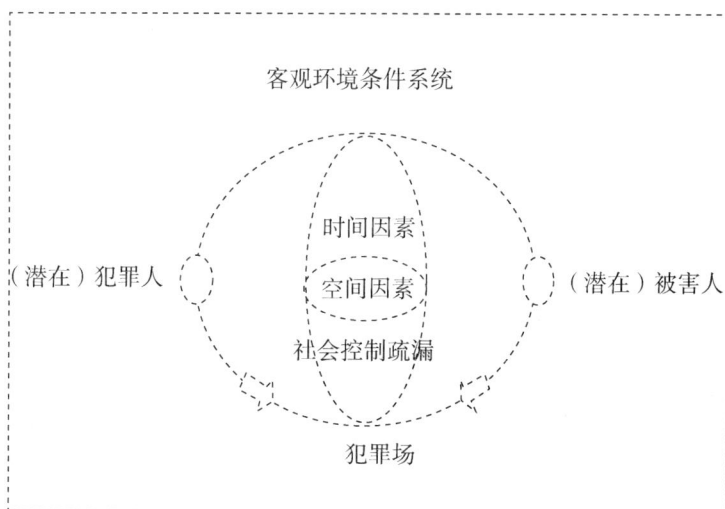

客观环境条件系统

时间因素

空间因素

（潜在）犯罪人

（潜在）被害人

社会控制疏漏

犯罪场

图6-4　犯罪场的因素空间

在重构的犯罪场中，时空因素、社会控制疏漏属于纯客观的要素，犯罪人和被害人属于主客观相统一的要素，犯罪人和被害人一旦进入到这些客观环境中来，自身的部分也和这些客观因素相互作用，构成场的一部分。时间因素、空间因素、社会控制疏漏这些因素就像几种不同的动量互相作用形成一个子系统，对外表现为一种或者推动犯罪人与被害人互动或者减弱其互动的合力。潜在的犯罪人和潜在的被害人像两种带磁的物体，沿着同一轨道在这个力的作用下互动，当犯罪人和被害人运动到了一起，犯罪便会发生。

二、犯罪场的构成要素及运动规律

（一）犯罪场的基本要素

研究认为，犯罪场应该由犯罪人因素、被害人因素、时间因素、空间因素和社会控制疏漏等因素构成。对于把犯罪的时间因素、空间因素和社会控制的疏漏作为犯罪场的基本要素，学者们一般都不存在疑义，它们在犯罪场中的地位和作用，很多学者在其著作中都作了详细而准确的论证，在此不予累述。对于犯罪场中的犯罪人因素和被害人因素，却往往被学者们忽视，因此，本研究拟着重论述犯罪人因素和被害人因素。

1. 犯罪人因素

在传统犯罪场理论中，犯罪人虽然是犯罪场中最活跃的要素，但并不是构成犯罪场的基本要素。研究认为，导致这种观点是因为传统理论过于重视犯罪人的主观方面即具有犯罪动机，而忽视了犯罪人的客观方面。其实，作为犯罪场系统中的一个子系统，犯罪人是主客观因素的统一。犯罪人主观方面最明显的特征就是其具有犯罪动机，并且能感受到犯罪场中其他因素传递的信息，这一点容易理解并且被大多数学者所认识到。但这并不是犯罪人主观方面的全部。其主观方面还具有一个抵制犯罪动机实现的力，只是一般情况下，犯罪动机的推动力远远大于抵制犯罪动机的力，因而使其犯罪动机显而易见。犯罪人在犯罪场中的客观因素或许是最容易被忽视的因素，在被害人有过错的犯罪中，犯罪人的客观因素所起的作用尤为明显，如身材瘦小的人往往容易受到被害人的挑衅，从而导致激情犯罪的发生。从系统论的角度来分析犯罪人，他无疑是犯罪场的一个组成部分。

2. 被害人因素

被害人因素，主要指被害人自身存在的一些容易使自己受到潜在犯罪人侵害的因素。从动态的角度看，就是被害人自身存在的对犯罪人产生吸引力或推动力的因素。通常认为，被害人因素包括易感性因素和诱惑性因素。对于被害人的易感性因素和致害性因素，学者们多有论述。但它们并不是被害人因素的全部，由于趋利避害的本能，被害人的主观方面还有一种避免被害的思想动力，正是这种力的存在，使得被害预防得以实现，只是它往往被学者们忽视。

（二）犯罪场的运动规律

系统论认为，任何系统都是由更小的系统组成，犯罪场也不例外。从宏观上看，犯罪场由犯罪人系统、被害人系统、客观环境条件系统组成，其中客观环境条件系统由时间因素、空间因素和社会控制的疏漏等因素组成。研究犯罪场的互动主要就是研究这三个子系统内部的互动规律以及三个子系统彼此间的互动规律。

1. 犯罪人系统内部运动

犯罪人系统内部的运动相对简单。一方面，纷繁芜杂的世界对潜在的被害人产生种种诱惑，使得其有一种突破既有的行为规则，去获取非法利益的冲动，即有一种犯罪动机的推动力；另一方面，刑法像悬挂在人们头上的达摩克利斯之剑，时刻提醒着人们，如果违反了行为规则，将会受到刑法严厉制裁，人们为避免受到刑法的制裁，又会努力地去避免实施刑法禁止的行为，自觉地抵制犯罪动机的产生。这样，在犯罪人系统内部就存在着两种力：犯罪动机的推动力和犯罪动机的抵制力。两种力在犯罪人系统内部互相作用，互相抵消。当犯罪动机的推动力克服抵制力，使犯罪动机显现出来，就会产生一个潜在的犯罪人。

2. 犯罪被害人系统内部的运动规律

犯罪被害人内部的作用主要是被害人自身的致害因素对犯罪人的吸引力与被害人避免被害的驱使力的互动。一方面，犯罪人系统内部的易感性、诱惑性因素与犯罪人之间存在着一种吸引力使得被害人向着被害的方向发展；另一方面，由于趋利避害的本能，被害人内部又存在一种避免被害的驱使力。两种力向着相反的方向运动，当被害人和犯罪人之间的吸引力强过被害人内部避免被害的驱使力时，被害人的受害性就会增强，便会使得被害人系统对外表现为一种对犯罪人产生吸引力的合力，使其成为一个潜在的被害人。

3. 客观环境条件系统的运动

客观环境条件系统由时间因素、空间因素、社会控制的疏漏等因素构成，任何犯罪都发生在特定的时空环境和社会环境中。在犯罪场中，作为犯罪发生的客观背景，它们都既可能表现为推动犯罪发生的力，也可能表现为抑止犯罪发生的力。这三个变量在客观环境条件系统内部互相作用，互相抵消或彼此整合。当三种因素都表现为抑止犯罪发生的力时，它们便会整合成一种抵制犯罪动机且能减弱被害人被害性的合力，阻碍犯罪人和被害人相互吸引。当三种因素都表现为推动犯罪发生的力时，它们便会在犯罪人和被害之间形成一种巨大的吸引力，加剧犯罪人和被害人之间的互动。当三种因素有的表现为推动犯罪发生的力，有的表现为抑止犯罪发生的力时，三种力便在客观环境条件系统内部互相抵消或整合，最终表现为一种推动犯罪发生的力和一种抑止犯罪发生的力之间的博弈和抵消。当两种力的合力最终对外表现为抑止犯罪发生的力时，就有利于被害预防，反之，则会催化犯罪的发生。

　　如上所述，犯罪场中的三个子系统通过内部的运动，最终各自对外表现为一种或者推动犯罪发生或者抑止犯罪发生的合力，犯罪场中各子系统间的互动其实就是这三种力之间的互动。在犯罪场模型中表现为运转在同一轨道上的被害人系统和犯罪人系统互相作用，并分别与客观环境条件系统作用着。不过在通常状态下，犯罪人系统内部犯罪动机的推动力占上风，而使犯罪人系统表现为一个具有犯罪动机的潜在犯罪人。被害人系统内部被害人的被害力大于被害人避免被害的驱使力，而使被害人系统表现为一个具有被害性的潜在被害人，从而使得犯罪人系统和被害人系统在犯罪场内呈相互吸引的状态。当一个具有犯罪动机的潜在犯罪人和一个具有被害性的潜在被害人在同一轨道上运转时，二者会彼此吸引，而客观环境条件系统像置于潜在犯罪人和潜在被害人之间的调节阀，加剧或减弱二者的互相吸引。当客观环境条件系统形成的合力是一种推动犯罪人和被害人向一起运动的力时，被害便易于发生。当其合力是一种排斥犯罪人和被害人向一起运动的力时，便阻止犯罪的发生。当然，如果这种排斥力被犯罪人和被害人之间的吸引力克服时，犯罪也会发生。

三、基于犯罪场论的被害预防

　　从犯罪场的运动规律可以看出，犯罪的发生是"场"中子系统内部各要素的运动和各子系统之间互相作用的结果。用犯罪场模型来说明就是，运转在同一轨道上的犯罪人和被害人克服了客观环境的斥力运动到一起，或是客观环境条件形成的推动力推动运转在同一轨道上的犯罪人和被害人运动了一起。所以，在犯罪场中预防被害总的方针就是，要减弱犯罪人和被害人之间的吸引力，并增强客观环境条件对二者的排斥力。具体途径有三条：消除犯罪人的犯罪动机，消除被害人的被害性，优化客观环境条件。传统的犯罪预防的理论主要是致力于消除犯罪人因素，但世界范围内高涨的犯罪率证明这条道路艰难而且成效甚微。犯罪被害人学兴起以后，从犯罪被害人的角度预防被害以控制犯罪，受到越来越多学者的关注。从被害人的角度预防被害，就是在研究被害的各种因素的基础上采取的以被害人为核心的防范犯罪被害的各种措施。而在犯罪场中预防被害，就是要控制犯罪场的构成要素，特别是除犯罪人以外的那些要素，即消除被害人的致害因素并优化客观环境条件。

（一）消除被害人自身的致害因素，减弱其对犯罪的吸引力

在犯罪场系统中，如果不考察客观环境条件的影响力，则犯罪的发生就可以看成是犯罪人犯罪动机的推动力和被害人致害因素的吸引力二者作用的结果。在犯罪场中预防被害，其重点之一就是消除被害人自身的致害因素，以减弱被害人和犯罪人之间的互动。犯罪机会理论"强调犯罪事件的发生不仅需要犯罪动机且不受控制的罪犯，还要有合适的受害者"。犯罪人也是理性的存在，在实施犯罪行为时，犯罪人会根据自己的理性，选择易于使犯罪得逞的目标。而被害人所表现出的被害性则往往会对被害人产生一种吸引力，并进而强化其犯罪动机并实施犯罪。例如在被害前，对他人进行辱骂、毒打、挑衅；妇女为炫耀风姿主动对男性挑逗；被害人爱慕虚荣，贪图便宜，轻佻；被害者胆小懦弱，不敢反抗；被害人本身的生理特征、精神缺陷、年龄状况使被害人自我保护能力弱，等等，在犯罪场里都会传递给加害人一种犯罪易于得逞的信息。预防被害，就是要消除这些致害因素，减少被害人的被害性对潜在犯罪人的吸引力。具体从以下几个方面考虑：

1. 加大对易害人群的宣传教育，提高其防范意识

人都有趋利避害的本能，被害人并不希望自己被害。大多数情况下，往往是因为被害人粗心大意，防范意识不强，而成为犯罪人选择的目标。对易害人群加大宣传，让其认识到自我防范的重要性，自觉消除自身的致害因素，让犯罪人无可乘之机。另外，一些被害人受害，往往是因为自己社会经历、阅历不够，不知道该怎样防范被害，通过宣传教育，传授给大众一些基本常识，提醒他们一些应注意事项，增强其防范能力。

2. 提高自身的修养，培养良好的生活习惯

"生活方式决定着某人在特定时空和某种人格特性的特定的人接触，从而导致具有某种生活方式的人容易在特定的时空条件下成为被害对象。"在同样的情况下，由于个人在日常生活中处理问题的方式和对待事情的态度不一样，在被害问题上也就产生不同的结果。如遇事善于控制感情，不争强好胜，用合法合理的方式解决冲突，用理智正确处理与他人之间的关系，就可能避免因中伤和刺激引起的伤害、杀人案件。出门锁好门窗，住宅采取相应

的安全措施，身上不带过多的现金，就能防止盗窃、抢劫等财产犯罪的发生。言行端庄，着装得体，不行走于偏僻无人的小路，就能防止受到性侵犯等。反之，则往往使自己成为被害者。

3. 建立被害人责任追究制度

"作为犯罪互动中的一方主体，被害人并不总像其所背负的标签一样全然无辜，被害人对于犯罪的发生、发展也具有不可或缺的作用，甚至是直接的推动力。"特别是在被害人有过错的情况下，被害人对被害事件的发生的作用更是显而易见。在传统犯罪学中，由于受到伤害这一事实，被害人总被认为是应该同情和保护的对象，被害人在犯罪中的责任往往被忽视。本研究认为，在被害人学的研究中，建立科学合理的被害人责任追究制度，有利于促使公众在日常行为中注意自己的行为方式和尺度，克制自己，既可避免因自身的挑衅、粗暴等处事方式导致受害案件的发生，也可以避免因受害人的不当行为使受到的伤害扩大。

4. 加强对潜在被害人的保护

需要指出的是，通过消除被害人自身的因素以达到预防被害的目的，对于诱导性被害人来说是切实可行的，一般通过被害人自身的努力就可以实现。但有时被害人的被害性必须通过社会采取有效的措施才能抵消。如被害人身体残疾、年老体弱、精神智障，这些都是不可改变的事实。这类被害人除了自身应提高防范意识，采取一些积极的防范措施，更需要国家和社会采取积极有效的举措，如改善治安状况、加强巡逻等，来抵消被害人的受害性。

（二）优化客观环境条件系统，增大犯罪人和被害人之间的斥力

犯罪人和被害人的互动总是发生在一定的客观环境条件中，在犯罪场中，客观环境条件这一子系统对犯罪人和被害人的互动有着重要的影响。在客观环境条件系统中，时间因素、空间因素、社会控制疏漏三个因素互相作用。当三个因素都呈良性状态时，便会在被害人和犯罪人之间产生一种斥力，阻碍二者互相吸引；反之，则会增强二者的吸引力，促成犯罪发生。所以，被害预防的另一条思路就是优化客观环境条件系统，使其呈良性状态，即该系统中三要素的合力是一种排斥犯罪人和被害人互相吸引的力。最理想的状态就是该系统中三要素都呈不利于犯罪发生的状态。

1. 控制犯罪场中的时间因素

犯罪场的时间因素是携带着犯罪在此时着手实施易于得逞的犯罪场时间因素信息，促成潜在犯罪人实施犯罪行为。研究表明，犯罪人在作案时都有一定的时间选择性和规律性。我国有的学者通过调查发现，从季节上看，"夏季发生的被害事件最多，尤其是强奸，夏季发生的占41.1%，秋季发生的被害事件最少，仅占全年发生总量的13.7%。""从被害在一天的时间分布来看，一般来说，白天犯罪率低，晚上犯罪率高，不同的犯罪在一天时间分布带上也有各自的特点。例如，盗窃易发生在夏季凌晨2～3时，拦路抢劫和拦路强奸易发生在晚上9～10时等。"掌握犯罪被害的这些规律，就可以有针对性地在易被害的时间段采取相应的措施，有效地控制被害的发生。例如在夏季晚间提醒广大妇女朋友减少户外活动，避免夜间行走于偏僻小道；注意夜间防盗，在仓库、商店非营业时间加强值班；在某类案件高发时间段开展专项斗争，加强案件高发时间段的治安巡逻，从多方面采取措施，传递给犯罪人在该时间段犯罪不易得逞的信息，增强时间因素对犯罪动机的排斥力。

2. 控制犯罪场的空间因素

不同种类的犯罪有着不同的空间选择性和规律性，"一般认为，一国之内不同区域的犯罪现象呈下列倾向：气温高的地区显较寒冷地区多暴力性犯罪，政治文化的中心地区尤其是经济活动频繁的地区，财产犯罪比暴力犯罪多，在外国人外乡人出入频繁的殖民地、码头地区，尤其以杀人伤害等对人的犯罪较多，矿山地区及工厂地区对人的犯罪较多。"犯罪人之所以在某些空间实施犯罪，一般来说会考虑以下因素：一是该空间的监控情况；二是被害人在该空间出现情况；三是在该空间犯罪人逃避难易情况。

针对以上多发案件在犯罪场中的空间分布，结合犯罪人的犯罪心理，本研究认为可以采取以下防范措施：一是加强公共场所、住宅区及偏僻地段的电子监控。公共场所人员流动频繁，且难于管理，犯罪机会增多，且犯罪发生后犯罪人易于逃脱，是人身、财产犯罪的多发地段。而偏僻地段往往是管理的死角，一旦被害人进入该空间就会处于孤立无援的境地，所以在偏僻地段多发凶杀、伤害、性侵犯以及暴力劫财等案件。如果在这些犯罪多发地段采取监控手段，可以从心理上对犯罪人起到威慑作用，案件发生后也便于侦破，避免被害人再次受害。二是完备和改善基础设施。很多常发案件往往通过改善犯罪场中的公共设施就能收到很好的预防效果。如扩大车站、码头、广场的面积，使人员密度相对减小；改善公交系统使车内不至过于拥挤，就能减少相当数量盗窃案件的发生；在住宅小区家家安装防盗门，就能减少相当数量入室盗窃、抢劫、强奸案件的发生；在偏僻地段安装夜间照明设备，减少性犯罪发生。三是加强被害多发地段的治安巡查。对案件多发地段，如车站、码头、地铁、娱乐中心等公共场所加大治安巡查力度和密度，在住宅小区增加保安力量，在偏僻路段的适当位置设置报警点；通过这些措施，让犯罪人感受到犯罪不易得逞的信息，使被害人能及时得到援助，减少被害发生。

3. 减少社会控制的疏漏

社会控制，指的是通过社会力量，以某种方式或手段协调和制约人们的活动遵循社会规范，维持社会有序运转。在任何一个社会里，如果在总体上没有安定良好的社会秩序，社会不能施行有效的控制，这个社会就不可能在一定程序下协调运转，社会个体被害现象就是不可避免的。

当前，我国市场经济刚刚建立，经济、法律等各项具体制度还不完备，人口流动频繁，社会控制力相对弱化，这些都给犯罪分子以可乘之机。减少社会控制疏漏就是针对上述问题，采取有效的措施，增加社会控制力。通常认为，从手段上看，可以从政治、经济、文化、宗教、法律等方面来控制；从不同的层次上看，可以从国家、社会、家庭等层面上来控制。在建设社会主义法治国家的进程中，完善我国的法律体系，增强法律对社会的控制力，对于预防被害、减少犯罪，有着特别重要的意义。增强法律对社会的控制力，至少应该做到以下两点：一是建立完善法律法规体系，明确行为规范。把社会生活的方方面面都纳入法治的轨道，是法治国家的应有之义。我们应该根据我国社会政治经济生活的需要，制定切实可行的经济行政法规，做到有法可依、有法必依、依法管理。政府机关依法行政，各类经济实体在法治的轨道内健康运转，公民按照行政法规的要求规范自己的行为，社会各方面在法律的控制下有条不紊地运行，不给犯罪人可乘之机。二是严密刑事法网，公正司法。严密的刑事法网是经济法规控制力的保障，而现阶段我国的刑事法网属于厉而不严的类型，不利于对犯罪的控制。"当一个社会的行为大部分可以畅通无阻地进行，并且大部分得不到有效惩治时，这种情况本身就是诱发犯罪的一个社会因素。"

具体来说，严密的刑事法网，有以下两条路径。首先，根据社会经济生活发展的实际，把那些危害性严重，而刑法没有规定的行为规定为犯罪。社会不断向前发展，而刑法的性质却要求其具有稳定性，这就使得刑法不可避免地具有滞后性，因此，应在适当的时候修改刑法，增加罪名，以防止公民利益受到不法分子的侵犯。其次，正确地解释刑法。在不违背罪刑法定原则的前提下，把那些危害性严重的行为解释为犯罪，既可以保持刑法的稳定性，又可以弥补法网漏洞，不至于让犯罪分子逍遥法外。但是，修法不足以产生效力，即使是制定良好的法律，也必须得到很好施行才能产生好的效果。如果法律在现实中不能很好地施行，犯了罪可以轻易逃脱惩罚，必然会刺激犯罪人实施犯罪。这一方面要求公安机关提高工作效率，及时侦破案件，保证刑法实施的必定性。正如贝卡利亚所言："对犯罪最强有力的约束力量不是刑罚的严厉性，而是刑罚的不可避免性，即使是最小的刑罚，一旦成了确定的，就总会令人心悸。"另一方面，要保证刑罚的及时性，尽量缩短犯罪和刑罚之间的时间，这样才能对犯罪人起到威慑作用，避免犯罪发生，同时避免公众受到伤害。需要说明的是，犯罪场是一个有机的系统，"在这个系统内部，各个犯罪因素既是统一的，同时又是排列有序和主次有别的，一般说来，单个的犯罪因素不能造成犯罪结果，唯有多种因素有机结合才能导致犯罪的发生。"与此相对应，以上提出的在犯罪场中控制犯罪的措施也不是孤立的，而是一个有机整体。各个措施之间也应该相互协调，互相配合，才能收到好的效果。如对犯罪的时间因素和空间因素的控制，只有和被害人结合起来，才能更好地发挥预防被害的作用。

第五节　犯罪行为的地理环境场

一、犯罪行为者的人类生物学规律

用人类生物学研究人的生理特征与犯罪的规律性由来已久，我国和国外很早就用手相术、颅相术和足相术来解释犯罪行为。如我国观相术中就有"鼠目贼眼多偷盗，满脸横肉易杀人"的说法。真正用科学的人类生物学研究犯罪行为规律始于19世纪后期，有"犯罪学之父"之称的意大利犯罪学家龙勃罗梭（Cesare Lombroso，1835—1909）通过研究测定罪犯的身体各部位的结构特征，认为颅骨及身体其他部位的异常与犯罪行为有直接联系，从而提出了"天生犯罪论"，并总结出了犯罪行为者的人类生物学规律：①颚部异常发达，下巴向上突起；有犬齿窝，该部位肌肉像狗一样发达；唇像兔唇。这些类型的人犯罪率很高。②杀人犯和女性犯罪人的嘴唇多肉而膨胀向外突出。③诈骗犯的嘴唇薄而直挺。④盗窃犯多有弯曲鼻、狮子鼻。⑤强奸犯的眼睛闪烁着，面目娇嫩，嘴唇和眼睑厚实。美国著名颅相学家塞缪尔·R. 韦尔斯的研究也有类似的观点。有关学者研究认为，犯罪还与血型有关。欧洲 B 血型的人犯罪率最高，日本 O 血型的人犯罪率最高。尽管犯罪行为者的人类生物学规律受到质疑，但其研究者仍大有人在。

二、犯罪的自然地理规律

犯罪行为者实施的犯罪行为深受自然地理环境要素（如山川地貌、寒暑往来、昼夜更替、生物节律等）的影响，而呈现出自然地理规律性。

1. 犯罪的昼夜更替规律

昼夜更替的自然节律，使人类形成了自身活动的生物钟。"日出而作，日落而息"是常人的生活规律。而对犯罪行为者而言，其实施犯罪行为的时间选择往往与人们正常的生活习惯相反。美国联邦调查局曾经对犯罪行为者实施犯罪行为的时间做过统计，结果表明：盗窃、抢劫多发生在 22 时左右，而谋害与伤害多发生在 20 时至凌晨 2 时。

对于犯罪的昼夜更替规律，我国学者也进行了实证研究，其结论是：①犯罪行为的发生大多集中在夜晚；②凌晨是犯罪行为的低发时间；③下午实施犯罪行为者所占比率略高于上午。

2. 犯罪的季节变化规律

一个地区的季节性特点，不仅对人们的生产活动、生活方式有着重大的影响，而且对犯罪行为也产生重要的影响，从而形成季节性规律。西方犯罪学者实证研究表明：①侵犯财产犯罪多发生在秋季和冬季，而以冬季最多；②侵犯人身犯罪多发生在夏季和秋季，而以夏季最多。其原因是，夏季气温高，人的情绪易激动，人们在户外接触机会多，寻欢饮酒机会多，故易发生人身伤害犯罪。冬季气候恶劣，特别是温带和寒带地区，夜长寒冷，室外活动人极少，为盗窃带来方便，故多发生侵犯财产罪。

我国学者通过对总体和具体季节犯罪行为的实证研究，证明了犯罪的规律基本上和国外的研究是一致的。可以看出犯罪的季节规律：①在全年中，春季犯罪最多，冬季最少；②强奸犯罪行为，夏季最多，其次是春季，再次是秋季，冬季最少；③伤害犯罪行为，秋季最多，其次是夏季，再次是春季，冬季最少；④诈骗犯罪行为，春夏较多，秋冬较少；⑤斗殴犯罪行为，夏季最多，冬季最少；⑥寻衅滋事犯罪行为，夏春多，秋冬稍少。

3. 犯罪的自然周期规律

自然周期是指包括昼夜更替季节变化的各种自然规律的时段性概念，自然周期的往复循环对犯罪行为也产生影响，使犯罪行为具有自然周期规律性。这类犯罪规律主要表现在妇女例假、生物节律、月亮盈亏等方面。女性在例假期间，黄体酮减少，内分泌平衡失调，往往出现心浮气躁，较为神经质，易冲动，最容易产生犯罪行为。意大利犯罪学家龙勃罗梭研究发现，因妨害公务罪而被逮捕的80名女犯人，有71名犯罪时正在例假期。据生物科学研究，每个人在一天中有生物节律的最高点和最低点，在一个月内也有生物节律的低潮和高潮。在一天中，上午7时，肾上腺分泌激素最多，心率增快，体温升高。上午8时，性激素分泌达到高峰。下午7时，内分泌变化使脾气暴躁，血压最高。犯罪学家们研究发现，犯罪行为与人的生物节律存在着一定联系，暴力犯罪行为多发生在人体肾上腺素分泌较多的时间。据有关专家研究，月相变化与犯罪行为的发生存在着一定的联系。月相是指人们所看到的月亮表面发亮部分的形态，主要有四种，即：新月、上弦、满月、下弦。因月亮对人的生活环境和人的生理、心理状态产生影响，因而也影响犯罪行为。新月时盗窃犯罪上升，满月时暴力犯罪上升。

4. 犯罪的纬度地带性规律

地球表面温度的分布呈现纬度地带性，从赤道至极地粗略分为热带、温带和寒带。在热带，特别是在夏季，炎热的天气使人心情烦躁，精神欠佳，男性自控能力明显下降，女性衣着单薄裸露，性特征突出。在寒带，特别是在冬季，寒冷恶劣的气候，人们在户外活动的时间减少。这些纬度地带的气候特点对人们的影响，使犯罪行为呈现明显的纬度地带性，其特点是：①热带地区的犯罪率最高，温带次之，寒带最低；②热带地区强奸犯罪率最高，其次是温带，最后是寒带；③热带地区侵犯人身犯罪率高于财产犯罪率，而寒带恰好相反。

三、犯罪的社会地理规律

自然环境对犯罪行为有着重要影响，而社会环境对犯罪行为的影响更加重大。在社会螺旋式上升发展过程中，引起社会环境的震荡、社会环境的量变或质变，对犯罪行为都产生着直接或间接的影响。优良的社会环境可以减少犯罪行为的产生，反之，混乱恶劣的社会环境，会使犯罪率上升。因此，犯罪行为随着社会环境的变化而变化，并呈现出固有的规律性。

1. 犯罪起伏规律

综观世界各国犯罪发展变化状况，都具有犯罪率时高时低的起伏规律。出现这一规律的主要原因是社会震荡，社会震荡使社会环境变得无序，质量恶劣，从而使犯罪率上升。社会震荡过后，社会环境从无序逐渐向有序转化，质量逐渐变好，犯罪率逐渐降低并趋于稳定。犯罪率起伏的大小取决于社会震荡的程度，两者成正比。社会震荡由震荡源引起，震荡源可由自然灾害产生，也可由政权更替、社会制度变化和战争引起。

中国的实例足以证明犯罪起伏规律。新中国成立以来，我国出现了五次犯罪高峰。第一次出现在 1950 年，全国刑事案件 51 万起，发案率 93‰，主要原因是新旧政权交替带来的社会环境大震荡。第二次出现在 1961 年，全国刑事案件 42 万起，发案率 64‰，主要原因是 1958 年的"大跃进"与人民公社化，连续三年自然灾害，以及当时苏联政府的背信弃义而形成的社会综合震荡源造成的。第三次出现在 1976 年，全国刑事案件 53.3 万起，发案率60‰，主要原因是"文化大革命"形成的社会震荡源。第四次出现在 1981年，全国刑事案件 89 万起，发案率 89‰，主要原因是"改革开放"带来的社会环境大震荡。第五次出现在 1996 年，全国刑事案件 244.8 万起，发案率高达 20‰，主要原因是大量的流动人口犯罪，一直持续至今。

2. 犯罪消长规律

犯罪的消长规律是指犯罪态势的变化受社会环境各种积极因素和消极因素的制约和影响。积极因素占主导地位，犯罪率降低，消极因素占主导地位，犯罪率上升。犯罪消长规律有两个特性：①派生性。社会环境中的积极因素有时也可能派生出诱发犯罪的因素。②可转化性。预防调解工作做得好，可减少犯罪行为的产生。

3. 犯罪辐射规律

犯罪的辐射规律是指一种新的犯罪或一定区域的严重犯罪情况发生以后，通过各种信息媒体迅速向外扩散。犯罪辐射规律类似文化传播规律，具有链锁状、辐射状和蔓延状特点。20世纪80年代以来的计算机犯罪，具有明显的辐射规律。

除上述三种外，还有学者提出犯罪的因果规律和同步规律等。

四、犯罪的人工环境规律

所谓人工环境，即人类活动所创造的环境。人工环境有大有小，但最能反映人工环境特征的还是聚落。聚落有城市、市镇、集镇和农村之分，城市又有大、中、小之分。集镇和农村也有不同的类型，尽管不同的聚落对犯罪的影响各不相同，但也有规律可循。

中外学者实证研究证明，由于城市、市镇、集镇、农村环境的差异，四者的犯罪性质和犯罪率具有显著的不同。由于城市社会结构复杂，多元化、分层化明显，人、财、物、资金、信息等高度集中，有利于犯罪信息的传播与扩散，所以形成的一般规律是城市犯罪率普遍高于集镇，集镇普遍高于农村。除此之外，其犯罪还各有其自身的规律。

1. 城市环境犯罪规律

在聚落里面，城市犯罪率最高。由于城市内部空间环境的差异性，其犯罪也有其地理规律性。分析总结国内外城市犯罪实证研究发现，城市中心犯罪率最高，其次是城市社会结构处于不稳定的过渡区域，最后是靠近城市边缘的购物和工商业地区。实证研究表明，城市犯罪还具有以下统计规律：①商业区、娱乐区是财产性、淫乐性、暴力性犯罪的高发区。②经济开发区、高新技术开发区、金融区以及各种交易性场所多经济犯罪行为。③车站、码头、旅馆饭店以及公共交通线路，以流窜作案为主，主要是盗窃、诈骗、拐卖人口、抢劫犯罪。④城市风景区，外来人口聚集，治安管理相对薄弱，是伤害、抢劫、强奸等犯罪的高发区。⑤位于城乡接合部的市镇具有城市社区和农村社区犯罪的双重特点。

2. 农村环境犯罪规律

由于农村社会环境结构较为简单，其犯罪率要比城市低得多。由于农村所处的地理位置不同，因而形成了城市外围农村环境、边远农村环境、沿海农村环境、内地农村环境、集镇环境等不同的农村聚落环境类型。据中国学者实证研究，不同的农村聚落环境具有不同的犯罪规律。①城市外围农村犯罪具有城乡犯罪的二重性。②边远、内地农村，传统性犯罪较为常见：盗窃、抢劫犯罪率最高；车匪路霸抢劫敲诈犯罪行为严重，犯罪人多为本地农民；拐卖人口、强奸犯罪行为突出。③沿海农村制假造假方面的经济犯罪突出；④集镇犯罪率比一般农村高得多。

3. 民居环境犯罪规律

民居环境作为聚落环境的基本单元要素之一，其空间环境对犯罪行为的影响，也具有规律性，这种规律性主要表现在建筑结构对犯罪行为的影响。据中外实证研究，在平房结构的民居中，独院平房犯罪率最高，排院平房和门脸房次之，杂院平房最低。在楼房结构中，中间层和底层成为犯罪行为者实施犯罪的首先场所，而顶层犯罪率相对较低。在高层住宅大楼里，入口处、电梯间和走廊，是犯罪行为者最易选择的犯罪场。高层住宅大楼的犯罪率明显高于低层住宅，而且犯罪率几乎是按比例随楼层的高度增加而上升。

第六节　犯罪出行距离的研究

一、问题的提出

犯罪出行距离是研究犯罪行为者的犯罪行为空间过程的一个重要内容。出行活动是人类的一种活动，每个人的出行活动都有其基本规律，犯罪行为者的犯罪出行同样有其规律性。国内外实证研究表明，犯罪行为者的犯罪出行活动，基本上局限在其日常活动空间范围之内，犯罪行为者同常人一样，通过各种出行活动获取各种犯罪场的信息，构建犯罪场空间意境图谱，在此基础上作出犯罪行为决策。

许多研究表明，犯罪出行大都集中在住家附近，犯罪出行的空间分布符合距离衰减规律，即随着离犯罪行为者居住地距离的增加，其犯罪出行量逐渐减少。1976 年美国犯罪学者史密斯（Smith. T. S）研究发现，犯罪出行距离衰减规律符合引力法则，即：

$$N_{ij} = A_i Q_j / D_{ij}$$

式中：A_i 为 i 区被捕的人数，Q_j 为 j 区的犯罪发生数，D_{ij} 为 i 区和 j 区之间的距离，N_{ij} 为 i 区到 j 区的犯罪出行次数。由公式可知，居住在 i 区的犯罪行为者到 j 区作案的次数与两区之间的距离成反比，而与他所在的 i 区的被捕人数和 j 区的犯罪发生数成正比。

国内外大量研究表明，实利性犯罪（盗窃、抢劫、诈骗等）和情感性犯罪（强奸、凶杀、斗殴等）也有其规律性。实利性犯罪通常情况下比情感性犯罪出行距离远。

二、出行距离的空间认识

西方地理学家认为，犯罪行为人认知空间的大小是制约其犯罪出行的重要因素。由于个体对空间环境的认知范围和认知程度存在差异，因而导致其犯罪出行的距离不同。个体的认知空间是通过日常出行活动建立的，由于人们的日常出行活动和知识、经验的差异，对环境认知深度和广度存在很大的差异。许多试验表明，个体的空间认知范围因年龄、性别、种族、社会经济地位的不同而存在差异。例如，男性的认知空间一般比女性大，因为男性日常工作和社交范围较广，对环境的空间感应范围较广阔；有钱人尤其是有汽车的人较穷人的生活空间大，因而认知空间较穷人大；成人的日常出行机会较多，出行距离较远，因而认知空间比儿童大。

人的认知空间的大小取决于其日常活动范围，反过来，认知空间的大小又会制约人的行为尤其是空间行为。不同犯罪群体认知空间的差异必然会导致其犯罪出行距离的差异。例如，雷格特（Rengert）和蒙科（Monk）研究发现，女性罪犯的认知空间范围比男性小。认知空间的狭小会限制罪犯选择作案目标的空间范围，制约其犯罪出行距离，因而同男性罪犯相比，女性罪犯一般在离家较近的地方作案。雷格特和蒙科还发现，如果女性罪犯出行到离家较远的地方作案，则倾向于集中在市中心的商业区，而男性的作案地点则比较分散。这与妇女平常购物机会较多，对城市商业区的空间认知较男性深入有关。卡特尔（Carter）和希尔（Hill）的研究证明了不同种族罪犯的犯罪出行的差异。在美国，由于黑人和白人之间的交往机会很少，黑人罪犯对白人居住区的情况不太熟悉，白人罪犯也不可能对黑人居住区十分熟悉。这种空间认知上的差异导致黑人罪犯的犯罪出行被局限在狭小的黑人居住区，犯罪出行距离相对较短，而白人罪犯则有可能在范围较大的白人居住区出行到较远的地方作案。

犯罪行为人的居住区位也会影响其犯罪出行。雷格特研究发现，居住在城市中心区的青少年罪犯的认知空间范围较小，但对自己所居住的邻里了如指掌。郊区青少年罪犯的认知空间很广，但对于任何具体的区域都不是十分熟悉。这种空间认知上的差异与不同地区的出行方式有关。在高密度的市中心区，出行方式是以公交车辆或步行为主，而郊区居民的出行方式是以小汽车为主。步行或乘公交车出行，使出行者有可能详细地感知周围的环境，而开汽车出行只可能是走马观花式一望即过。由于这种空间认知上的差异，使市中心区的青少年罪犯的作案区位主要局限在本居住区附近，犯罪出行距离较短；而郊区青少年罪犯有可能出行到城市各个区域作案，犯罪出行距离较远。

三、犯罪类型与犯罪出行距离

犯罪出行距离不仅受犯罪行为人自身因素的影响，同时与犯罪活动的类型有关，不同类型犯罪的出行距离存在明显的差异。这一结论已为国外大量研究证实。罗得斯（Rhodes）和康利（Conly）曾对美国哥伦比亚特区的抢劫、盗窃、强奸三种犯罪的出行距离进行过详细研究，结果表明，抢劫犯罪的出行距离最远。皮勒（Pyle）在对阿克伦的研究中发现，除抢劫犯罪外，暴力犯罪的出行距离通常比财产犯罪的出行距离短，住所盗窃犯罪的平均出行距离最长，并得出了一个概括性的犯罪出行模式：

（1）殴打：集中居住与作案，出行距离短；

（2）故意破坏：分散居住与作案，出行距离短至中；

（3）小偷小摸：出行距离长，目标专一性强；

（4）毒品犯罪：分散居住与作案，出行距离长。

对于以上犯罪类型与犯罪出行的关系，国外地理学家和犯罪学家有多种解释，但大多数停留在经验性的分析上。如，罗得斯和康利认为犯罪出行距离衰减规律与犯罪成本有关，因为距离越远，通行成本越高，而近距离搜寻和作案所花费的费用要低。潘格伯恩（Pangburn）认为抢劫犯罪与盗窃犯罪的出行距离的差异是由于抢劫犯罪有较大的暴露性，需要避免被自己熟悉的人认出，因而需要出行到较远的地方作案，而盗窃犯罪需要对犯罪区域的地理环境和作案目标十分熟悉，因而倾向于集中在住家附近作案。相对来说，加拿大赛蒙弗拉泽大学的保罗·布兰丁汉姆（Paul Brantingham）和帕蒂西亚·布兰丁汉姆（Patricia Brantingham）夫妇所建立的"环境习得"理论能较全面地解释犯罪出行的这一基本规律。

布氏夫妇的理论将机会与动机、流动与感应等概念结合在一起，由假设推理出一般结论。首先，假设犯罪行为人存在各种不同的犯罪动机，这些动机可以归结为两类：一类是情感性的（affective），另一类是实利性的（instrumental）。行为人从犯罪过程中寻求一定即时满足的称为情感性犯罪。如，强奸便是一种典型的情感犯罪。行为人从犯罪过程中获得一定延缓满足的称为实利性犯罪，如抢劫便是一种典型的实利性犯罪，因为赃物必须窝藏一段时间才能发挥效用，并能持续使用一段时间。其次，假设在一定的犯罪动机支配下，犯罪行为的发生是在反复搜寻目标的基础上经过一系列决策过程的结果，源于不同动机的犯罪，其搜寻的范围也不一样，高情感性或冲动性的犯罪，目标搜寻范围相对较小；而实利性或高计划性的犯罪，目标搜寻范围相对较广。最后，布氏夫妇运用了社会心理学的观点，假定罪犯的目标搜寻行为是可以被诱导的。城市环境不断地向周围发射出有关自然、社会、文化、法律、心理等环境特征的各种信号。其中有些信号表明是利于犯罪的好目标，另一些则相反。犯罪行为人便通过接收、判断这些环境信号来选择犯罪目标。同正常人一样，罪犯对环境信号的接收主要是通过自己亲身的接触观察，但也可以从与其他人的交往中获得。

布氏夫妇从以上假设中得出两个结论：一是实利性犯罪（如盗窃）的出行距离可能比情感性犯罪（如强奸）的出行距离远，因为实利性或计划性犯罪的作案场所可能要经过精心的搜寻和选择，而情感性或冲动性犯罪很可能发生在对行为人最方便的地方。二是犯罪行为人经常是在自己住家附近作案，因为他对这里的环境最熟悉，所以犯罪出行的分布集中在离行为人住家较近的距离内。由于还可能通过与他人交往获得对其他地区的信息，因此还有少量的长距离的犯罪出行。布氏夫妇的理论结论与实际的观察结果是基本一致的。像人身犯罪，如，强奸、凶杀、殴打多属情感性犯罪，因此案发场所离行为人住家较近；而财产犯罪，如盗窃、抢劫、诈骗多属实利性犯罪，作案前一段时间要经过细致的搜寻和选择，因此，倾向于在离家较远的地方作案。这就从理论上较好地解释了犯罪类型与出行距离的关系。

从国外有关研究的发展过程来看，早在 20 世纪初，地理学家就开始了对犯罪问题的研究，但直到 70 年代以前，这方面的研究还集中在犯罪案发数的空间分布和犯罪与地理环境的关系等问题上。70 年代以后随着行为地理学的发展，地理学家开始转向对犯罪个体的行为研究。由于犯罪本身是一种异端的空间行为，很大程度上是受行为人心理因素的支配，所以，从一开始这方面的研究就显示出较强大的生命力，研究成果层出不穷。

近年来，国内已有不少地理学家开始了对犯罪问题的研究，但目前还基本停留在概念的讨论和一般的空间分布的层面上，从一个侧面介绍了国外地理学家在这方面的研究成果，这对拓宽我国学者的研究视野，开阔我们的研究思路，无疑大有裨益。更为重要的是，通过研究个体罪犯的行为过程，掌握犯罪出行的一般规律，如不同犯罪行为人的犯罪出行距离、犯罪搜寻范围，则可根据犯罪案发类型和地点特征，推断出犯罪行为人的一般特征，这对公安部门迅速破案具有重要的现实意义。

第七节 犯罪生成模式与控制

一、犯罪生成模式：犯罪"化学"反应方程式

犯罪原因的多元性导致犯罪的不可避免性，这已成为共识。但关于导致犯罪发生的各原因之间是如何发生作用的，则是仁智各见。本研究借鉴化学反应理论，以方程式的方式设计新型的犯罪生成模式，即犯罪"化学"反应方程式：

$$带菌个体 + 致罪因素 \xrightarrow{\text{催化剂}} 犯罪行为$$

在上述方程式中，"带菌个体"和"致罪因素"是引起犯罪行为的基本"元素"，这两个"元素"在任何社会中都存在着，一旦它们遇到"催化剂"，就会在催化的作用下发生"化学"反应，从而生成犯罪。

（一）带菌个体

这里的"带菌个体"，指的是带有犯罪倾向的人，其包括两类，即：

A1——先天性带菌个体

A2——后天性带菌个体

A1 是由于遗传而带来的。暴力犯罪人往往多为先天性带菌个体，如染色体异常理论就对遗传特征与犯罪之间的联系作了大量研究。该理论认为：犯罪特别是暴力犯罪与 XYY 染色体异常有关。正常情况下，男人每一个细胞核内有 22 对常染色体和 XY 性染色体；女人每一个细胞核内有 22 对常染色体和 XX 性染色体。

一个人从父母那里获得 22 对常染色体，从母亲那里获得 X 染色体，若再从父亲那里获得 Y 染色体，即组成 XY 便为男性；反之，如果从父亲那里获得的是 X 染色体，组成 XX 则为女性。研究发现，有的男性的性染色体构造为 XYY，即多出一个 Y 男性染色体，这种男人被称为"超男性"。由于这种染色体构造能够刺激分泌过多的雄性荷尔蒙，因此这类人具有明显的攻击性倾向，易发生暴力行为和暴力犯罪。总之，遗传因素在促进个体行为的犯罪倾向方面起着不可忽视的作用。

值得一提的是，先天性带菌个体与"天生犯罪人"不一样，前者只是说明该个体有犯罪的倾向，并不表明这类个体一定会进行犯罪。即使在与致罪因素相遇情况下，先天性带菌个体也不一定会进行犯罪，只有在遇到了致罪因素，并在"催化剂"的催化作用下，才会生成犯罪。而"天生犯罪人"则一定要犯罪，按龙布罗梭的观点，天生犯罪人"只有少部分人具有，他们先天已有犯罪本性，因而注定要犯罪"。A2 并不来自遗传，而是受后天的环境影响，经过学习模仿后才"带菌"，从而成为具有犯罪倾向的人。除了暴力性犯罪以外，绝大多数犯罪人都是后天性带菌个体。后天性带菌个体是如何形成的呢？"不同交往理论"对此作出了解释。

（二）致罪因素

致罪因素，指的是基于"社会矛盾"而产生的可能导致犯罪发生的社会因素，其主要包括：

B1——贫困

B2——性禁忌

B3——社会不公

B4——缺乏信仰

B5——没落价值观

B6——其他

（三）催化剂

在化学中，催化剂指的是"能够改变其他物质的化学反应速度，而本身的质量和化学性质在化学反应前后没有发生变化的物质"。本处的"催化剂"指的是加快"带菌个体"和"致罪因素"相互作用速度，从而导致犯罪发生的"导火线"。催化剂主要包括：

C1——特定时间

C2——特定空间

C3——特定侵害对象

C4——社会控制疏漏

（四）犯罪"化学"反应方程式意义

$$\text{带菌个体} + \text{致罪因素} \xrightarrow{\text{催化剂}} \text{犯罪行为}$$

即：

$$(A1、A2) + (B1、B2、B3、B4、B5、B6) \xrightarrow{(C1、C2、C3、C4)} \text{犯罪行为}$$

第一，带菌个体（A1、A2）和致罪因素（B1、B2、B3、B4、B5、B6）并不会天然地导致犯罪（包括城市治安犯罪）的产生，只有在催化剂（C1、C2、C3、C4）的加速作用下，才会导致犯罪行为的发生。

第二，控制 A1、A2、B1、B2、B3、B4、B5、B6、C1、C2、C3、C4 中的任何一个元素，都可以预防城市治安犯罪的发生。

第三，在城市治安犯罪率达到一定程度，威胁到政府时，其采取的最便捷的方式就是堵塞 C4，即加强社会控制。严打便是最便利手段，在此意义上说，严打又是不可或缺的。

二、犯罪饱和性生成模式：双重容忍度

犯罪是不可避免的，但城市治安犯罪生成却不是无限制的。在一定时空，催化剂的构成借鉴了储槐植先生的"犯罪场"理论。该理论认为，犯罪场作为一种"背景"存在，包括四方面因素：时间因素、空间因素、侵犯对象（被害人）因素和社会控制疏漏。在一定的社会条件下，犯罪量（这里用

犯罪率表示）是有限制的，它不可能高不封顶（无穷大），也不可能低于没有（零犯罪率）。犯罪率总是围绕着理想犯罪率，在最高犯罪率和最低犯罪率之间波动，处于一种相对"饱和状态"。

（一）双重容忍度：社会只能容纳一定量的犯罪率

在一定社会条件下，社会只能容纳一定量的犯罪率（饱和状态），即犯罪率有一个最高值（最高犯罪率）。之所以出现最高犯罪率，是由于双重容忍度决定的。所谓双重容忍度，指公众对犯罪的容忍程度和政府对犯罪的容忍程度。在对待犯罪问题上，公众和政府的态度是不完全一样的。对公众而言，犯罪率越低越好；对政府而言，虽然其主观上希望出现一个低犯罪率的"太平盛世"，但实际上，由于犯罪的不可避免性和预防犯罪的成本性，又使得政府又不得不理性地对待犯罪率。出于治理需要，政府会权衡各方面的利益，而容忍犯罪率在一定范围内存在（肯定不是最低犯罪率）。

如果公众对犯罪的容忍度不足以影响政府的统治，政府不会过多地理会公众对犯罪的态度。但是，当公众对犯罪已经是忍无可忍（已经到了容忍的极限），或者政府已经感觉到犯罪的大量存在已经威胁到执政的安全。在这两种情况下，出于公众舆论压力或者执政安全需要，政府就会不惜一切手段（至严打手段）把犯罪率控制住，这时候的犯罪率就是最高犯罪率。在这种情况下，我们就可以说，此种社会条件只能容忍这么多的犯罪率，犯罪已经达到饱和状态。

（二）理想犯罪率：犯罪存在的最佳方式

既然犯罪是不可避免的，那么，在一定社会条件下，以多大的犯罪率（或称多大的犯罪量）存在为最佳呢？这就是理想犯罪率。理想犯罪率是一个较为抽象的概念，其比率的大小也是随着社会条件的变化而变化的。一般来说，理想犯罪率划定包括以下要件：一是在公众的容忍范围内；二是在政府的容忍范围内；三是社会秩序与个人自由相协调；四是国家控制该犯罪率的效益大于犯罪给社会造成的损失。

在实际社会中，犯罪率一般很难停留在理想犯罪率状态，正如前文"犯罪生成模式"所论及，导致犯罪发生的因素是多元的，这种多元的因素一直处于变动之中，因而一定社会条件下的实际犯罪率也会处在不断变动之中，即围绕着理想犯罪率作上下波动。当犯罪率波动到理想犯罪率以下（接近最低犯罪率）时，国家就可能会减少对犯罪的打击和预防力度，犯罪率则会在一定程度上上升；当实际犯罪率高于理想犯罪率，国家就会逐渐加大预防犯罪力度，当实际犯罪率达到最高犯罪率时，就采取严厉措施（包括严打）把犯罪率压下来。

（三）最低犯罪率：犯罪不可避免之结果

由于犯罪的不可避免性，就意味着任何社会条件下都至少会存在着一定量的犯罪率（最低犯罪率）。最低犯罪率的比率也应视社会条件的不同而不同，社会追求的是理想犯罪率，而非最低犯罪率，处于最低犯罪率状态的社会未必是最佳的社会。

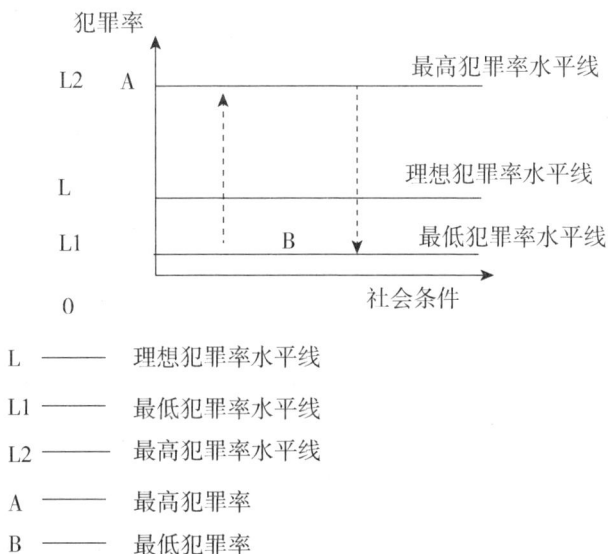

L —— 理想犯罪率水平线

L1 —— 最低犯罪率水平线

L2 —— 最高犯罪率水平线

A —— 最高犯罪率

B —— 最低犯罪率

图 6 – 5　犯罪率形成情况

在任何社会条件下，都会存在一定量的犯罪率，城市治安犯罪是不可避免的。城市治安犯罪率总是围绕着理想犯罪率水平线（L）作上下波动，当犯罪率到达最低犯罪率水平线（L1）上的 B 点（最低犯罪率）时，政府会减少对犯罪的打击、预防力度，导致犯罪率的自然上升；当犯罪率超过理想犯罪率到达最高犯罪率（L2）水平线上的 A 点（最高犯罪率）时，已超过政府、公众的容忍程度，在忍无可忍情况下，政府会采取最为见效手段把犯罪率压到最高犯罪率水平线以下。如此往复，犯罪处于饱和状态。反应或反应不及时，就会造成统治危机。

第七章

犯罪空间的多元防控研究

第一节　犯罪防控的基本问题

　　城市犯罪问题的形成受到了各种消极因素的影响和刺激，对城市社会造成了巨大的损害。同时，各种积极因素也会对犯罪产生有效的抑制作用，一旦动员起各方力量进行积极的防控，城市犯罪问题就会从整体上得到缓解。因此，探讨犯罪的防控对策应该是所有犯罪学科研究犯罪问题的最终归宿。

　　这里之所以关注城市犯罪的空间防控问题，是基于以下的理论思考：犯罪作为城市系统中发生的有时间线索和因果关系的社会事件，其未来的发展趋势可以通过一定的方式进行估测，估测结果为实施犯罪防控提供了任务依据。根据犯罪防控的任务要求，有必要建立城市犯罪综合防控系统，为空间防控提供总体指导和规范性框架。在综合防控系统的整体制约下，空间防控发挥着不可替代的作用，防控的目标从单纯地打击犯罪主体扩展到了保护受体、改造载体。

一、犯罪发展趋势的可估测性

　　城市犯罪问题在一定的时间内、一定的区间内存在演化规律，科学估测城市犯罪的发展趋势是完全可能的。从理论上说，这种估测具有较强的哲学基础：犯罪问题的存在机制所激发事件的稳定延续性、发生机制所激发的因果关联性、发展机制所激发的动态演化性等，使城市犯罪问题的量变、质变过程呈现出一定的规律性。从方法上说，这种估测具有较强的实践基础：专家系统的经验性、统计资料的客观性、数理分析方法的科学性等，这些是探究城市犯罪问题演化规律的有力支撑。如果我们能准确地把握影响因素对城市犯罪的影响机制，客观地揭示影响因素与犯罪问题之间的相关关系，就能够比较准确地把握城市犯罪的演化规律并估测其发展趋势，从而为确定防控目标、编制防控计划、制订防控预案，以及有目的地推动整个综合防控系统的运行和空间防控的实施作出积极贡献。

二、建立综合防控系统的必要性

城市犯罪特征的多面性，犯罪成因的复杂性，以及犯罪要素的多维性等，使犯罪问题成了城市的"社会综合征"。城市犯罪的这种综合性，表现在诱发机制上，社会盲区、心理盲区、时间盲区、空间盲区等的"四盲交合"已引起各个犯罪学科的共同关注，表现在解决方略上，严厉打击、严密预防、严格治理、严谨管理等的"四严结合"已成为许多城市的共同纲领。因此，为了从根本上达到防控犯罪的目的，必须建立"综合防控系统"，将消除各种犯罪盲区和打、防、治、管的各种任务全部囊括在一个结构严密、功能健全的系统中去，这样才能标本兼治，真正解决城市犯罪问题。

根据上述思想，构建出含 4 个亚系统、20 个子系统的城市犯罪综合防控系统的基本框架。

第一，基础防控亚系统：①精神文明建设子系统；②法制法规建设子系统；③养成教育子系统；④环境营造子系统；⑤分区管理子系统。

第二，罪前预防亚系统：⑥犯罪发展趋势估测子系统；⑦社会盲区治理子系统；⑧心理盲区治理子系统；⑨时间盲区治理子系统；⑩空间盲区治理子系统；⑪专门防控建设子系统；⑫社会防控建设子系统。

第三，罪中控制亚系统：⑬报警接警子系统；⑭出警控制子系统；⑮侦破追捕子系统；⑯群力控制子系统。

第四，罪后惩处子系统：⑰预审批捕子系统；⑱检察起诉子系统；⑲法庭审判子系统；⑳执行判决子系统。

以上各亚、子系统既有各自的独特任务，相互之间又要密切联系，协同运作，不可遗漏，不可偏废。

三、空间防控在综合防控系统中的不可替代性

所谓城市犯罪的空间防控，是在厘清空间环境因素对犯罪影响的基础

上，通过科学营造良好的空间环境，有效治理犯罪的空间盲区，强化地域单元的科学管理等，最大限度地消除犯罪基础、预防犯罪发生、控制犯罪发展和减轻犯罪危害，是城市犯罪综合防控系统中不可替代的一个工作系列。空间防控的不可替代性主要表现在两个方面。

第一，在综合防控系统的4个亚系统中，空间防控发挥着独特而不可替代的作用。基础防控亚系统中的环境营造和分区管理，罪前预防亚系统中的空间盲区治理和防控力量布控，罪中控制亚系统中的专门防控机构布局、现场布控，罪后惩教亚系统中犯罪现场的认证与分析等，是防控犯罪带有基础性甚至关键性的工作环节。

第二，在综合防控系统蕴含的5种防控力量中，空间防控塑造出来的空间环境力量所发挥的作用是独特而不可替代的。与居民个体、社会团体、专门机构和机械电子装备等4种力量相比，规划优良、建设优良、管理优良的，并最高限度地消除了空间盲区的空间环境所产生的防控力量，可以"自然地"而不是临时人为地起到压抑犯罪欲望、隔离犯罪主体和受体、限制犯罪行动等作用，并为监控、护卫、中止、布控等工作环节提供空间支持，为其他4种力量的相互协调、补充、扬促，进而发挥"谐振"效应提供空间支持。

城市犯罪空间防控的实践途径主要有：

（1）空间环境的形态布局；

（2）空间盲区的综合治理；

（3）空间地域的防控管理。

四、城市空间环境的形态布局

城市建筑和各种设施在城市发展过程中逐渐形成具有一定布局形态，最能体现城市景观，容纳城市人口和物质要素，有力支撑城市运动的空间载体——城市空间环境。空间环境的布局形态如何，直接关系着城市犯罪会在一个什么样的"舞台"上施展淫威。以城市规划与设计为主要手段的城市空间环境的形态布局，除完成人们一贯重视的功能性任务以外，还应该成为一项创造安全的可防控空间的综合性工程。在功能分区规划、建筑组合设计、建筑单体设计、交通规划设计和公安机构布局等关键环节上发挥空间防控效应。

（一）功能分区的防控规划

城市物质要素在空间环境中的功能分异，实际上是同质要素或有紧密内在联系的异质要素在特定地域范围内的集聚，结果形成单质或多质的均质性地域空间——功能分区。物质要素的集聚化和地域空间的均质化如果是在有序状态（即"合理规划"状态）下进行的，就可以消解物质要素在空间相互作用中产生的混杂、边际、远程效应对犯罪的不良影响，有利于建立一种有强大内聚力和外联力的"共同所有空间"，并为其他形式的犯罪防控打下良好基础，从而使功能分区拥有一个十分有利于犯罪防控的空间环境。通过功能分区规划加强城市的空间防控能力，须解决好4个问题：

第一，科学划分功能区，满足城市总体规划的战略要求，满足地域单元的相对独立性和集中连续性，主导功能与辅助功能密切配合，自然分割、道路分割和行政分割有机协调，居民生活与公共设施分级配套。

第二，合理分配和布局建设用地，用地数额的配置要避免用地结构形态过于拥挤或过于疏散，用地布局要有利于形成各具特色的社区并消除隐存的空间盲区。

第三，科学制定建筑规划标准，合理确定保留建筑与新建筑的比例、不同功能建筑的比例，建筑密度、建筑层数、建筑平面系数、建筑容积率等规划标准既要满足功能要求还要有利于提高建筑空间的防控能力。

第四，适度确定人口规模，人口变动的控制应充分考虑分区环境的人口容量。

（二）建筑组合的防控设计

建筑组合是城市营造局部的人居环境、社会环境、文化环境乃至景观环境的重要途径。"组合"既是一种形态，也是一种手段。作为形态，建筑组合本身可能隐含大量的空间盲区，是罪犯接近攻击目标前最为关注的空间对象；作为手段，科学的建筑组合设计可以给罪犯造成难以克服的空间障碍，给防控力量提供发挥作用的基本条件。建筑组合防控设计有两个层面的工作：一是将建筑单体组合成群体。常见的组合形式有行列式、周边式和散立式。这些形式各有其优越之处，但造成的防控漏洞也相当多。为了提高建筑单体之间空间环境的可控性和创造居民的共同所有空间，可运用灵活的设计手法将呆板的行列式变化为整体交错组合、单元错开拼接和单元断开拼接等，将简单的周边式变化为双重周边、复合周边或自由周边。将无序的散立式变化为相对散立、错开散立或圆周散立。二是将建筑群体组合成组团。常见的组合方式有沿街组合、成坊组合和分片组合。这几种组合方式均要解决好建筑组团之间的分割与联系、组团内部建筑群体的功能设计和分块布局，以及组团内公共活动中心的设置等。

（三）建筑单体的防控设计

城市建筑的功能价值与美学价值使得人们在城市发展建设过程中对建筑的重要性再怎么关注都不算过分。但与此同时，建筑又是发生在城市非开放空间中犯罪案件的主要载体，有时甚至是纵火、爆炸、破坏的直接侵害对象。在新的建筑单体拔地而起之前，其外部形体、平面布置、立面形式、结构方式和内外空间组织等必须通过建筑师的精心设计而固化在图纸和文件上——设计委实是营造建筑工程的核心和灵魂。从这个意义上说，建筑能否产生防控效应就基本取决于建筑单体设计的安全性水平。住宅建筑单体的防控设计要严格控制住宅的出入口数量和形式，精心组织楼（室）内使用空间的有机组合，外立面在注重美观和多样化的同时须避免给恶意侵入者提供攀缘便利，顶面应对外完全封闭。公共设施建筑单体的防控设计要注意科学划分建筑的功能板块，科学布置建筑内部的水平和垂直交通联系，科学设计其平面、剖面和立面的空间组合，科学组织人员流动的空间轨道。高层建筑单体的防控设计要注重底层平面和出入口的布置，尽量拓展竖向空中开放空间，并根据使用要求和防控要求划分功能板块。

（四）交通的防控规划设计

交通运输是城市生存和发展的命脉，任何城市活动以及城市人的任何伴随空间位移的行为都离不开交通。但同时交通运输也成了罪犯出入城市、接近目标、逃离现场的运动载体，一些交通方式的站、场、港等本身就是犯罪高发区（点），一些交通设施、物资、乘客也往往是犯罪的直接目标。对外交通布置一般应采取分类布局、部分采取相对集中布局，布局形态要与为之服务的功能分区高度配合并有利于开展区域性防控活动。铁路应尽量避免线路分割包围市区，通过市区的路轨两侧要建至少10m宽的隔离保护带，尽量减少与市内道路的平面交叉，各类站、场的定位与平面布置在满足功能要求的同时须符合防控要求。公路线与城市的连接是公路交通防控规划设计的重点，可根据城市的性质、规模与公路的等级等分别采取边缘通过、离境通过、偏侧通过、单环通过或双环通过等连接方式。对内交通的道路网设计要避免对市中心和繁华的二级中心造成交通压力，有意识地将防控的要害部门、潜在的犯罪高发区（点）等置于多方位可通达部位，路网形态的选择与设计要从有利于防控的实际出发，不必拘泥于固定形式。市区单条道路防控设计的重点是道路横断面设计，横断面形式、总宽度以及路面各部分的位置及其宽度等要有利于防控力量的出击行动。道路交叉口的设计要避免交叉道路过多、交叉角度过大或过小，必要时应设置立体交叉指引。

（五）公安机构的空间布局调整

城市公安机构担负着保障社会治安、打击违法犯罪，以及管理消防、交通和户籍等多种重要职能，是防控犯罪的核心力量、主干力量以及组织者、指导者。公安机构的布局，即各个机构布置在哪里，整体空间形态怎样，各机构间的空间关系如何，直接影响着它们能否在最合适的位置上发挥最大的空间效应。由于历史的原因，我国许多城市公安机构的布局带有一定的随意性，一些城市公安机构的服务面在空间上的重叠、疏漏或空缺使防控效应事倍功半。公安机构的布局调整已成为城市犯罪空间防控势在必行的重要任务。

公安机构布局调整技术工作可按如下步骤进行：在市区行政图上标识市公安局、区公安分区、派出所、犯罪高发区（点）等，形成工作地图。经实地调查分析，确定警力、人均警员办案率、辖区人口密度、辖区犯罪率和空间盲区系数等项影响公安机构工作面大小的因子值。选用合适的数学模型计算各个机构理论上的工作面半径。以各个机构为圆心，以理论半径为半径，在工作底图上作出各机构理论的工作面图。根据上图反映的空间布局信息，再经实地调查研究及咨询有关专家和部门，作出公安机构增设、搬迁、扩大或缩小的布局调整方案。

五、城市空间盲区的综合治理

城市犯罪中的空间盲区，是指那些不易被公共防控力量或个体防控行为所觉察的，即"有利于"犯罪发生而可能成为犯罪载体的空间。受不良区位因素的影响，空间盲区往往有着明显或潜在的防控缺陷，致使防控系统的各种力量难以发挥作用，从而形成给犯罪主体与受体的碰撞提供场所的空间载体。可以说，整个城市犯罪问题、局部的犯罪高发区（点）以及犯罪的个案等都与各种类型的空间盲区有着十分深刻的直接或间接关系。对非公共、公共、边际、移动和虚拟空间盲区分门别类地进行综合治理，是对城市犯罪实施空间防控的重要内容。

（一）非公共空间盲区的综合治理

私人院落和住宅、单元式公寓住宅楼、不对外开放的建筑设施和企事业单位，以及禁止一般人入内的"禁区"等非公共空间，包括其周围有限范围内的"半公共空间"，担负着保有非公共资源、承载非公共活动的重大功能，是最为贴近城市人个人生活与工作的空间实体，常常成为罪犯觊觎的目标，理所当然的是空间盲区治理的重点对象。非公共空间盲区的综合治理既要在有限的范围内进行，更要将其视为公共性的重大社会工程来做。治理途径有三：第一，治理外部环境，做到消除其特殊位置关系中的不利因素而形成防控屏障，加强基础设施建设以改善防控条件，处理好与周围建筑的关系以营造有利的相互监控环境。第二，治理内部环境，通过改造和控制门户，改造建筑的顶面、外立面和阳台，调整建筑内的空间组合，整治院落内建筑环境和联系通道等手段，起到阻挡罪犯侵入、限制罪犯活动并有利于内部人员监视、对抗、制止犯罪的作用。第三，提高外部、内部环境的警戒能力，建设小社区公共活动中心以增强凝聚力和团体防控能力，在当地街道居民组织的统一领导下建立专兼职结合的治安队伍，制定楼、院"安全公约"并加强邻里的联谊活动，统一装备能起警戒作用的辅助性电子、机械设施。

（二）公共空间盲区的综合治理

各种公共设施和公共场所等城市公共空间，担负着保有公共资源和为公众服务的非公共资源，以及承载公共活动和其间的个体活动的重大功能，是城市公共社会赖以生存和运转的空间实体或空间依托。发生在公共空间的犯罪案件数量多、类型杂，且不乏大案、要案，造成的危害往往波及整个社会和公众，对其空间盲区进行综合治理是城市犯罪空间防控的重要任务。

公共空间盲区的综合治理是一项重大的社会工程。考虑到公共空间种类繁多，内部空间的开放程度又各不相同，其盲区治理应分门别类各有侧重。商业、文化、金融、服务、娱乐、交通设施等封闭型公共空间，周围有墙，上方有顶，多为各种体量的公共设施建筑。其盲区治理应通过改造和监控建筑出入口、重新调整内部空间的功能板块、明确不同板块的责任归属、科学设计公众人流路线、普遍设置警示标识、关键部位配备防控装置、适当隔离开放与非开放空间、组建专门防控力量等措施，以有利于全面实施空间监控，给有不良图谋者制造障碍，以及及时应对突发事件和紧急情况等。校园、公园、体育场等相对封闭型公共空间，周围有墙或栅栏，上方无顶，多为内有各式建筑、设施或专用场地的大型庭园。其盲区治理要解决好人员出入的控制、分流与隔离，严格控制非正式通道，并适当加高围墙。园（场）内区域划分须功能明确、责任明确，必要处设置警示标识和防控装置，以及组织好经常性的治安巡视等问题，以确保人流集中时能从容应对紧急情况，人去园（场）空时能不失有效监控。街道、广场、集贸市场、绿地等非封闭型公共空间，周围无墙，上方无顶，多为没有阻隔的城市通道或空旷地段。其内部虽然全为开放空间，但情况各有不同，盲区治理亦应各有侧重。街道应致力于全面改善照明系统，适当限制部分交通功能，加强街面上人与物的防控能力等。广场应设置警亭或治安室，利用可移动设施建立人为的空间秩序，组织好公众集中活动时的治安联防。集贸市场可根据治安需要调整摊位布点，组织好商户、工商、治安的联防工作。大片绿地内要开辟分工明确的通道并与市内道路连通，组织好定时或不定时的机动巡逻。

（三）边际空间盲区的综合治理

不同功能分区，社区、街坊、企事业单位之间，以及市区与郊区之间的过渡地带等城市边际空间，在城市地域空间结构中占有独特位置，在城市空间的变化与发展中发挥着重要作用。边际空间内不确定、不稳定、不安定因素多，空间控制能力弱，社会内聚力弱，往往形成不良分子滋生、啸聚、为非作歹的城市"问题区"，甚至犯罪高发区（点），其盲区治理是城市犯罪空间防控的一项特殊任务。边际空间所处的位置关系决定了其盲区治理应由有关联的各方共同负责，但由于这里实施空间防控的难度较大，盲区治理必须强调集中性和强制性，并统一协调各种要素的存在与发展状态。治理不同类型的边际空间盲区的共性要求是：协调人口要素，铲除滋生不良分子的土壤；协调土地要素，使边际空间的发展建设进入有序状态；协调物质要素，划清边际空间的管理、控制责任；协调社会要素，为防控犯罪打下良好的社会基础。市区与郊区之间的边际空间——城乡接合部的盲区治理，更应当作一项重点工程来抓：将接合部的整体发展建设纳入统一规划、科学管理的轨道，彻底整治建设秩序，有效控制时空发展节奏；加强接合部人的工作，实行教育和管理相结合、限制和疏导相结合；基础设施建设要有超前性，并做到近期与远期、公建与自建、普遍提高水平与重点建设相结合；刻不容缓地抓好接合部内公共防控力量的建设，做到齐抓共管、分片包干、互相支援、协调行动。

（四）移动空间盲区的综合治理

移动空间，包括公交车辆、客运列车、民航班机、客运轮船等城市公共交通工具，是城市运动，尤其是人和物的运动发生空间位移时的主要运载体，与每个城市人的活动都有十分密切的关系。移动空间服务面向广，内部空间狭小，乘客缺乏有效的组织，自身防控力量不足，空间区位不断变化，以及营运中与外部环境相对隔离等状态，使得其产生盲区的因素比较多，针对乘客以及交通工具本身的犯罪已成为城市的一大公害。移动空间的相对独立性要求其盲区治理必须以交通工具为单位独立进行，以加强内部防控为主。但正是由于其与外部空间联系的薄弱性，反而提醒我们更要注意内外结合、内外协调。治理措施有：把好入口、中转、出口关，实施有效的安全检查，利用难得的逐个审查乘客乘坐资格的机会排除隐患；改造大型公交工具内部设施的空间布局，核心、要害部位要适当封闭隔离，乘客座位分布要做到分片相对集中，以创造有利于司乘人员和乘客实施防控的内部环境；加强乘客的组织管理，以各种方式提高乘客的共同防控意识和能力；配备充足的司乘、保卫力量，并使他们切实负起组织管理乘客、落实安全措施的责任，以及在关键时刻能够发挥关键作用；加强与外部防控力量的联系，与不同路段的当地警方建立固定的联防关系，打破孤军作战的被动局面。

（五）虚拟空间盲区的综合治理

电子音像、文图、凭证、邮电通信和电脑网络等虚拟空间，是承载信息资源和信息运动的一种特殊的空间形态，已深入到现代城市生活的各个领域。可以说，离开了虚拟空间，城市文明将丧失殆尽。虚拟空间区别于其他实体空间的最大特殊性就在于其"虚拟性"，随之而来的其空间形式的易侵害性、所载信息资源的高价值性、信息智能转化的可操作性、犯罪作案的隐蔽性以及案发时间的滞后性等，使得盲区的产生防不胜防，虚拟空间犯罪越来越猖獗。对虚拟空间盲区实行有效的综合治理，应成为城市犯罪空间防控中须高度重视的斗争领域。由于虚拟空间的信息资源必须通过智能转化才能攫取，其盲区治理自然应以技术手段为主。但是再高明的技术离开了严密规范的管控也会漏洞百出，加强信息资源的管控也应渗透到盲区治理的各个环节中去。不同类型虚拟空间的综合治理要解决好以下共性问题：分散信息资源的价值压力，适当增加获取信息的程序环节或加大某个关键性环节的解译难度，避免因"简单侵害"而造成巨大损失；给虚拟空间的内部、外部环境设置防控障壁，使恶意闯入者难以进入或接近目标；加强对虚拟空间的时空控制，限制各类人员接触信息源的资质和机会；提高智能转化的技术难度和工作程序的规范程度、复杂程度，使获取或改动信息的可能性受到严密控制；建立适时报警系统，提高对异常情况的反应时效。

六、城市空间地域的防控管理

空间环境的形态布局和空间盲区的综合治理给城市犯罪空间防控打下了基础，创造了条件，提供了可能。但是，如果不注意建立城市空间环境存在、变化的科学机制，并使这种机制成为各处、每人都必须遵从的社会规范，如果不注意调动人与环境对立统一关系中主导一方——人的主观能动性，也就是说不注意对"可防控的空间地域"实施有效的管理，再好的空间环境也难以抵御犯罪的侵害。因此，空间地域的防控管理是城市犯罪空间防控的又一个重要的实践环节。防控管理的主要任务是：在对空间地域进行科学的功能组织的基础上，分片创建安全文明地域，加强地域中人的教育和管理，以确保城市各个地域的一方平安。

（一）空间地域的功能组织

城市内部的空间地域大可以大到一个功能分区，小可以小到一个建筑组团，无论大小，只要需要，都可以作为防控管理的基本地域单位。但必须看到，为了合理确定防控管理的地域单位，只有在尊重城市物质要素相对集聚与分化的客观规律的基础上，对空间地域进行科学的"功能组织"，才能建立比较完善的城市空间地域结构，才能使空间地域的防控管理获得坚实的空间支持。各种城市活动必须有组织地进行，反映到空间上，空间地域的划分也必须按功能进行组织。城市活动是通过各种公共机构和服务设施展开的，空间地域的功能组织也应以这些机构和设施的布局为线索。为满足不同性质和层次的城市活动的需求，公共机构和服务设施必须分级设置并按功能的分异规律集中布置在不同的地域上。分级、集中布置在不同规模地域上的机构和设施理应形成各自地域的不同等级的公共活动中心。空间地域的功能组织应主要围绕不同性质和等级的公共活动中心来进行。同时考虑地段现状、道路交通、行政管理体制、人口规模等因素，划分出不同性质、等级和规模的空间地域单位。在这些地域单位上分级构建、分级组织各自的防控管理体系。

（二）创建安全文明地域

创建安全文明地域，是空间地域防控管理的重要途径。这是一种全面防控、分片防控、正面防控和主动防控的防控管理模式。创建安全文明地域，重在社区建设、精神文明建设，重在公安机关、企事业单位和人民群众共同参与，重在根治城市犯罪顽症，这是一项符合我国国情，具有长治久安意义的社会安全系统工程。创建工作的地域单位可根据空间地域功能组织的具体情况灵活确定，并根据地域的空间开放程度将其归为封闭型地域、相对封闭型地域、开放型地域或"都市村庄"型地域。创建安全文明地域既要重视创建过程，更要重视抓出成效。因此，对创建工作进行必要的评估、验收，就成为推动创建工作实现既定目标的关键环节。

（三）地域内人的教育管理

在快速城市化时期，由城市人口频繁的数量和构成的变动所酿成的"人口问题"，以及由此而激发的形形色色的"城市病"，对城市犯罪的形成和发展有着深刻的影响。犯罪主体是人，犯罪受体也主要是人，处理犯罪问题也必须由人来完成——做好人的工作自然应是城市犯罪防控的核心工作。城市空间地域的防控管理十分重视人的教育管理，这是我国犯罪防控工作区别于其他国家的显著特征。普遍培育人的优良素质和重点开展有现实意义的人的教育管理工作，是地域内做好人的工作的两个主要方面。培育人的优良素质包括：传播精神文明，提高道德水准；普及科学知识，提高文化素养；树立科学的人生观、世界观和价值观；培养进取精神、奋斗精神和奉献精神；增强事业心、责任心和爱心；锻炼竞争能力、协调能力和自我控制能力；树立法制观念、劳动观念和集体观念。开展有现实意义的人的教育管理工作包括：树正气，立新风，提高全地域市民的防控意识，切切实实支持见义勇为者；增强社会凝聚力，注重邻里关系建设，使犯罪防控工作由点及面地深入到地域每个角落；帮助、教育、管理好潜在犯罪主体对象，用正面工作做好"反面人物"的转化，从客观上努力消除犯罪的主观因素。

第二节 基于犯罪机理的防控理论

自理性犯罪理论之后，对犯罪行为与环境之关系进行的讨论有三方面：日常活动理论、理性选择理论与犯罪形态理论。

一、日常活动理论

日常活动理论承继古典学派中的理性选择主义，起源于 Michael Hindelang、Michael Gottfrdson 和 James Garafalo 的被害研究，而后由 Lawrence Cohen 和 Marcus Felson 在 1979 年进一步发展。Cohen 和 Felson 主张解释犯罪现象时，必须强调社会变迁对犯罪的影响，而犯罪学家也有必要因社会变迁而使得犯罪机会增加的因素。Cohen 和 Felson 将犯罪研究对象严格限制在固定的样本内，并称这些样本为"直接接触的掠夺犯罪行为"（direct contact predatory violation），因为这些犯罪是犯罪者与犯罪被害者，或是犯罪被害物有直接的身体接触。此类犯罪行为包括各种暴力和财产上的犯罪被害事件。Cohen 和 Felson 指出，当这些犯罪发生时，在空间与时间上必须有三个基本要素结合在一起（潜在犯罪人、合适的标的物、有能力的监控者不在场），犯罪才会发生。

日常活动理论基本要素有：一是潜在犯罪人；二是适合标的物；三是有能力的监控者。日常活动理论强调犯罪的机会成本，例如阻碍行人视野的隐匿处，幽静、树木常绿、高大、密集灌木的阻碍景象，对犯罪者而言是较好的隐秘处（潜在犯罪人），行人较恐慌（合适的标的物），警察确保安全较困难（有能力的监控者不在场）；当遇到合适的标的物时，犯罪事件于焉发生。在犯罪事件中，地点所提供的情境，与日常活动理论所提到合适的标的物及有能力监控者的不在场均是息息相关的。

二、理性选择理论

日常活动理论是以"宏观"（macro）角度分析社会结构和生活形态的变化如何影响犯罪率及被害率。但该理论并没有深入探讨个人如何选择了犯罪。因此，理性选择理论以"微观"（micro）角度分析个人如何决定去从事某种犯罪。日常活动理论认为，整个人群中有动机的犯罪者与犯罪率成正比。如果犯罪者相信，他们可以其他途径达到个人目标，则他们似较无可能去犯罪，而这也说明了他们的理性（rationality）选择。相反地，当人们感觉有需要增加财富（由于生活费用的增加或其他因素），则犯罪的动机自会增加，犯罪率亦有可能会增加。因此，当潜在犯罪人若认知到有犯罪以外的其他途径可以达到个人目标，犯罪的动机会减少；相反地，若没有犯罪以外的途径可达到个人目标，则犯罪的动机会增加。综上所述，犯罪动机应是个人理性作用的一种结果。理性选择理论与日常活动理论显然是可以互补的，且相互吻合。两者均会认为当我们增加监控，减少标的之合适性或有动机的犯罪人口，犯罪率自然会下降。相反地，增加犯罪机会，减少监控，提高标的之合适性，则犯罪自然会提高。

三、犯罪形态理论

犯罪形态理论结合"日常活动理论"和"理性选择理论"，强调犯罪者、标的物、处理者、守卫及管理者在不同时间与地点上的分布，无形中就勾画出了犯罪形态。一般理性的潜在犯罪人在其从事日常活动过程中便会注意守卫及监视者分布的地点。

根据犯罪形态理论，标的物如何被潜在犯罪人注意，影响了犯罪事件在时间、空间及标的物的分布。如同一般人，潜在犯罪人大多是在他们的家庭、学校、工作场所、购物场所及娱乐场所等范围内活动；换言之，潜在犯罪人所能注意到的标的物是有限的（或许还有许多合适的标的物，但未被犯罪者注意到），在潜在犯罪人注意范围内的犯罪机会，就有较高的风险成为犯罪的标的物。

尽管有少数的潜在犯罪人会在日常活动范围外找寻犯罪机会，但是大多数的潜在犯罪人还是在自己所熟悉的日常非犯罪活动中找寻犯罪的机会。其中，地点在逻辑上不仅仅是必需的（潜在犯罪人大多在某一个地点实施遂其犯行），同时其特性更会影响犯罪发生的可能性。由日常活动理论强调的地点特征（place characteristics），更包含了监视者的出现及效能。

四、防卫空间理论

（一）防卫空间理论

防卫空间理论是基于"以环境设计防止犯罪"的环境设计思想，这一思想认为，通过有效的环境设计可以阻止或预防犯罪的发生。这是防卫空间理论的创立者奥斯卡·纽曼（Oscar Newman）展开研究的基础。但防卫空间的概念显然不仅局限于此，由于包含了对环境行为和心理规律的深刻洞察，防卫空间理论可以被看作环境设计中的一般性原则。杨·盖尔（Jan Gala）在《交往与空间》中的一些研究已经将防卫空间的概念扩展到相当广泛的环境设计领域。

Newman 总结研究纽约市城市建筑与犯罪的关系提出了"防卫空间"（defensible space）概念，指出有效的建筑设计可以减少犯罪的发生。防卫空间理论认为，借着制造可防护本身的建筑环境，可促使居民充分掌握控制居住区域，衍生小区责任感，进而确保居住安全，减少犯罪的侵害。"防卫空间"（defensible space）的策略是借由将物理环境予以妥善组织，以提升人们的领域感（sense of territoriality），使人们能够观察环境，并将潜在犯罪人被发觉的信息传达给该潜在犯罪人知晓。

Newman 的研究发现，具有防卫空间特征的公共建筑方案比没有此特征方案有较少的犯罪发生。建筑物缺乏适当之窗或空间，不足以观察、监控陌生人出入情形以及人口复杂不易管理，有较高犯罪率。高楼大厦之所以有高犯罪率之情形与建筑物缺乏"防护空间"（defensible space）有关。在环境设计的领域内，Newman 认为"防护空间"具有下列四项要素：1）领域感（territoriality）；2）自然监控（natural surveillance）；3）意象（image）；4）周围环境（milieu）。

（二）环境预防犯罪相关理论

环境控制理论是指借由环境设计来控制犯罪发生，透过设置实体或形式之阻绝体（犯罪预防措施）产生影响或促进监控力量（结合环境与居民控制）。是以硬件障碍措施横阻于犯罪之前，促使具犯罪动机者提升暴露之机会，以及强化加害者被逮捕观念的一种犯罪预防措施。由于环境设计预防犯罪理论较其他犯罪理论成型较晚，许多研究者依据城乡的地区特性，或全国人口普查资料来分析犯罪的区位特性，但是，大都以社会学角度解释犯罪分布差异，而未真正地论述犯罪与实质环境空间的关系。实际上，犯罪地理学的分析一直局限在整体区位分析上，迟迟无法开展较细微地观察犯罪行为其他空间特性的研究，直到 20 世纪 70 年代，犯罪区位研究才从整体区位的分析，开始注意到与地理学科际整合的可能性，尤其是注意到了空间、环境与犯罪行为发生时的相互关系，"环境设计预防犯罪"是以环境为出发点，经由设计以达到犯罪抑制的理论。

1. Newman 的"防御空间"

（1）领域感（territoriality）。领域感是透过将区域细分为更小的地区，纳入管理、监控范围，增加对整体环境的掌握。

（2）自然监控（natural surveillance）。利用环境设计，使使用者具有较佳监控视野，观察陌生人活动。

（3）意象（image）。尝试建立一个防控空间不为犯罪侵害，能与周遭环境相结合之邻里小区，且建筑物形式应该避免特殊，让犯罪者有机察觉该建筑物的弱点。

（4）周围环境（milieu）。居住环境应选择在低犯罪率及不受威胁的地区。故"防御空间"的策略即是经由环境设计，强化小区环境之领域感，以制止犯罪者从事犯罪行为。

2. Jeffery 的环境设计预防犯罪

（1）实质环境设计之措施，如街道、公园、交通沿线、住宅区、商业区等。基本上是规划与设计之课题，涉及都市设计中实质空间之使用。

（2）提出适用于潜在被害人，及潜在犯罪人之行为改变模式，包括运用人民团体来预防犯罪，及采用行为改变技术改变犯罪行为与被害行为，环境设计不仅只用于防范犯罪，且应鼓励健康行为之发展。

（3）紧急与监控系统，此类活动应涉及各种公私地区，通常是警察的任务，目前私人的保安公司或小区管理组织逐渐负责此项责任。

（4）犯罪预防之经济层面，如使用经济市场之力量来控制白领犯罪及组织犯罪，即利用经济力量来预防犯罪。

（5）刑法本身应可经由除罪化（decriminalization）过程而成为一种犯罪

预防措施。

3. Gardiner 环境防控理论

（1）居住者对于住宅外的环境应负某种程度的责任。

（2）居住者感到领域受到侵略时，必定愿意采取行动。

（3）上述两个因素必须够坚强，才可以防治犯罪者采取行动。

4. Moffatt 环境设计预防犯罪的范畴

（1）防御空间：居住环境应具有本身防卫之防控组织，并以硬设备来防止犯罪发生，如围墙建构、照明，及可分辨居民或侵入者之防控设施。

（2）活动计划支持：加强民众犯罪预防自觉，参与小区事务，支持社会服务计划。

（3）领域感：环境设计可使人们自然产生强烈所有权之环境。

（4）标的物强化：加强财产或其他标的物之防控措施。

（5）监控：以闭路电视系统、防控警卫或巡逻警力进行监控，避免犯罪发生。

（6）自然监控：在建筑设计上，策略性留设公共监视空间，使居民可看见侵入者，亦使侵入者受到监视。

（7）通道管制：对于限制或禁止接近处所，设立象征性障碍物，如矮墙、灌木，显示其私人领域。

5. Bill Hiller 的 "constituted outward facing block" 与 "intelligible deformed grid"

Bill Hiller 提出变形格状穿越性街道形态（类似于 Jacobs 的 "through road" 主张）具构型智慧性，街道动线在整体动线型构中，其所居位置之相对便捷度与街道人潮或车流之穿梭频率呈明显正比之关联性，意即当其便捷度越大，则街道人潮及车流之穿梭频率越高；反之越低。如此，当人潮车流穿梭频率越高时，陌生市民的自由穿越可强化自然监控之效果，增加犯罪风险与困难。

6. Barry Poyner："预防犯罪设计"

英国建筑师及研究学者 Poyner 指出预防犯罪需结合 "设计" 与 "管理"。当犯罪者意图从事犯罪行为时，公寓的位置，建筑物的型式，经济状况及管理者是否出现等，为影响犯罪者决意犯罪之重要因素，故 Poyner 认为对于进出口的管制策略能有效预防盗窃。

五、热点区域防控空间分析

(一) 区域防控路径规划

依据 Space Syntax 方法的动态型构解析找出该区域最便捷度的人员移动路线 (Rn)，并分析与相对控制值 (CV)、(CN)、比较值予以量化排序，可进一步分析存在于型构深层内涵中有关双向度的型构特征。利用动线型构图 (Axial Map) 及量化值规划设计防控路径，此防控路径并非只指最短路径，它必须兼顾与邻接路径有相当大关联性与智慧性，以利逃生路线选择与便捷性。

(二) 区域警察巡逻路线规划

透过空间型构法则分析与考虑实际热点区域防控状况，进行巡逻路网规划可节省警力、时间并使执勤任务达到最佳之效率。

(三) 区域防控区位与危险区位界定

防控区域多由防控路径所形成，主要考虑一般人的视觉可监控环境范围，在良好状况下个体存在于 400 左右正常人眼即可察觉，当个体如距离 10 米时，可判别人脸表情，虽然夜间时段照明强度无法如同白昼而人员视觉距离有所缩减，但 10 米可供防空区域规划参考的依据。亦即以此距离界定为视觉可及的监控范围。

表 7 - 1　常人视觉距离概估

条件	距离 (M)
能够看见人存在 (最远) 距离	400
能够判别个体距离	25
能够看清人脸表情距离	10

资料来源：常怀生 (1995)，建筑环境心理学。

使用人数增加代表着非正式及自然监控力强化，而监控视觉范围若无遭环境视觉阻碍可依表 7 - 1 所示距离为准，借由 Space Syntax 方法之动态型构解析找出最便捷路线及视觉渗透值最大之防控路径分析后，选取区域内较防控通路，再透过 CPTED 理论分析界定区域防控区位。反之，若便捷线及视觉渗透值最差之区域，再透过环境分析，可界定为高危险及高恐惧地区。

第三节 空间型构基因理论

一、理论基础

"Space Syntax"，或称空间型构法则分析，是一门空间型构分析技术。此分析方法是基于建筑空间形态本身特有的空间型构内在组构逻辑理论，配合应用相关的程序软件作型构量化解析，得以呈现潜藏于建筑表层平面形态背后之深层组构特征。这个方法是基于空间型构内涵，除了清楚可见的利用此空间型构内在组构逻辑理论，所发展出的一套理论与方法，还可将过往潜藏在空间表层内涵后的深层型构特征，利用现今强大的计算机运算与图形处理能力将其作型构上的量化解析，以作为建筑、空间规划等学术研究与实务操作之运用。

二、空间形态之深层内涵及解析

空间型构法则分析中主张空间分解为两基本解构元素，其一为"空间单元"（Convex Space），另一为"最长动线"（Axial Line），可得两种空间型构系统图，分别是"静态型构图"（Convex Break-up），其原则为空间单元乃完全互视之外凸空间，一个 L 形空间必须分割成两个空间单元，如图 7-1 所示；"动态型构图"（Axial Map），其原则为最长动线乃最长之视觉动线，其动态型构系由串联全部空间单元且最少条之最长动线所组构而成，如图 7-2 所示。

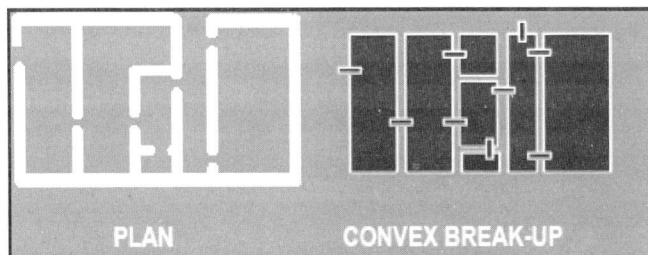

图 7-1 静态型构图

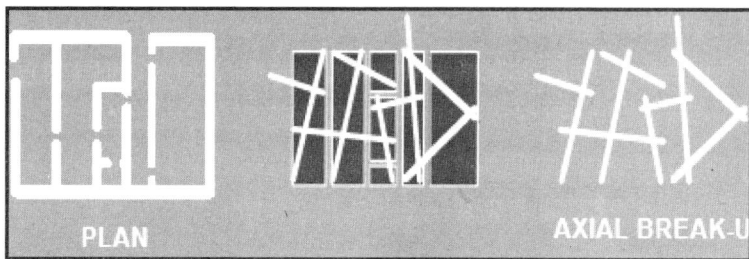

图 7 - 2　动态型构图

空间形态的内在深层组构逻辑，可从两个基本结构观点解析，分别是相对深度（relative depth），即相对便捷度与路径选择（relative choice）—— 相对控制值。相对深度的解析观念指的是型构系统中组构元素间彼此间的相对位置与联结关系所衍生的一种深度关系表达模式，而路径选择则代表型构系统中任何两元素间彼此互通的所有可能路径。虽然系统中两元素间的路径选择可能不止一种，但其两者间的相对深度关系却仅唯一，即为此两者间的最短路径步数（深度）。从相对深度解析，有关型构系统内组构元素间位置便捷度的比较可因而被呈现，而此型构特征是无法从表层形态内涵中察觉的，有关系统内组构单元间的"位置便捷程度"可由每一单元相对应的相对深度图比较而作初步判断，当"相对应的相对深度图呈较深的形态时，即表示该组构单元居于系统中较不便捷位置"；反之"当相对应的相对深度图呈较浅的形态时，显示该组构单元居于系统中较便捷位置"。如图 7 - 3 与图 7 - 4 单元 5 所示，就相对深度而言，前者较后者高，显示单元 1 较单元 5 居于较不便捷位置，意即较多人会路经单元 5 的空间，而较少人会路经单元 1 的空间。然而，由上述有关系统内组构单元间的位置便捷度比较，可由每一单元相对应的相对深度图比较，而做初步的判断；另外，当实际面对庞大的复杂空间体系时，就必须依据量化结果来评量。如图 7 - 4 所示，各个单元颜色由深至浅，分别代表各单元依 d（平均深度）由小至大排列，故从静态型构便捷图可知，颜色最深单元 5 为居于全区最便捷的位置，即其 d 值最低；而颜色最浅单元 11 则居于最不便捷的位置，即其 d 值最高。在日常生活中，不管是在室内空间体系或在都市空间系统，人们的行动模式均会或多或少因系统内不同路径之便捷程度而作取舍。因此，走快捷方式的观念似乎不仅是一种节省时间之经济考虑，更是人们潜意识中对该型构系统特性的一种共同生活体验。

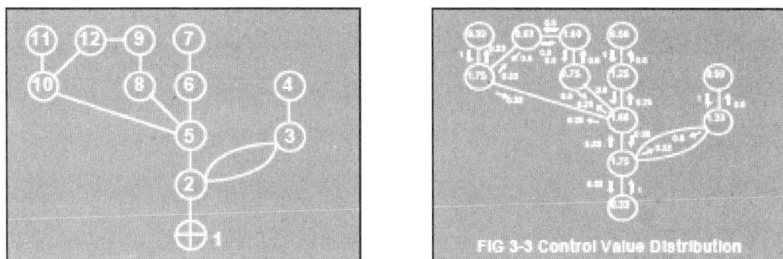

图 7 – 3 相对深度图

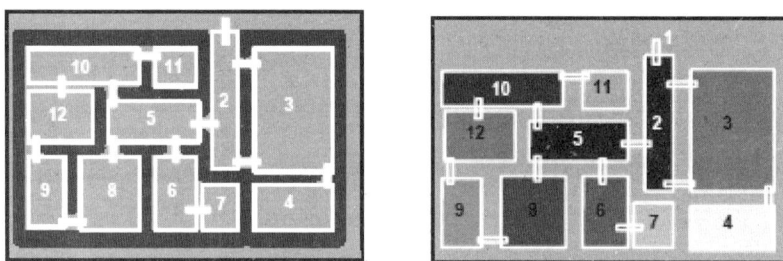

图 7 – 4 空间单元静态型构图

三、型构内涵的量化表达

空间形态深层型构内涵的实际内容在于型构系统中每一组构元素（如空间单元或最长动线）因两种不同基本评量方式所呈现的两个基本量化特点，其分别是"相对便捷值"和"相对控制值"。型构系统中每一组构元素所以具有上述两种量化特点，并非源自元素本身。这些量化特点乃系每一组构元素因在系统中所居的位置，以及元素间彼此联结关系而随之自然衍生。系统内，每一单元（convex space or axial line）均有其个别的相对深度图，而经此相对深度图，可先求得该单元到其余所有单元的总路径转折数（topological change，not total length，非路径总长度），并进一步求出该单元在系统中所居位置的平均相对深度（d）。同一系统中，某一单元之 d 值越高，代表其居于较深（即较不便捷）的位置；相反地，当 d 值越低，则代表其居于较浅（即较便捷）之位置。组构元素之第一个量化特质，即相对便捷值，是以元素间相对深度关系为评量方式，以系统中每一组构元素到其余所有个别元素间最短路径（即相对深度）的平均值作比较计算后，所得到一种代表位置便捷度的比较值。有关组构元素的相对便捷值计算步骤如下：

（1）总深度 $d = \Sigma$（深度×个数）

（2）平均深度 $= d/(k-1)$

（3）$Ra = [2 \times (平均深度 - 1)] / (k-2)$

（4）$RRA = RA/Dk$，Dk 为空间系统内假设之钻石对称型相对深度图之基准元素 RA 值。

（5）$Rn = 1/RRA$

Rn：表示为相对于整体系统所有其余空间单元之相对便捷值。

四、型构深层内涵之解析

（一）Rn 值（全区性相对性便捷值）

系统组构元素量化特质之一，即"相对便捷值"，是以元素间相对深度关系为评量方式，以系统中每一组构元素到其余所有个别元素间的最短路径（即相对深度）的平均值做比较计算后，所得到的一种代表位置便捷度之比较值，并以"Rn"值表示之。于是，组构元素之 Rn 值越大时，代表其位置便捷程度越高。前述 d 值越高代表便捷度越低，当 Rn 值越高时，代表该元素之全区性便捷度越大，意即该空间位于全系统中越便捷之位置，反之当 Rn 值越小，则表示该空间居于不便捷之位置。如图 7-4 所示，颜色由深至浅，分别代表全区性便捷度由最高至最低之排列顺序。

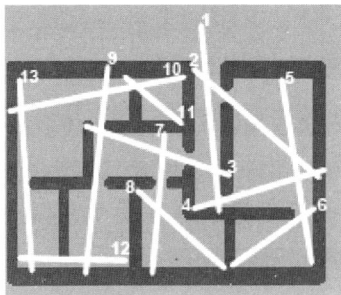

图 7-5 动线型构图

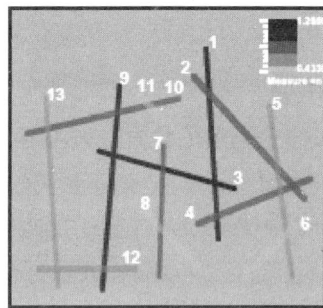

图 7-6 动线型构便捷系统图

（二）CV 值（相对控制值）

组构元素之第二个量化特质为"相对控制值"（Contrrol Value，简称 CV

值)。相对控制值所探讨的是组构元素与邻接元素间相互控制程度比较值。若每一组构元素的控制权重分配值均为 1,故若连接的个数越多,则其对邻接单元的相对控制值也就越高。组构元素之相对便捷值所衡量的是该元素相对于其余所有元素的位置便捷程度比较,而元素的相对控制值仅衡量该元素与其邻接元素间的相对控制程度比较。其值 = 1/n 越小依前述量化后,相互间关系(关联性分布图)可进一步分析存在于型构深层内涵中有关双向度之型构特征。

(三)Cn 值(邻接个数值)

空间型构深层内涵的实际内容,除上述因相对深度与相对控制关系等评量方式而衍生有关系统内组构元素所具有之两种量化特点(即相对便捷值与相对控制值)外,尚有一种非经任何评量方式而自然存在的量化特点,即为"邻接个数值"(Connectivity,简称 Cn 值)。Cn 值即为系统中每一组构元素所邻接之元素个数值,类似于 CV 值。当系统中组构元素(如空间单元或最长动线)之 Cn 值越高时,表示该组构元素之视觉渗透广度也就越高。

(四)R3 值(地区性相对便捷值)

前述有关组构元素之 Rn 值所衡量的是该元素到其余所有元素间之"全区性相对便捷值",由此类推 R3 所衡量的是 3 步路远之"地方性相对便捷值"(Local Integration Value)。

五、双向度同步效能

当 Rn 和 CN、CV 成强烈正比之关联性(关联性大于 0.5)时,系统内动线与视线自明性之逻辑关系,即称为空间型构智慧性。而由空间型构特征所导致之日常生活经验则为:当使用者所在位置之相对便捷度越高时,其所能视觉渗透之广度以及相对控制程度就越多,表示该型构具有地方性部分型构与全区性整体型构之双向度同步效能。

以上讨论是属于空间规划逻辑的研究,以 Space Syntax 方法分解区域路线系统后得出的动线型构图(Axial Map)作为分析的依据,利用其方法来解析区域最便捷值(Rn)量化后的大小排序而成,另与 CV、Cn 等不同向度组构间的关联情形做一比值关系,如两者成极强的正比关联性,其 R - squared 值达 0.5 以上此即为该型构具有双向度同步效能,也就是说当使用者所在位置的相对便捷度越高时，其所能视觉渗透的广度也就越多。

由上述讨论所言，防控路径须具备最便捷、视觉渗透高与邻接动线控制高的路线而言，基于缘由，特利用此方法制定区域防控路径规划路线及优先级提供行走路线、逃生与规划者的参考依据，以及有关改善与建议。

经上述量化分析后，以建立研究中所运用的方法规划防控环境体系，而本研究所着重的方向是空间型构特征对于解析动线与防控环境的关联性与运用方式的探讨。所以对于动线配置形态在量化运用过程中，预防犯罪体系观念所产生之措施与深层组构元素的关联性，可由这种方法得以印证。而区域防控环境规划所需的防控路径动线的解析可用空间型构中的相对便捷度来辨别。

在本书空间型构解析区域防控空间规划原理与运用，大致分为下列几项说明：

1. 使用频率与 Rn

因人类行为具有走快捷方式、识途性等共同特性，基于此走快捷方式使用频率因而增高，附近地区的监视性为环境规划预防犯罪的"自然监控"亦同时提高。而空间型构的相对便捷度是所处两者空间的相对深度，即为两者间的最短路径步数，进而找出空间中最便捷的路径所在。

2. 逃逸路线与 Cn、CV

依 Fisher and Nasa 指出具有便捷明确之逃脱与求援路线，让人受到危难时可迅速离开或得到援助。常见眺望受限制之空间亦多缺乏闭路线环境，使被害者逃脱环境不佳，使受害者易落入犯罪陷阱中，基于此透过空间型构之量化邻接个数值（Cn）及相对控制值（CV）等来解析空间动线选择路线多样化与空间之掌握程度。

3. Rn、Cn、CV 关联分析

有的学者认为，当犯罪者具有较多躲藏空间时，被害者的视线受到限制，被害者不具备有效的防控感，说明了视觉穿透的重要性。事实上，视觉穿透与自然监控也有高度密切关系，如果周围环境具备视觉穿透性，让其他人能够看到自己，也能看到其他人能增加求救及获得援助的机会。基于此透过空间型构的 Rn 和 Cn、CV 两者关联中寻找该空间体系的深层型构基因，即为空间型构智慧性。智能性越高，其所能视觉渗透的广度及相对控制程度就越多，并可检视整体空间动线是否符合防控空间的要求。

第四节　基于现代警务的犯罪防控

一、背景

维护城市的社会治安是广大民警的神圣职责。可以断言，每一个警察都会尽其所能做好辖区的警务工作，但做好辖区警务工作的前提是什么呢？它就是一种意识、一种效能、一种精神、一种模式。首先，要有一种危机意识，要具有客观的、系统的辖区治安危机感受，在警务工作中形成正确的犯罪防范思维，克服警务工作被动式的状况。其次，要有一种职业能力，警务工作的核心是实施辖区安全的服务与管理，如果没有一种必备的职业能力，就不能对治安辖区内的人口与犯罪属性关系具备完整的认识，就不能胜任警务工作。再次，要有一种学习精神，只有具备从工作中学习、从实践中认识的能力，才能克服警务工作的盲目性，要逐步建立警务工作学习的考核机制。最后，要有一种可拓协同模式。警务工作具备社会性服务与管理的特点，这种社会性体现了管理目标的多属性，管理对象的多层次性，管理过程的复杂性和动态性，对于这种情形的服务与管理必须要具备可拓协同的模式。

通过对人口特征与犯罪问题的调查研究发现，城市治安形势具有多元性、不确定性、复杂性、动态性和突变性的特点，犯罪的规模与趋势基本上符合我国社会犯罪的总体态势。城市警务工作面对不同历史时期的社会治安状况，在不断的改革、适应和创新过程中得到了发展，取得了较大的业绩，得到了政府和广大人民群众的高度评价。

二、树立危机意识，构建警务信息效能

对社会治安状况的评价仅仅依靠指标的评价是不够的，因为评价指标具有统计方面的偏差，并且人为的因素较重。所以，从群众和警察对地区治安危机的感受方面进行假设评价，从而给实际治安水平一个合理的结论。

（一）基于人民群众的危机感知，树立治安防范的危机意识

城市治安状态是一个具有不确定性与动态性的系统状态，因此，治安系

统必定存在着不同程度的危机。站在社会最基层的角度来看，不同的城市区域这种感受程度有所差异，因此存在着一种治安结构的评价问题。犯罪案件所衍生的危机感受程度，会从财产性犯罪演变为暴力性犯罪，再趋于一致。再从犯罪聚集的角度来看，居住在不同区域的市民对犯罪类型所造成的冲击感受，可以反映出不同的治安结构。犯罪类型属性与治安危机等级结构间不是单纯的因人口密度、土地面积和城市化程度而有所差异，而是每一个行政区域有属于自己的犯罪类型属性和治安结构。因此，公安机关在治安策略的拟订上应以行政区域的治安结构特点为基础。我们对此问题的研究方法是，采用多元尺度法对某市各个行政区域治安结构和犯罪类型属性进行合理的定位，从而提出面向不同区域的治安策略分析模型。

我们将某市按照经济、人口密度、城市化划分为中心区、次中心区、普通区、结合区和偏远区 5 个类型。同时，对某市治安结构可以分成高危机区域、较高危机区域、一般危机区域、较低危机区域和低危机区域。危机认识方面，不同的地区具有不同的危机意识，例如，对于偏远区来说大都属农业区县，民风淳朴，且犯罪率低，但容易直接或间接地受近期内重大治安事件的发生或经由媒体大肆报道影响，故当犯罪案件发生时，对一般市民将造成强大震撼，所以，具有较高的危机意识、威胁程度。但是，越靠近中心区，市民与警察的危机意识、构成威胁程度相对较低。

对于中心区来说，警察对于犯罪案件的处理优先级是基于治安威胁度和现有警力状况来确定的，群众则是以案件发生时所引起的危机感受来确定的，并不考虑案件的威胁性。次中心区的群众对于犯罪类型在三个因变项上的认知是高于警察的。显而易见，公安机关在治安策略和犯罪预防的拟订方面，以及现阶段警务目标与群众的感受具有较大差异，应该作为警务改革方面的内容，消除这种差异。城乡结合区警察对于犯罪类型的处理优先级，并不受群众的危机感受及构成威胁度而有所改变。

整体观察，发现某市各个行政区域在犯罪类型对于危机意识、构成威胁度及案件处理优先级上，并未依附于城市化程度的高低变化，每一个行政区域虽有各自的犯罪特性及危机感受程度，但是并没有属于自己的犯罪预防模式。因此，在警务工作改革中，要针对行政区域特点，通过治安结构的比较分析，才能研制出一套符合当地群众感受，符合本地区犯罪类型的有效预防策略。

本书针对不同犯罪类型对群众、警察的危机感受及冲击程度两方面，经实证分析发现，对于危机意识、构成威胁和案件处理优先级三个要素上，某市在犯罪类型上并未依附于城市化程度的高低变化。而每一个地区有自己的犯罪特性和危机感受程度，也显示每个地区有属于自己的犯罪预防模式。地区间的差异，并无法采用统一的警务模式。经过比较分析，才能研制出一套符合当地人民群众感受，并且针对特定犯罪类型执行暨有效预防的策略。在城市化过程中，犯罪案件所衍生的危机感受程度，会从财产性犯罪演变为暴力性犯罪，再趋于一致。本研究所使用的跨层次分析的概念，可以避免犯罪防治研究议题上有关区域跨层级的问题。犯罪防治知识的累积不会受到层次谬误的干扰，确保理论思维与实证策略的一致，并以多元尺度法定位出各地区治安结构及犯罪类型的属性，有助于公安机关在治安策略拟订时参考。研究结果显示，从犯罪聚集的角度来看，不同区域的群众对犯罪类型所造成的危机感受知觉，显示出各区域间的治安结构是截然不同的。犯罪类型属性与治安结构间，不因人口密度、土地面积及都市化程度而有所差异，每一地区有属于自己的犯罪类型属性，且犯罪类型属性对治安结构所造成的影响，应以区域为单位分别探讨及拟订治安策略。

（二）警务信息效能与治安防控体系的建立

什么是警务效能呢？顾名思义，是一种获取信息的能力，是一种发现问题的能力，是一种善于协作的能力，是一种基于目标行动的能力。四者有机结合就是警察所必备的警务效能。警务工作的目标是辖区治安防范与控制。防范与控制的基本内容是：对辖区人口行为特征的获取与分析，对辖区治安结构的认知，对辖区群众危机感受的掌握，对辖区犯罪案件的空间感知、时间感知和状态感知。

在治安辖区影响犯罪发生的因素分析基础上，警务管理的基础性工作不是完全取决于警力数量，也不是完全依靠监控设施，应该认同向科技要警力这一战略思想。但是，科技水平以及信息化手段是一种固定化的、被动式的防控模式。目前，在行为分析和不确定空间研究上，警用信息化技术还是无能为力。因此，提升警察职业的人、域、态感知能力则是警务管理的重要任务。基于传统的犯罪空间理论，我们提出了"人－域－境"感知协同空间理论作为治安防控的理论依据。

（1）所谓"人"感知空间，是指有关人的行为活动感知空间，称为第一感知空间。这种感知空间由两方面构成：一是行为感知，包括常态与异态两种特征。由于行为的正常与异常没有确定的概念界定，所以行为感知是模糊感知，因此所表达的空间是一个模糊空间。在辖区警务管理中提高人的行为感知模糊识别能力是警察职业能力训练的重要内容。二是活动感知，包括两方面的特征，即熟练活动与生疏活动、临时性活动与重复性活动。如图7-7所示：

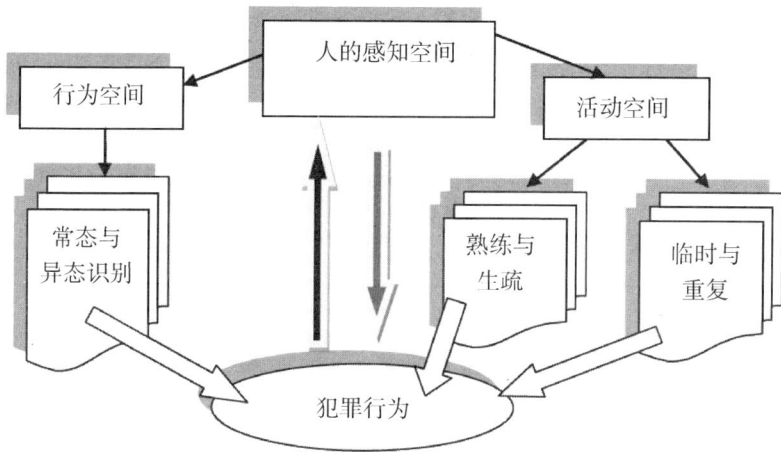

图7-7　人的感知模糊空间

人的模糊感知理论若结合在犯罪分析上，可以清楚地发现防范策略，例如，人的模糊感知空间强调日常生活的惯性特征，与犯罪被害理论强调人们日常生活的特性相联系，会使得某些重复同样生活模式的人，具备较高的被害性。同时还能够发现那些人以及行为是异常的，以及具有犯罪的可能性。

（2）所谓"域"的感知空间，是指犯罪案件的可能性空间。这里所说的"域"反映了地理区位和时间范围，即可称为"时空域"。时间地理学强调犯罪事件发生顺序的连续性和相关性，而由于事件的发生具备一定的时空条件，事件的结果因而受到地域化的影响。该观点可在一定程度上联结到有关犯罪者理性选择的分析。若应用在犯罪学理论分析上，可以清楚地发现防范策略。时空径路是人类为了特定目的所做的计划结果，与犯罪区位学理论强调认同某些行为模式并归纳出一套系统性防制措施的概念相符合。另外，"时空域"是观察人类的实际行为所绘制而成，与犯罪社会学强调由人类群体活动的实际经验去观察犯罪的特定模式观点相呼应。简单地说，"时空域"概念，尤其是"时空态图"的应用，可帮助人们在犯罪调查时，从犯罪人或被害人活动过程的观察，以推导出有助犯罪预防的策略。

（3）环境空间（或境空间），是指所有犯罪发生的环境空间。所谓犯罪发生的环境理论研究，是近年来犯罪学的热点问题，许多结论在实际应用当中还有不同的理解。但是，不论是警方，还是犯罪人都应该注意到，把握环境机会就是问题解决的一半，实际上，犯罪防控系统的最前沿问题研究是警方与犯罪者在"人－域－境"空间上的博弈过程。

三、创新警务运行机制，优化警务模式

（一）基于人口与犯罪特征的警务管理机制

警务工作的效能决定了一个城市治安管理的状况。调研分析表明，某市警务管理的运行机制还依附于传统管理的模式，并且，许多警察虽然具有现代信息社会与管理的意识，但由于缺少一种自发的职业精神，没有运用现代思维方式去有效地继承传统警务工作经验，合理地认识当前信息化社会人口与犯罪的关系，合理地认识城市化的发展对警务工作的需求，这就必须建立一个适应某地区社会治安需要的警务管理机制，如图 7 – 8 所示。研究表明，这种机制必须来源于对人口与犯罪特征的系统分析。社会治安的状态决定于人口与犯罪的相互动态关系，警务管理模式来源于人口与犯罪关系，并且，警务管理模式的整体效能决定治安防范的水平。同时，治安防范水平决定人民群众对社会治安的接受程度（治安危机感受度），通过这一系列的因果关系就能明确警务管理运行机制。

（二）社会治安系统是一个非平衡开放系统

历史上，人口与犯罪的特征和规模属于正常态势并且是平稳增长的（除去较大的政策与经济波动时期外），通过对本地区自然人口增长周期犯罪率的变化验证了这一点。近十年来，随着经济建设和对外开放的飞速发展，城市化进程的加快，人口迁入数量连续多年在人口增长规模中占据较大的比重，从而使城市治安系统打破了完全地区性的平衡态，演变成具有人口与犯罪动态特征的非平衡开放系统。

城市社会治安系统是一个非平衡的开放系统，这种非平衡开放和演化特

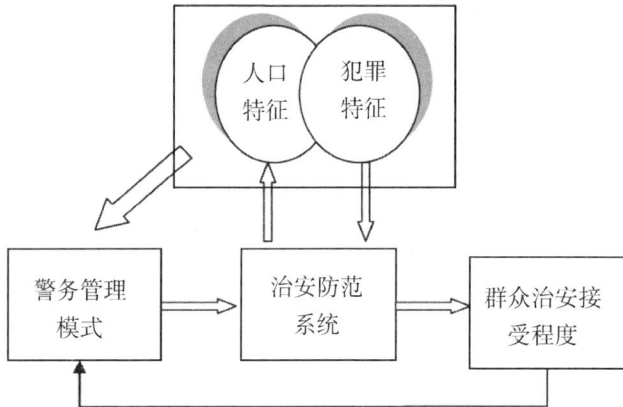

图 7 - 8 基于人口与犯罪特征的警务管理机制

征，向传统的、行政干预的、经验与习惯式的警务管理模式提出了严厉的挑战。如何认识非平衡开放系统的特征呢？根据系统科学、人口学和犯罪学的相关理论，一个稳定的、封闭的人口社会系统，其犯罪人的规模、犯罪行为类型是可观察、可预测和可控的，具有这种特征的社会治安系统是一个平衡系统，面对这种特征的警务管理机制是一个平衡的管理机制。相反，一个不稳定的、开放的人口社会系统，其犯罪人的规模、犯罪行为类型是不可观察、不可预测和不可控的，具有这种特征的社会治安系统是一个非平衡开放系统，面对这种特征的警务管理机制是一个非平衡开放管理机制。因此，根据非平衡开放系统的优化原则，要实现非平衡治安系统的优化，就必须促使警务管理机制具有自适应、自组织和自学习功能，从而使社会治安系统形成一种耗散结构，才能达到对社会犯罪防范与控制的目的，如图 7 - 9 所示。

（三）警务管理与治安系统之间的不相容问题

由于人口与犯罪特征的复杂性演化，体现出治安系统的非平衡状态，从而使警务管理体系和运行模式与治安系统之间不断产生不相容问题（矛盾问题），可以总结为以下三方面：

1. 人口和犯罪增长与警察数量之间的不相容问题

对实际人口与犯罪特征分析发现，本地自然人口犯罪数量变化平稳，并且增长率与自然人口增长率相适应，迁入人口犯罪数量波动较大，这种不确定性体现在不同时期迁入人口质量的反差。因此，造成了警务管理模式与现实中人口与犯罪特征的不相容现象。当犯罪案件不断增长，治安形势恶化的

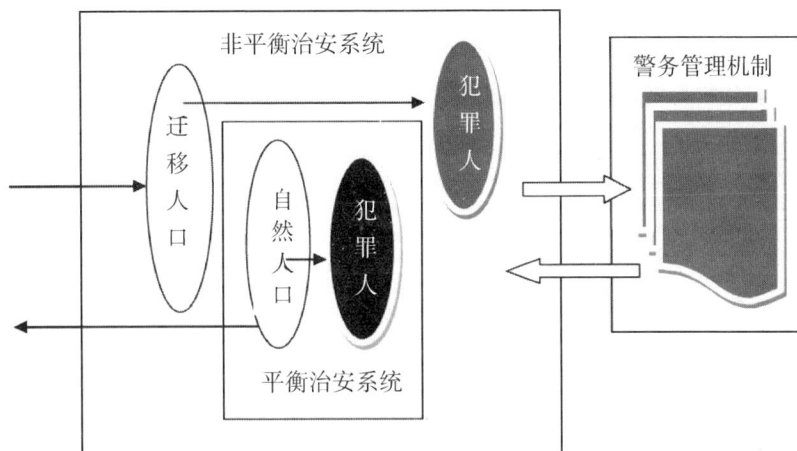

图 7-9 社会治安系统耗散结构

情形下，总是有人抱怨警力的不足。实际上，传统的警力配置是基于人口的相对比例，同时依据地区治安等级进行数量方面的调整。但是在非平衡的治安环境下，就不是这种管理原则了。所以，这个问题一直是警务管理中的不相容问题。

2. 人口流动与人口管理模式之间的不相容问题

城市规模与格局的改变会出现两种人口的流动性。例如，城市的经济规模产生了流动人口的数量增加，居住地点和时间以及活动规律具有不规则性，各种条件的形成会发生突变的犯罪案件。再如，城市居住格局和区域模式的变化造成了城市人口流动的不规则性，使人口管理信息不完备、不可靠，特别是对重点人口的管理存在着信息滞后和被动性，出现了犯罪防控方面的漏洞，从而使犯罪数量增加，造成了城市发展与警务管理的不相容性。

3. 信息化犯罪特征与警务工作模式间的不相容问题

信息化社会最主要的冲击不仅仅是提升了人类信息获取与交流的质量和效率，更为突出的是改变了人们的意识，改变了人们的认识，改变了人们的生活与工作的方式，形成了多元的人口社会特征。这种现象体现了新的生活方式、新型的人际关系和多层次经济活动的出现，从而出现了各种引发犯罪动机的行为，会产生突变的犯罪案件。因此，造成了在信息化环境下，警务管理模式与人口和犯罪特征的不相容现象。另外，在警务管理与治安系统之间存在着许多不相容问题，例如，警力资源配置与人口犯罪动态特征之间的不相容问题，警务工作考核指标与实际群众需要之间的不相容问题，等等。

四、建立可拓协同犯罪防控模式，促进警务管理优化

社会经济快速发展是历史的必然，同时也对城市社会治安提出了严峻的挑战。通过调查研究我们提出了在地区警务管理与治安系统之间存在着不相容性，只有将这些不相容问题转化为相容，才能提高地区社会管理水平，给人民群众提供一个满意的社会治安环境。

（一）不相容问题与可拓思维

所谓不相容性乃事物的矛盾性，它存在于人们生活与工作的每时每刻。实际上，人们所从事的每项工作都是在解决不相容问题中不断调整、改进和发展人们的行为和目标。公安机关是打击犯罪维护社会稳定的国家行政执法部门，其行业特征是通过警务工作的过程实现社会管理的目标，由于警务工作是面向社会的各个方面，所以具有多属性、多目标的系统特征，如果警务系统没有根据社会发展变化提高本身的自适应、自组织能力，就会产生各个方面的不相容问题，就不能有效发挥警务工作的效能。

在一个存在不相容属性的系统中，如果系统具有将不相容转换为相容的功能，则称系统具有可拓性。由于地区警务管理与人口－犯罪之间存在着许多不相容属性，这样由这两者形成的治安防范系统是一个不相容的系统，要实现系统有序和优化的目的，就必须引入可拓性的警务管理机制。

如何构建一个具有可拓性的警务管理机制呢？我们可以通过一个实际例子得到启发："香港的汽车靠左行驶，内地的汽车靠右行驶"，如果简单地把这两个不同运行规则的交通系统连接成一个大系统，则必然会撞车。因此，在深圳的皇岗建了这样一座桥，靠左行驶的香港来车经过它自动变成靠右行驶进入内地；靠右行驶的内地来车经过它自动变成靠左行驶进入香港。我们把这种处理不相容问题的方法称为转换桥方法。对古今中外和各个领域的实例分析和研究表明：解决不相容为相容问题必须设置转换桥。

（二）建立警务转换桥运行机制

警务转换桥是一种解决治安防范系统中不相容问题的系统管理原则，其核心思想是在警务管理中导入有效的思想、方法和过程，使得系统的不相容转变为相容。在实际警务管理中，要达到社会治安防范系统的有序性，就必

须做到人口日常社会活动与行为的可观察性、可测性、可预防性和可控性。但是，在当前城市人口特征多元性、人口生活与社会活动的不确定性和动态性的状况下，形式化、机械式的警务模式与实际治安状况存在着不相容性。而要提高警务效率就必须实现警务效用，实现警务效用的前提是警务工作模式与实际治安状况的相容。为此，在警务工作中，导入符合本地区实际人口特征并且能够解决不相容问题的警务思想、警务方法和警务过程，即称为可拓警务思想、可拓警务方法和可拓警务过程。通过这些思想、方法和过程来实现真正的警务效用，综合三方面所构成的模式称为警务转换桥模式，如图7-10所示。

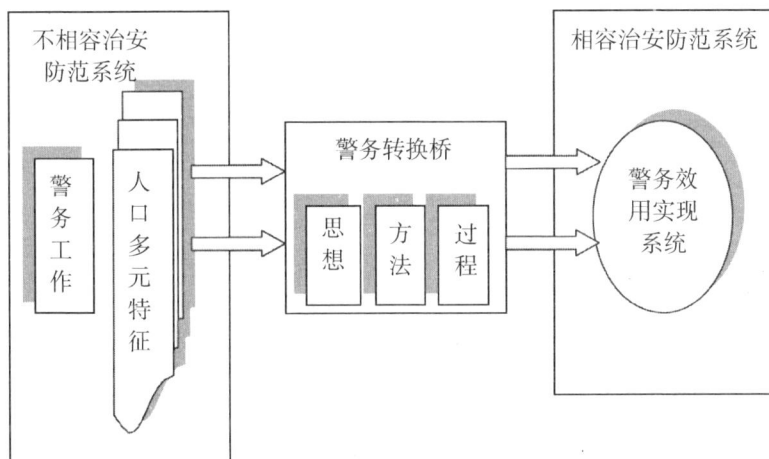

图7-10　城市治安系统的警务转换桥

　　警务转换桥就是要构建警务模式与治安状态相容的一座桥梁。如下从警务工作的角度来分析警务转换桥。

1. 可拓警务信息

　　在城市治安危机感受的调查中，群众与民警对本辖区的治安危机感受有所差异，存在着治安状态信息不对称问题。也就是说，群众是从自身和对环境安全的角度来认识治安危机程度的，而警察是从自身岗位工作的角度认识治安危机程度，这种信息的不对称会产生警务工作的被动性、盲目性和无效性，并且无法实现既定的警务目标。因此，要解决警务管理中的不相容性，缩小群众与警察对治安危机感受和认识上的偏差，必须消除信息不对称。可以建立一种信息沟通的桥梁，通过治安状态信息的互补，达到治安危机感受上的相容，这种警务模式称为可拓警务信息。在实际警务工作中，走访的社区居民是一种信息沟通的方式，是实现可拓信息的转换桥。必须强调，这项警务工作不是单纯的人口信息了解，最重要的是来自群众治安现状的认识。因此，要设计走访信息交流的内容，能够正确判断在信息认识上的差别，以及产生差别的原因，这就是有效的可拓警务管理模式之一。

2. 可拓警务方法

在平衡警务管理环境下，辖区人口的动态特征是可观察的，但是在非平衡辖区治安系统的情形下，人口流动的不规则性，产生犯罪条件的不确定性，造成警务工作的被动性。因此，警务工作不能是机械的，每个警察必须明确他每天做什么，他应该如何去做，这样就会出现警务工作的内容与结果的不相容。为了解决这种被动警务模式，建议在社区警务工作中建立犯罪图，因为可以用犯罪图标记犯罪，而且能协助警察分析潜在的犯罪行为。因此，犯罪图并不是终点，它是帮助了解犯罪者的真正动机和适当机会，以及预防犯罪于发生之前的最初方法。例如，辨明特定地区内的犯罪根源，提出问题导向的警务策略，以有效降低犯罪。根据上述原理，本研究建议发展简式社区联防。所谓"简式"社区联防，重点在于运用最少人力达到最实际的犯罪防治效果。实际上，这种方法解决了警力资源不足的不相容问题，称为可拓警务方法。

实践中，主动式警务体现在警务工作上具有可实现性。从管理易犯罪区域、强化标的物防盗功能、加强累犯监控与销赃管道的防堵三方面着手，就是主动式警务管理。在管理易犯罪区域部分，依据情境犯罪预防观点，加强大量停放机动车的犯罪产生地，标的物的保护、减少犯罪吸引地的吸引力，以阻止潜在犯罪者入侵。在强化标的物的防盗功能部分，对于监控力弱的犯罪促进地强化防卫、监督或地区管理。在加强累犯监控方面，针对机动车窃盗累犯进行电子监控，或加强查管以降低其犯罪动机。

3. 现代警务实施过程

所谓可拓警务过程，是指在警务执行过程中，不断地调整警务目标、警务工作方式，以利于解决出现的矛盾。例如，强调高质量服务的协同式治安管理模式，将事前的防范和优质服务态度作为警务工作的基本原则。以人、事、时、地、物为基准，分析存在着何种状态或因素下会直接或间接地影响警务工作。研究警察在执行前、执行中与执行后的情境与心境变化，所产生的治安效果与其间的关联性，这些作为警务工作评价的内容。下面通过警务巡逻模式来分析可拓警务过程的实现。例如，某市警务巡逻模式基本上实行"传统的随意预防巡逻方式"，已经不能适应当前犯罪案件的抑制作用，因此应该采用"指导制止的巡逻方式"，即通过正确的指导，增加"巡逻警察的辨识能力"。巡逻不仅仅是形式化震慑，最重要的是观察辖区治安状态，获取空间与时间信息。为了解决警务巡逻中的不相容问题，建立巡逻过程转换桥以达到应有的警务巡逻效果。

　　警务巡逻转换桥的基本模式不是单纯地增加警务工作内容，关键环节是建立犯罪分析工作机制，也就是说，在集中警力抑制犯罪的同时，广泛地收集辖区犯罪数据，将以往犯罪数据以及评估未来可能发生犯罪的模式、时间与区域进行统计分析，接续拟定书面计划，详细说明需要巡逻的问题区域与采取什么样的巡逻方式，再逐一比对犯罪资料，修正目前的巡逻模式，且随时更正最新犯罪数据，决定特殊时间以加强巡逻警务功能。因此，我们提出可拓警务过程的基本原则，即警务工作要运用迅速、机动原则。具体意义是：所谓迅速原则，亦可称为时间原理，即反应时间越短则现场防控的机会相对越大。考核指标可分为三个不同的时程：一是获知时间，亦即从犯罪发生时至为人所得知该犯罪的时间；二是报案时间，即从犯罪为人所获知，向警方报案到警方受理该案的时间；三是警察反应时间，即从警方受理报案到派人前往处理到达现场的时间。所谓机动原则，是指警察在动态警务执行过程中，警务执行过程应以主动发掘问题为主，逐渐运用动态警务工作模式替代以往静态警务工作方式。

第八章

虚拟社会与现代警务模式

第一节　虚拟社会与警务管理

一、虚拟社会的基本内涵

随着计算机、通信等信息技术的高速发展，基于互联网行为的网络社会形态进入了人们的生活、工作领域。可以肯定，人类的活动与行为轨迹已经跳出了传统的现实社会（物理空间），进入到现实社会与虚拟社会（网络社会）交互并存的复杂社会（复杂空间）形态，因此，社会治理问题面临着严峻的挑战。也就是说，建立复杂空间的社会治理概念体系、社会治理方法体系，以及治安防控体系（或称现代警务体系），乃是公安部门以及相关领域管理者和研究者的当务之急。

在虚拟社会相关问题研究中，现有研究局限于单纯的网络意义上的社会化方面，忽视了对网络与实体这种复合社会系统的虚－实特点和性质的研究。在网络社会环境下，公安部门的社会治理模式基本上是沿用普通的社会警务工作模式，在许多情况下，造成了警务工作的被动局面。诚然，虚拟社会以及网络安全的研究不仅仅是技术方面的完善与创新，尤为重要的是，对虚拟社会（网络社会）的治理问题。实际上，公安部门所从事的社会治理是一个基于虚拟与现实共存的复杂社会治理，因此，要达到优化的社会治理，实现社会稳定的既定目标，必须完善虚拟社会治理方法，构建有效的虚拟社会治安防控体系，从而实现由被动网络警务模式向主动与优化的安全防范转变。

　　本节基于网络警务工作的现实需要，深入研究虚拟社会治理的系统理论，提出虚-实社会行为空间的映射反演理论，设计出虚拟社会治理与防控模式，即警务计算模式。该模式的特点体现在如下几方面：一是虚拟社会的治安管理系统是一种非平衡的自组织系统；二是虚拟社会治安防范体系是一个基于警务计算的协同管理模式；三是网络警务模式是一个基于经验与知识的信息融合。

　　在人类已经进入虚拟社会的今天，人们的意识与行为将会呈现非平衡的复杂特征，正如马克思指出的"社会不是坚实的结晶体，而是一个能够变化并且经常处于变化过程中的有机体。"（《资本论》第一版序言）。一般来说，虚拟社会（网络社会）是基于互联网平台，采用现代信息技术与通信设备构建的信息交互系统，从而形成一个各种社会对象彼此联系互动、相互作用的网络空间和社会形式。

　　虚拟社会警务管理的前提是提高虚拟社会及其关系的认知。虚拟社会已经成为一种新的社会形态，随着现代科学技术与现实社会的发展而不断表现出不同的社会特征，并且，存在着虚拟社会系统、虚拟社会对象、虚拟社会行为、虚拟社会关系等诸多研究问题。面对着虚拟社会的出现，人们对虚拟社会的认识存在各个方面的差异。从当前虚拟社会警务管理的角度，无论在理论研究还是警务实践方面，对虚拟社会的认知还处于比较初级的阶段，也就是说，还缺乏对虚拟社会较为全面深入的认知。

　　从网络社会的存在性可知，由于网络社会具有技术、人文和社会意义的综合内涵，因此，单纯的"网络特征""数字化特征"等都不能完整地揭示其虚拟社会的事物性质和行为特点。应该从"复杂系统机理""虚拟与现实"的角度认识虚拟社会的内涵。实际上，虚拟社会的形成是随着人们社会活动的信息化程度、电子化程度、数字化程度不断提高而演化的。可以断言，虚拟社会是与现实社会并存的一种人类社会存在的新形式，是现实社会系统中的元素以虚拟方式存在于网络系统的活动中，是人在信息时代呈现的一种新的生存与演化方式。它具有如下几个显著的特性：

　　（1）"人机结合"的巨型社会系统。虚拟社会是基于互联网嵌入社会并与其相互耦合而实现的。这两个系统的耦合使"人-人"关系变成了"人-机-人"关系，这种新型的社会系统显然比传统的社会系统更为庞大、复杂。

（2）"异体同源"的虚化社会对象。虚拟社会的主体对象是广大网民，网民是来自现实社会并表现在网络空间的人，这种物理空间和虚拟空间共生共存的形态，是"在线"网民与"在世"人的映射 - 反演。

（3）"行为活动"的自由在线与泛化。基于物理空间的现实社会，人们社会活动不仅是在物理空间的自然约束之下，而且还要受制于人们自己设定的社会环境。在虚拟社会中，人的活动自由度扩大，使人的个人自由得到全面的实现。

基于虚拟文明的虚拟社会架构及逻辑正在改变着当今整个社会的生活、生产与文化。虚拟空间超越现实社会，使人的生存自由度大幅扩张，网络虚拟情境下的匿名性、随意性等特点致使其原本被压抑的自然属性得以膨胀，虚拟活动"投射"冲击着整个社会。人们不但要重视虚拟社会对现实社会的影响，还要预判其作为一个整体的"虚拟现实"社会，它对人类的生存状态及现实的社会体系所带来的重大影响。科学有效地管理网络虚拟社会已经成为我们所面临的一个全新的重大课题。

二、虚拟社会警务管理研究

近些年来，如何加强虚拟社会治理已成为社会治理创新研究，并加强综合治理实践工作的一个难题和重点。针对利用网络新技术带来的机遇，有力地迎接虚拟社会带来的新挑战。有关文献从建立健全社会治安打防管控机制，创建一体化警务指挥决策体系和信息化、智能化打击基于网络信息环境下的违法犯罪新模式，基于虚拟社区的网络治安防范模式的构建，以及虚拟社会综合管控机制，全方位加强对虚拟社会的治理创新等诸多问题进行了理论探讨。不难发现，目前基于社会治理环境下的网络安全研究可以划分为三个方面：一是基于网络安全的法律、法规的建立与实施；二是基于网络安全不同属性的网络安全技术的研究与开发；三是基于网络安全运行的管理体系、管理方法与手段的实验分析与研究。从这些研究中可以发现如下几方面的问题：

（1）缺少满足现实需要的理论体系。21世纪以来，信息技术的迅猛发展，互联网覆盖了人们的生活，人类的社会行为不仅仅是实体空间的映射，而是具有实体与虚拟共存的动态复合映射特征。从方法论角度来看，目前还没有对这种实虚交互复合系统进行分析与研究的理论与方法，因此，在虚拟社会治理过程中存在着一定的盲目性。

（2）虚拟社会信息管理的不完备性。由于计算机与网络技术的深入发展，在现实社会治理的各个领域都已经具备了较成熟的信息管理系统。信息管理的作用与效能已经在社会治理中得到充分体现。但是，对于虚拟社会（网络社会）治理来说，如何进行虚拟行为信息的获取、虚拟行为信息处理以及虚拟信息与现实信息的关系，这些问题目前还没有较为系统和适用的模式与方法。

（3）虚拟社会治理的知识与经验问题。现实社会治理已经形成了较为完善的事物与行为问题解决的知识体系和经验模式，因此，在实体社会治理过程中，可以根据具体问题所描述的知识与经验进行比较、归纳和调查论证。但是，虚拟社会的行为特征与演化机理还没有形成比较系统的知识体系和经验启发模式，要构建适应虚拟社会治理的模式，优化虚拟社会防控目标，一定要建立有效的知识体系和选择具有自适应、自发展的经验模式。

第二节　虚－实系统的映射－反演机理

在近些年的治安管理研究中，一种公认的观点是：基于虚拟空间的网络社会是一种新兴的现实社会，并且有人将网络空间定义为现实空间的子空间。通常来说，作为实体空间的社会行为反映的是人类的实际行为，而虚拟空间的网络社会行为反映的是人类的虚拟行为。然而，如何划分现实与虚拟、现实社会与网络社会的关系以及相应的管理机理，目前还没有成熟的理论研究结果，本节基于虚拟社会行为管理特点，初步构建了虚拟空间的系统管理理论。

一、虚拟社会治理的耗散结构

从系统理论的研究角度来看，网络社会是一个非平衡开放系统，并且系统内外存在着的物质、能量和信息的交换，使网络社会从有序到无序，从无序到有序，从而形成一种网络社会治理的自组织结构，我们称这种网络社会治理结构为"耗散结构"（Dissipative Structure，Prigogine，1969）。普利高津认为，"在远离平衡态的条件下，我们可能得到从无序、混沌到有序的转变。

可能产生一些物质的新力学态，反映了给定系统与其周围环境相互作用的态，我们把这些新的结构称为耗散结构"。简而言之，"耗散"即为消散，强调了系统与外界进行能量和物质交换的特性，而"耗散结构"即指一个处在非平衡态下的开放系统在与外界进行能量流或物质流的交换下，通过系统内各要素复杂的非线性相干效应所形成的一种新的有序结构。将耗散结构理论运用到虚拟社会系统的研究上，不仅具有重要的理论价值，还具有较大的实践意义，具体反映在如下几方面：

（1）虚拟社会（网络社会）系统是一个开放的系统。开放是系统有序化的前提，是耗散结构形成、维持和发展的首要条件。一个良好的系统，必然是一个有序、开放的自组织系统，通过对外界开放，不断地与外界进行物质、能量和信息等的交流，这样才能具有适应环境的能力和旺盛的生命力。在整个虚拟空间中，网络行为系统是一个有着自组织特性的子系统，同时又是一个开放的子系统。网络行为系统需要与现实社会系统不断发生联系和交流，通过信息流的持续输入与输出，使网络行为从无序走向有序，最终实现其安全的网络环境。

（2）虚拟社会系统是非平衡态的系统。非平衡态是一个网络行为系统的有序之源，是指系统内部各个区域的物质和能量分布是有差别的，是极不平衡的。一个充满活力的网络系统，必定是一个有行为特征差异、非平衡的系统，只有远离平衡态，使网络系统内部存在差异、分化和矛盾，才能形成有序结构和动态特征，使网络系统功能更加完善。而平衡态下的系统，其内部无序性高、竞争性弱。这种表面上的平衡会对系统发展起到极大的阻碍作用。

（3）网络行为系统具有非线性特性。系统内部的非线性特性是指系统内各要素相互作用的关系是非线性的制约关系，而非从上到下的线性制约关系。在网络行为形成和变化的过程中，网络行为系统是要素间相互调节、相互作用的非线性自组织系统，各构成要素发挥的非线性作用共同影响着行为的变化走向，这种非线性的作用具体表现为行为主体的协同作用。因为网络行为的产生是一种复杂的，表现为"刺激与反应"的心理过程。

（4）网络行为中存在涨落和突变。涨落通常指系统的各要素围绕某个"阈值"时刻处于涨落或起伏的动态变化中，从而启动非线性的相互作用，使系统发生质的变化，跃迁到一个新的稳定有序状态，形成耗散结构。如果在涨落过程中不断施加能量，使各要素偏移平衡态的距离不断加大，达到某个"临界点"，通过相干效应，就会形成"巨涨落"，迅速把不稳定状态推进到一个新的有序稳定状态。

二、虚拟社会治理的映射－反演

当今的社会形态是一个基于物理空间的现实系统与基于虚拟空间的网络系统的合成系统（复合系统），这种合成系统的机理是现实社会主体与虚拟社会映像的映射－反演过程，其基本思想来自非平衡系统的映射－反演原则。

基于非平衡系统的映射反演原则，假设 φ 是一个映射，它把集合 $A = \{a\}$ 中的元素映入另一个集合 $A^* = \{a^*\}$，其中 a^* 是 a 的映像，a 称为原像。即 $\varphi: A \to A^*, \varphi(a) = a^*$。如果存在着逆映射 φ^{-1}，则 $\varphi^{-1}(a^*) = a$。在虚拟社会的行为系统分析中，一个网络行为空间是由实体空间的网络用户、虚拟空间的网络服务和网络行为构成的，即 $S_h = (P, S, H)$。网络行为模式是实体空间的网络用户在虚拟空间的一个映像关系 R^*，而网络用户则是该映像的原像关系 R，如果存在着一个可逆且可定映的行为映射 $\varphi \circ \psi$，则可构建一个实体空间到虚拟空间的行为映射与用户反演系统，简称虚拟社会的映射反演（Mapping Inversion）。如图 8－1 所示：

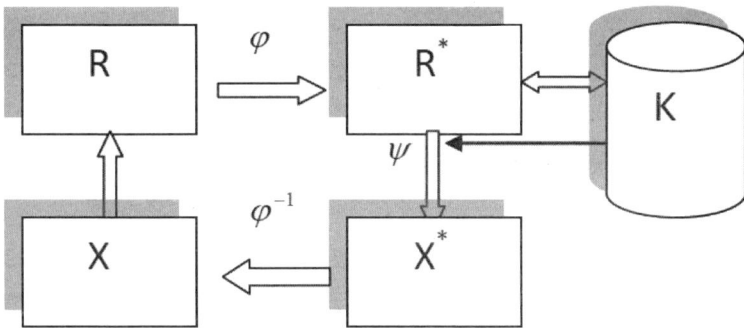

图 8－1　网络行为映射－反演系统运行结构

在图 8－1 中，R 是网络用户原像关系（现实系统关系），R^* 是用户在虚拟空间中的映像关系（虚拟系统关系），也可称实体到虚拟的映像关系，φ 是现实系统到虚拟系统的映射，即 $\varphi: R \to R^*$。K 是虚拟关系模式，X^* 是基于虚

拟关系模式下 R^* 的具体映像（或称为映射 φ 的定影），即 $X^* = \varphi \circ \psi$，也就是说，在现实到虚拟的映射 φ 条件下的映像关系 R^* 如果能够得到定影 ψ，那么，通过 $\varphi \circ \psi$ 确定的映像 X^*，一定会通过逆映射得到原像关系 R（现实系统）中的具体原像 X。

以上内容通过非平衡映射－反演系统提供了一种虚拟社会治理的系统模式，这种模式构建了现实空间与虚拟空间的映射反演关系。

要建立虚拟社会警务管理模式就必须了解网络"虚－实"空间的映射反演特征。与现实社会中人们的社会行为相对应，把发生在虚拟社会网络空间中的行为称为"虚拟行为"。可以把它定义为：行为主体为实现某种特定的目标，采用基于计算机系统的网络作为手段和方法而进行的有意识的活动，它并不是虚拟的，而是具有社会行为的一般特征和基本要素，是实实在在的行为。

另外，虚拟社会最直接的表现是互联网的形成与发展。随着网络技术的逐步稳定化和网络在全球范围内的扩展，形成了一个全新的社会空间——互联网社会空间，简言之，是一种能够与人的神经系统相连接的计算机信息系统产生的虚拟空间，是一个由网址和密码组成的虚拟但客观存在的世界。互联网空间虽然是不可视的，可视的只是显示在屏幕上的基本信息，但它是客观真实存在的，与现实空间一样可以被感知。因此，互联网空间是现实空间的人类行为在互联网上的映射－反演空间。

从互联网空间的存在性来看，互联网空间的构成脱离不了现实空间，所以，互联网空间是现实世界的映像。无论是信息还是互联网本身，两者都是现实社会的构成资源，所以，并不能因为互联网的虚拟特征，而得出"信息与互联网"是虚拟的判断。同样，由互联网而形成的互联网社会——"虚拟"社会，也不能改变"信息"与"互联网"的真实本质，因此，互联网行为具有可识别性。在互联网社会中，人的行为属性与关系反映了现实社会中的行为属性与关系，是通过信息与网络方式的非对称反映。因此，当互联网社会的"信息交互"转变为其他方式或形态时，人们的互动（交往）便回到现实生活中，即超越互联网社会的"界域"，所以，研究互联网社会的人的行为与关系必须有机地联系现实社会人的属性与关系。

第三节 虚拟社会治理与警务计算模式

一、虚拟空间的警务模式

虚拟社会治理与犯罪防范已经成为警方的一项重要任务,"警务云""虚拟警务"等网络管理概念成为警务工作研究的一个热门话题。实际上,讨论概念、含义与理论体系并没有多大的意义,这会使管理者盲目利用"云计算"的概念达到形式化的管理创新。研究表明,创建虚拟社会治理的云警务模式的关键是它的实际意义、本质属性和运行机理。例如,虚拟警务的意义并不是将通常的警务模式应用到网络上,更不能将网络上的警务工作确定为"虚拟警务"。要真正明确网络管理的概念体系和思维特征就必须对虚拟空间有一个完整的了解。

所谓虚拟空间,是指具有"意识活动"能力的对象所创建的,不受该对象所在空间的"自然规律"约束的空间。每个人都有自己的虚拟空间,大脑的构成物质是虚拟空间存在的载体。也就是说,虚拟空间是一个不具备任何实体对象的模式学习空间。但是,我们所提到的虚拟空间是指以计算机、互联网为载体的空间,主要表现在三个方面:网络空间的虚拟性、网络行为的虚拟性和网络行为者身份的虚拟性。这个虚拟空间同样是人脑"智力活动"的结果。所以,虚拟社会治理的云思维是一个基于虚拟空间具有用户行为模式学习的虚拟计算过程。从网络社会治理工作的实际意义出发,网络"警务云计算"系统就是针对网络警务对象,为实现网络管理目标,基于虚拟警务模式的自组织协同系统。

警务管理平台是一个集成化的信息处理中心,它的主要系统功能是协同整合所有网络云端(互联网服务商)的用户行为信息,评价服务商信息安全质量,在人口信息系统基础上,结合虚拟警务模式对网络用户行为进行空间数据挖掘,从而得出网络空间区域的网络治安状态。在网络"云治安"系统中,不同的互联网服务商实现各种网络行为属性,也就是说,虚拟空间的行为特征信息是通过各种服务器监控系统得到的。实际上,警务云计算系统不仅仅具备形式上"云计算"的特征,即充分利用互联网服务商最大可能提供的信息资源（量方面的协同），更重要的是通过有效的自组织过程，达到虚拟空间行为的可观察性、可控性以及可预测性，从而体现虚拟社会防控方面质的提升。

二、警务计算

物理与化学计算可以得出自然现象量的规律，可以划定为自然计算，它是描述物理化学系统的必备方式与手段。人类进入虚拟社会以来，对社会活动与行为属性的描述与研究也需要通过数量的方式、规则的方式来实现，因此，它涉及三种方式的计算特征，一是基于社会系统规则的社会计算（Social computing），二是基于网络空间的虚拟计算，三是基于行为描述的软计算（Soft Computing，SC），将这三种计算方式统称为虚拟社会计算。

警务管理涉及了社会、网络和行为三种计算特征。在实际警务管理过程中，警务人员通常会很自然地基于数据与规则的形式化方式来处理和实现警务工作，这实际上就是在实现各种计算思维过程，因此，将具有警务社会计算、警务虚拟计算和警务软计算的警务模式称为虚拟社会警务计算模式，简称警务计算。

这种警务计算是通过一定的符号和规则所构成的形式化系统来模拟现实的社会治理问题，并且这些符号和规则来自现实社会治理的实验假设。以上所论及的警务计算是基于现实空间的社会治理研究，经过虚拟到现实、现实到虚拟的超循环过程，提高人们对现实问题的认知能力。

虚拟空间是基于计算机与通信技术由人工设计的网络空间，通过网络空间实现有关的社会活动，因此不同的网络行为所表现的社会特征构成了各种虚拟行为属性的网络社会。根据虚拟与现实的相关机理，人在网络空间的行为虽然不具有现实中的直接感知和实体特征，但是，网络的拓扑结构以及有限连接与操作可以实现网络行为的可测性。同时，网络空间的行为实现是基于信息处理的过程，虚拟计算不仅是网络功能实现的工具，又是网络行为测量的手段，因此，网络空间的行为管理必须依靠基于网络信息与管理的虚拟计算。另外，虚拟空间的网络社会治理必须建立在现实社会治理基础上，并且现实社会关系与管理规则如何体现在网络社会中，以及如何构建现实社会与网络社会行为特征信息系统，是虚拟社会治理研究的一项重要内容。

三、基于警务计算的社会治安防控体系

（一）警务计算的实际作用

在虚拟计算与云计算认识的基础上，警务计算属于社会计算的研究范畴，它是一种现代计算技术与警务模式分析之间的交叉领域，具有两方面的意义。首先，从微观和技术层面，警务计算是一种以信息技术为手段实现警务活动的运行模式，从管理思维的角度对传统的警务活动产生一定的影响。其次，从宏观层面来观察警务管理活动，凭借现代计算技术的力量，解决以往警务管理研究中使用经验方法和量化描述等手段难以解决的问题。因此，虚拟警务计算研究可以归纳为：

● 在深入理解当前虚拟警务问题动态性、快速性、开放性、交互性、数据海量性和复杂性的基础上，为解决虚拟社会警务问题建立统一的警务管理基础模型和理论框架。

● 虚拟警务基础模型和警务"计算化"的表述，或是建立其到警务活动的映射机制，研究与虚拟警务相关应用中的建模与计算方法，自下而上地为解决虚拟社会治安问题提供完备的理论和技术支撑。

● 深化学科交叉研究，为网络化社会背景下的警务管理研究提供实验方法；同时，以新兴问题促进相关研究领域内涵和内容的延拓，推动基础理论和方法的创新和突破。

虚拟社会系统的建模是警务计算所面临的首要问题。在社会科学领域，早期的建模方法主要是采用数学方程来描述社会规律。随着计算技术的发展，出现了一些特定社会建模方法，其中，最有代表性的是基于复杂网络的社会网络建模，这种方法通过网络结构图的方式对社会组织结构和个体社会关系进行描述。研究表明，警务计算可以利用人工系统中计算实验的可设计性和可重复性特点，对警务人工系统设计不同的实验方案，按不同的网络安全指标体系对网络系统进行量化实验分析。同时，可以通过人工系统与实际系统的相互对比和参照，完成对相关行为和决策的实验与评估，实现对实际虚拟社会的治理与控制。这里所提出的警务计算实验方法，弥补了以往警务管理系统难以进行全面和综合实验的不足，为虚拟社会警务管理提供了一种虚实结合进行网络系统实验的有效途径。

（二）警务计算方法与实现目标

警务计算的研究内容和目标是，为虚拟社会警务管理提供核心建模、实验和管理与控制的理论基础和方法，实现警务管理科学、警务信息科学等多学科交叉研究的融合，对网络安全和虚拟警务管理等方面形成有效指导。具体内容包括：

● 建立针对虚拟社会中新型警务问题的公安科学理论，构建计算警务学的基础理论框架，为虚拟社会警务管理问题的建模和实验提供理论基础。

● 建立警务计算中系统建模、实验，以及计算模型互动核心理论基础，研究警务计算中的计算和学习方法论。

● 构建统一的、可编程的警务计算实验平台和实验环境。从网络安全、虚拟警务管理等领域入手，研究对虚拟社会系统监控和管理中涌现出的科学问题提供针对这些领域的整套技术方案。

随着信息化和网络化的不断普及与深入，虚拟社会动态变化的速度和规模已经提高到一个前所未有的水平。为保障虚拟社会治理的稳定发展，构建和谐社会，在传统以定性为主的警务管理问题分析的基础上，必须大力开展警务计算的基础理论研究，发展新的、快速、有效、量化的警务计算方法。警务计算问题之所以重要，是因为目前的信息技术应用正在深刻地改变当今的警务活动方式，虚拟社会中人与人、人与网络、网络与现实的交互方式，强烈冲击着目前的警务管理体系。正如现代科学问题的解决需要现代科学理论与方法，警务计算的理论与方法势必为有效应对网络化社会新型问题提供至关重要的解决方案和途径。

（三）虚拟社会防控体系设计与研究

当前的社会形态已经从传统的实体空间进入到实体与虚拟共存的复合社会空间（现实社会与网络社会）。可以断言，人类生存与活动的空间是网络空间。为净化网络环境，维护网络安全，以及强有力地打击网络犯罪，与现实社会一样，网络社会也同样需要建立一个完善的治安防范体系。这种治安防范体系是由网络警察、网络运营商和广大网民协同构建的。并且，网络安全决策支持系统是网络安全防范体系的核心，它是建立在云警务数据库基础之上，采用警务计算模式而实现的虚拟社会现代警务运行机制。设计开发网络用户信息云警务数据库是网络监察管理部门的首要任务，要构建一个完备、有效的网络警务数据库，需要广大网民、网络运营商、电信部门与公安网络监察管理部门共同协作。才能真正达到虚拟社会治理的可实现目标。具体反映在如下几方面：

1. 虚－实人口信息的管理模式

采用动态建模的警务计算方式，建立基于虚－实结合的网络用户信息管理系统。系统应含有网络用户自然信息、行为特征信息等。通过对所有注册用户自然信息和行为信息的收集，建立基于现实社会人口特征的虚拟网络空间信息管理系统。系统的基本特点是通过对各种网络行为访问模式的测量与分析，得出规范网络行为和不规范网络行为的判别指标，从而将用户的网络行为划分为规范的网络用户、不稳定的网络用户、不规范的网络用户和突变行为的网络用户四种类型。

在社会系统中，依照各种法律和法规对人的社会行为进行管理，从而保障社会的良好秩序。社会治安管理的模式就是基于人口特征信息，及时掌握社会治安信息，设计各种符合地区治安特点的警务工作模式。所谓警务工作的优化模式就是能否最大可能地了解和掌握产生治安行为的因素，了解可能犯罪人的犯罪行为特点、发生的时间与空间趋势，达到降低犯罪率，提高社会治安水平的目的。同样在虚拟社会中，要达到优化的网络环境，提高网络安全的水平就必须建立网络用户的行为信息系统。网络用户管理的基本模式为：针对治安管理中人口管理的出发点，根据地区网络用户的人口信息特征，将网络用户划分为固定网络用户和流动网络用户两大类，他们都具有规范网络用户、不稳定性网络用户和重点人口的网络用户特征。也就是说，虚拟社会安全防控体系的基础是构建虚拟社会信息管理系统。

2. 基于警务计算的网络行为研究

虽然网络社会信息管理系统是安全防控的基础，但是，由于网络社会中用户信息的虚拟性、复杂性、不完备性和可拓性特点，给信息系统的建立带来许多困难。在现实社会治理中，人的行为管理是基于完善的人口信息管理系统，其基本信息是真实的、可控的，但是，其社会行为不是完全可控的，甚至在有些环境下是不可控的。对于网络社会来说，虽然网络环境是虚拟的，但是网络行为发生在 Internet 的节点连接中，所以，其行为是可测和可控的，复杂网络研究中的小世界模型就说明了这一结论。如果能够建立一个有效的网络用户信息系统，网络用户的行为是可控的。互联网用户行为管理的基本原则是基于人口特征的网络用户行为管理，即现实人口行为特征与网络用户行为特征的协同管理。人口管理是维护社会稳定的前提，同样，网络用户管理也是维护网络安全的前提。因此，可以建立一个现实犯罪可能性空间到网络犯罪可能性空间的映射。

现实社会治安防范体系是建立在区域人口与犯罪关系研究的基础上的，通过对区域人口与犯罪的因果关系，以及犯罪存在与演化的基本轨迹来制定警务工作流程和安全防范策略。目前，警务信息化建设已经进入比较深入的阶段，尽管信息化在治安管理和打击犯罪方面提供了非常大的作用，但是，在许多方面，盲目地依赖于计算机的信息处理技术并不能有效地解决实际的警务管理问题。原因在于，基于计算机的信息处理技术是一种完备的数据分析模式，它在物理计算等实体空间上是可靠的，但是，对于人类行为特征研究的虚拟空间上（人是实体但行为是虚拟的，所以人的行为特征是虚拟的），单纯的数据分析就不可能具有物理空间上的完备性。因此，必须从非平衡系统管理的角度，运用警务计算模式来构建虚拟社会安全防控体系。

本节针对虚拟社会警务管理的现实需要，运用系统科学、信息科学与现代社会管理学的基本理论，提出了非平衡虚拟警务管理思想，强调了虚拟社会警务管理的前提必须提高虚拟社会认知能力，建立了基于警务信息技术与警务管理方法相融合的警务计算概念、作用、基本功能和研究方法。通过理论分析阐明了实虚映射－反演是虚拟警务管理的有效模式，同时，较系统地论证了网络社会用户信息管理系统是网络安全防控的基础。研究表明，虚拟社会防控体系能否达到效用，关键是能否将现实社会治理与网络社会治理进行有机结合。

虚拟社会警务工作应与时俱进，紧跟时代步伐，公安机关应充分掌握虚拟社会的特点及规律，努力完善虚拟社会视角下的现代警务工作。通过非平衡虚拟社会环境下，基于警务计算的虚拟社会防控体系的研究，提出一些新的概念与研究方法，以及相应的虚拟警务工作对策与实施意见。但是，虚拟社会警务管理的研究不是一朝一夕就能完成的，需要理论研究者和警务实战人员不断积累经验，明确工作目标，进一步推进虚拟社会警务理论与实践研究，为维护网络社会治安稳定，促进我国虚拟社会警务管理系统化、科学化和现代化发展。

第九章

空间犯罪信息获取与防控

第一节　有关视频监控系统

从美国的"9·11"到英国的"爆炸事件"，给世界敲响了警钟。城市安防监控的真正意义是什么？仅仅是事后取证，还是事前预（报）警？有无数事实证明，事后追查是必需的，但事前的预（报）警却更为重要，它可以把一些重大事件隐患抑制于萌芽之中。

目前，在城市治安管理中，由于城市地方扩大、人口增加等原因，警力的增加远远不能满足实际需求的速度，因而需要利用城市安防监控系统，将科技手段转化为直接战斗力。因此，需将治安区域的监控系统与城市中各派出所及上级公安分局到市局进行多级联网。从而至少保证事件发生时，公安机关相应部门能第一时间把握现场画面情况，并协助上级指挥现场，以提高管理者的管理效率。但是，要想安防监控系统有事前预（报）警的功能，安防监控系统必须要在数字化、网络化的基础上智能化，即将监控工作交给计算机。也就是说，安防监控系统要实现让计算机代替人去监看视频图像。这种技术要内嵌智能化软件平台，通过预先设定的录像比对平台，将系统监控到的情况与保安管理方案做对比，从而自动分析检测出存在的隐患并及时报警。这样，安防监控系统才能真正发挥"防患于未然"的作用。

一、视频监控技术的现状

视频监控作为一种传统视频技术与现代通信技术相结合的应用，目前在国内外已引起了越来越多的关注。视频监控业务具有悠久的历史，在传统上，广泛应用于安防领域，是协助公共安全部门打击犯罪、维持社会安定的重要手段。近年来，随着宽带的普及，计算机技术的发展，图像处理技术的提高，视频监控越来越广泛地渗透到教育、政府、娱乐、医疗、酒店、运动等其他各种领域。

视频监控的基本业务功能是提供实时监视的手段，并对被监视的画面进行录像存储，以便事后回放。在此基础上，高级的视频监控系统可以对监控装置进行远程控制，并能接收报警信号，进行报警触发与联动。业务功能如图9－1所示。

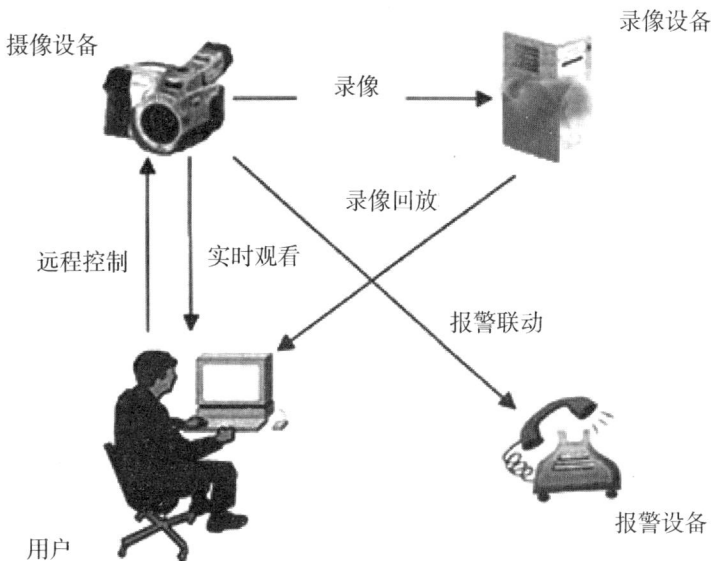

图9－1　视频监控业务功能示意图

最早的视频监控系统是全模拟的视频监控系统，也称闭路电视监控系统（CCTV）。图像信息采用视频电缆，以模拟方式传输，一般传输距离不能太远，主要应用于小范围内的监控，监控图像一般只能在控制中心查看。全模拟视频监控系统以模拟视频矩阵和磁带式录像设备 VCR 为核心。

随着数字技术的发展，数字视频监控系统从20世纪90年代中期开始出现，以数字控制的视频矩阵替代原来的模拟视频矩阵，以数字硬盘录像机 DVR 替代原来的长延时模拟录像机，将原来的磁带存储模式转变成数字存储录像，实现了将模拟视频转为数字录像。DVR 集合了录像机、画面分割器等功能，跨出数字监控的第一步。在此基础上产生了全数字的视频监控系统，可以基于 PC 机或嵌入式设备构成监控系统，并进行多媒体管理。这类系统是目前视频监控市场的主流。但这种监控系统都具有一些固有的局限性：

1. 由于人类自身的弱点，易导致漏报

一般情况下，人类并非是一个可以完全信赖的观察者，他们在观察实时视频流或观察录像回放的时候，由于监控人员个体条件的不同以及自身生理上的弱点，经常无法察觉到安全威胁，从而可能导致漏报（False Negatives）现象的发生。

2. 各个监控点不能每时每刻都处于监控

除了一些规模较小的电视监控应用之外，很少有电视监控系统会按照 1∶1 的比例为监控摄像机配置监视器。因此，各个监控点并非每时每刻都处于监控当中。

3. 易引起误报和漏报

误报（False–Positive）和漏报是视频监视系统中最常见的两大问题。漏报指的是在监控点发生安全威胁时，该威胁没有被监控系统或安全人员发现。误报指的是位于监控点的安全活动被误认为是安全威胁，从而产生错误的报警。

4. 由于缺乏智能因素，使数据分析困难

报警发生后对录像数据进行分析通常是安全人员必须要做的工作之一，而误报和漏报现象则进一步加剧了对数据分析的需求。安全人员经常被要求找出与报警事件相关的录像资料，找到肇事者、确定事故责任或评估该事件的安全威胁。由于传统视频监控系统缺乏智能因素，录像数据无法被有效地分类存储，最多只能打上时间标签，因此数据分析工作变得极其耗时，并且很难获得全部的相关信息，而经常发生的误报现象使无用数据进一步增加，从而给数据分析工作带来更大的难度。

5. 由于缺乏智能因素，响应时间长

对于安全威胁的响应速度关系到一个安全系统的整体性能。传统的电视监控系统通常都由安全工作人员对安全威胁作出响应和处理，这对于处理一般性的、实时响应要求较低的安全威胁来说已经足够。但是很多情况下，在威胁发生时，需要安全系统的多个功能部分，甚至多个安全相关的部门在最短的时间内协调配合，共同处理危机。这时候，监控系统的响应速度将直接关系到用户的人身或财产的损失情况。

总之，目前的视频监控系统尽管将多台摄像机的视频信息传回到监控中心存储起来，同时在视频监视墙上实时显示给安全人员。基本上是在事件发生之后再去查询录像记录，不能在事件发生时，实时通知安全人员，致使造成的损失无法挽回。

二、智能视频监控系统

近年来，全程数字化、网络化的视频监控系统优势越发明显，其高度的开放性、集成性和灵活性，为整个安防产业的发展提供了更加广阔的发展空间，而智能视频监控则是网络化视频监控领域最前沿的应用模式之一。智能视频监控以数字化、网络化视频监控为基础，但又有别于一般的网络化视频监控，它是一种更高端的视频监控应用。

1. 智能视频监控的含义

智能视频（IV，Intelligent Video）源自计算机视觉（CV，Computer Vision）技术。计算机视觉技术是人工智能（AI，Artificial Intelligent）研究的分支之一，它能够在图像及图像描述之间建立映射关系，从而能够通过数字图像处理和分析，来理解视频画面中的内容。

电视监控中所提到的智能视频技术主要是指："自动地分析和抽取视频源中的关键信息。"如果把摄像机看作人的眼睛，则智能电视监控系统的处理设备就可以看作是人的大脑。智能视频技术借助计算机强大的数据处理功能，对视频画面中的海量数据进行高速分析，它过滤掉不关心的信息，仅仅为监控者提供有用的关键信息。

智能电视监控系统能够识别不同的人与物体，如对人与物的异常行为的探测与跟踪，对人的面相、步态或声音等的识别与跟踪等。如发现监控画面与声音中的异常情况，能够以最快和最佳的方式发出警报和提供有用信息，从而能够更加有效地协助安全人员处理危机，并最大限度地降低误报和漏报现象，以达到真正的安全防范的目的。

2. 智能视频监控研究内容

智能视频监控主要涉及摄像机标定、物体识别、运动分割与跟踪、多摄像机融合、高层语义理解等内容，是计算机视觉领域的前沿研究方向。

● 快速准确的运动检测。运动检测主要是从监控摄像机所捕捉的序列图像中检测是否有运动物体存在。

- 实时性、鲁棒性的基于三维模型的车辆与行人的定位、识别和跟踪。
- 基于移动摄像机的视觉监控技术，即将现有参数固定的静态摄像机改进为参数可自动调节的动态摄像机。
- 多摄像机的协作监控。

单个摄像机的视野有限，要监控大范围的动态场景就需要多个摄像机，此外，多个摄像机也有利于解决遮挡问题。多摄像机的定标与数据融合是两个关键问题。

- 事件的机器学习方法，拟通过对序列图像进行自组织、自学习的方法建立事件的分布模式，从而达到事件识别的目的。
- 异常现象的检测、报警与目标的行为预测。

视觉监控系统的最终目的是为了解释监视场景中所发生的事件，根据要求对异常事件进行报警，并能根据当前目标所处的状态对将要发生的事件进行预测。

- 研究对目标运动情况给出语义上的解释的方法，并将简单的行为识别与语义理解推广到对交通场景的自然语言描述。
- 远距离的身份识别

生物特征识别技术与人的运动分析的结合是视觉监控系统的一个重要问题。脸像与步态是具有可感知性与非接触性优点的生物特征，是目前被认为可以用于视觉监控系统中的身份识别的两个主要生物特征。我们主要研究脸像、步态、体形特征相融合的人的身份识别。

三、基于治安防范的监控系统

国内公安部门治安监控系统的应用越来越广，治安防范的效益也越来越明显。目前，治安监控完全依靠人力值守，投入警力很多，工作效率也不高，这就要求信息系统能够帮助民警从海量的视频信息中过滤部分无用信息，并对潜在的治安危险行为进行预警。

实际上，对视频流中提取人体、人脸，并对其行为特征、面部表情进行分析，国内外已经有了大量的相关研究。常规上，在视频系统中进行移动人体行为特征分析分为四个步骤：一是运动图像检测；二是目标分类；三是人体跟踪；四是行为理解。对这些步骤如何分别进行实现的算法和模型方面，已经进行了相当多的研究工作，许多研究成果从整体的角度描述了人体行为特征跟踪的一般概念和方法，以及目前的技术现状，提出从人体部分的运动分析、单一视角或多摄像机下的人体跟踪技术，有的还研究提出了基于人脸肤色的跟踪模型。这些研究主要从具体的算法或者抽象数据模型角度去考虑系统实现的方法。从中可以看出，对于实际的治安监控领域，由于目前对人类视频理解机制尚缺乏足够的了解，再加上视频监控对实时性要求非常高，导致现有的技术和理论大多处于实验阶段，难以进一步深入。针对这一情况，我们提出了一种在治安视频监控领域中逐步求精的迭代分析和预警的过程，能够在现有的技术方法基础上，实现对治安行为的过滤和预警，从而达到减轻民警工作量的目的。虽然这种方法不能明确地认定治安敏感行为的一定存在或者一定不存在，但通过在视频流中标定潜在敏感区，已经能够较好地辅助民警开展治安监控管理工作。

1. 基本过程

在视频流中进行移动人体行为特征分析是一个复杂而耗时的过程，传统上首先是通过抽帧的方式进行运动图像检测的过程，其目的是用尽量短的时间和资源消耗，发现在摄像背景下的运动物体。其次是对所有运动物体进行分类，找到其中的人体。再次是对人体的运动行为进行跟踪，记录下每个人体的行为变化。最后对这些变化情况进行分析，从而找到需要被关心的那些特征。整个分析过程是一个线性的分析过程，需要耗费较长的时间。

我们根据实际治安监控人员的视觉跟踪习惯发现，用户实际并不要求一次性地定位到敏感区域，而是一个渐进的过程。首先，在一定的时间段内，用户可观察的视频显示中圈定了一些目标。随着视频画面的变化，视频图像中圈定的内容逐渐减少，圈定的范围也在逐步缩小。然后，视频图像将圈定在几个敏感人体运动上，同时计算机画面模拟了这些人体的轮廓行为。进一步，系统将具体定位在被认为需要预警的一个具体人体上，并会出现声音和图像报警。最后，用户将干预该过程，调整摄像机进行人脸识别和比对。整个过程只有最后阶段用户才真正介入，其他是自动完成的。

因此，我们可以将原有的线性过程行为修改为从易到难、逐步剔除的螺旋性视频跟踪过程，具体地说，包括以下几个步骤：

（1）单帧静态图像中的人体定位。按照设定的频率在视频流中抽取单帧图像，并从该静态图像中通过图形拟合技术识别人体，剔除事先划定的非治安敏感区域，这个步骤可以较快地完成，但其识别结果可能是较为粗略的，存在误判，通过下面几个步骤的反馈，这些误判将被逐渐剔除。

（2）人体行为跟踪和错误筛选。在单帧图像进行初步人体定位的基础上，对单帧图像周围抽帧，进行行为跟踪，在记录人体行为的同时可以进一步筛选出第一步中错误的人体定位。这个过程也是渐进形式的，在接收静态图像的人体定位信息作为输入的同时，它也接收行为理解过程的输出作为输入，从而在跟踪过程中不断剔除非治安敏感行为，减少数据处理量。

（3）行为理解。对人体行为进行分析，发现其中的治安敏感特征，同时丢弃第二步中与治安监控需要无关的行为记录。

（4）重复上述过程。上述三个过程是重复进行的，人体定位不断调整抽取的帧进行人体检测，同时不断剔除误判；行为跟踪阶段不断跟踪人体定位的结果进行行为跟踪，同时跟踪行为理解的输出，剔除不敏感的或者错误的人体行为；行为理解部分也不断接收输入进行敏感行为模板匹配，知道最后三个过程全部定位在几个具体的人体上时，才进行预警，提示用户干预。

（5）预警、人脸识别和比对。预警是请求用户干预和人工甄别的过程，在对人体行为理解并对治安敏感行为进行预警之后，系统可以通过视频控制模块进一步对人脸跟踪，并依靠公安已知的违法犯罪人员资料进行人脸比对。图9－2显示了这种螺旋式的分析过程与一般的线性分析过程的区别。

2. 先决条件

（1）敏感区域设定。从实现角度来看，为了保证治安监控的时效性，只能对视频中一定的区域进行分析，因此需要用户事先设定治安敏感区域。例如，在整个监控视频画面中，楼房、机动车道路、河道、高架一般可以忽略。

（2）检测周期和抽帧。由于整个过程是渐进和周期式的，这要求该周期的长短在治安敏感时间段内合适，过长可能使得需要抽取大量的帧，从而导致治安敏感行为的预警失去了实效性，过短可能导致系统来不及完成整个过程并实现最后预警。

我们通过人工截取视频帧的方式进行了分析，以判定治安监控所在一个周期内提取单帧的数量。其中，敏感行为时间长度是指记录到的用户关注的治安敏感行为发生时间长度，单帧数目是假定在该时间段内应抽取几个帧进行人体检测，抽帧间隙固定设为5秒，运算过程周期值是由此估算的最大允

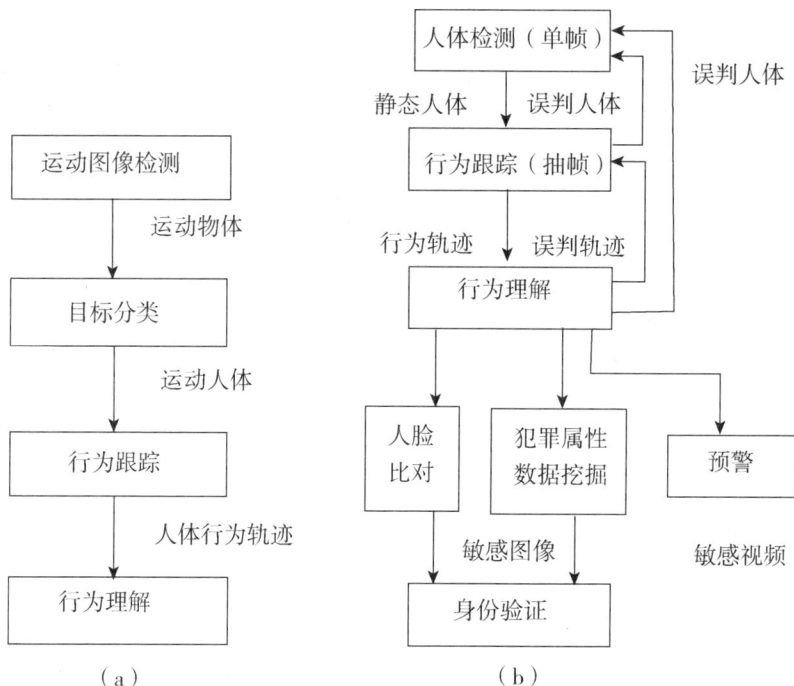

图 9-2 一般领域的视频行为分析

许周期时间。估算办法假设抽取单帧和处理时间为 1 个单位，而人体检测过程时间 =1 个单位×帧数目行为跟踪过程时间 =1 个单位×（敏感行为时间长度×2 个抽帧间隙）行为理解过程时间 = 行为跟踪过程时间周期值 = 人体检测过程时间 + 行为跟踪过程时间 + 行为理解过程时间

由此可见，在抽取间隙 5 秒的前提下，抽取单帧数目一般以 5 个或者 10 个最为合适，日常的治安监控中一个敏感行为长度一般为 30 秒，则实际过程运算周期可以设为 10~20 个单位时间。实际上，抽取单帧的数目将随着过程动态减少。

（3）视频分辨要求。上述过程对视频分辨率和拍摄焦距也有一定的要求。根据视场、人体、摄像焦距之间的关系公式：$uD/w\ f = vD/h$（其中 U 代表 CCD 靶面宽度、W 代表对象实际宽度、v 代表 CCD 靶面高度、h 代表对象实际高度、D 代表视场实际距离），要在 40 米距离内能够识别所有人体，且设定人体识别要求提供 50×100 像素，数字图像为 4CIF（704×576）格式，此时要求焦距达到 $f = 14.7$mm。

（4）人体检测。这里的人体检测主要是指从单帧的静态图像中进行人体检测的过程，并伴随着对检测结果以及帧选择的调整。对于静态图像的人体识别，已经进行了相关的大量研究。利用小波模板检测静态图像中的直立人体的试验方法，提出一些方法根据人体的皮肤在色度和饱和度方面具有一些特定的属性，并利用局部对称性和边缘检测算子获得该图像区域中的许多矩形，然后利用采样概率判断哪些矩形可以构成一个人体配置；使用 LapLacian算子检测图像中的边缘，然后利用边缘图的曲率信息检测人体。该方法可以用于灰度图像和彩色图像，但只能识别人的头部和肩膀；寻找满足一定几何和拓扑约束的四边形组合 。首先检测与拟合图像中的矩形区域，然后搜索满足几何和拓扑约束的矩形组合。在以上这些方法中，寻找满足一定几何和拓扑约束的四边形组合旧算法相对比较简单，实际执行效率比较高，但是仍不能完全满足治安监控的实际要求。该方法实际上是一种基于形态学的图形拟合的过程。首先进行图像的边缘检测和二值化处理，然后对轴形段进行矩形拟合，进一步分析这些近似矩形的关系，确定这些矩形是否是人体的组成部分，确定的主要依据是：P（human）＝P（T＝torso）×P（lbl T＝torso）×P（lbFit）

P（human）是该矩形组合是否是人体的概率，P（T＝torso）表示矩形 T构成躯干的概率，P（A＝lblT＝Torso）表示躯干部分和四肢部分，构成躯干、肢体关系的概率，P（lblT＝Torso）表示各个矩形与躯干部分，构成躯干、肢体关系的最小概率。

这里对该过程作了适当的简化和改变，简化是将近似矩形的关系分析过程简化成模板匹配方式，即事先建立不同大小的人体各种姿势下的矩形关系模板，然后匹配各个矩形位置相似模板，改变是在人体检测的时候接收行为跟踪、行为理解过程的误判，从而在下一步人体检测过程中直接剔除错误的部分，同时根据人体行为理解的有效结果修正帧的选择，是否进行修正是由行为理解过程决定的。

其中，"是否处理"是根据一个周期内抽取单帧个数决定的，"是否有误判"是跟踪后两个阶段的输出，直接剔除误判场景区域，"是否指定帧"是在行为理解阶段出现了敏感匹配行为后，将在敏感匹配行为增大抽帧频率。行为跟踪与行为理解跟踪等价于在连续的图像帧间，创建基于位置、速度、形状、纹理、色彩等有关特征的对应匹配问题，一般有两种分析方法：一是采用基于特征的跟踪方式，即跟踪记录拟合矩形在顺序帧之间的空间位置和大小变化。该方法的优点是实现简单，并能利用人体运动来解决遮挡问题。在跟踪的同时，可以对刚性物体与人体的运动行为进行区分，从而找到人体检测中的误判。二是行为理解，被认为是时变数据的分类问题，即将测试序列与预先标定的代表典型行为的参考序列进行匹配。由此可见，行为理解的关键问题是如何从学习样本中获取参考行为序列，并且学习和匹配的行为序列必须能够处理在相似的运动模式类别中，空间和时间尺度上轻微的特征变化，行为理解方法一般分为图像模板匹配和状态空间方法。

我们在行为理解阶段所处理的不再是原始图像序列，而是拟合矩形所组成的图形关系变化分析，以及拟合矩阵之间的图形关系分析，因此采用图像模板匹配技术并不适合。利用二维小区域块的运动、彩色、纹理等特征进行人的行为识别；基于人体动力学在不同抽象等级的统计分解提出了一个综合性的网络用来识别人的运动行为；提出了一种新的方法，用于产生实时视频图像中人的行为的自然语言描述。这些研究尚处于理论研究阶段，尚不能进入实用。这里依据基于人体动力学的分析办法，分三个阶段进行分析，同时将分析重点放在判断人体肢体行为、人体之间运动关系，以及人体各个组成部分之间的接触相关上。我们将分析过程分为低级阶段，分析单个人体躯干、头部、四肢的运动行为；中级处理，分析人体之间的运动关系特征；高级阶段，分析不同人体之间躯干、头部、四肢的运动关系。每个阶段分别以方向、距离、速度、加速度等作为基本依据。

一是在初级处理阶段，主要实现单个人体的行为分析，建立单个人体的行为状态空间，并根据状态空间判别人的行为特征，如取物、放物、走动等。

二是在中级处理阶段，分析人体之间的走动行为特征，如跟随、相伴等。

三是在高级处理阶段，分析人体与人体之间肢体、头部、四肢细节上行为关系，如交谈、拥抱、握手等行为。最终，系统将剔除与治安无关的行为，并对治安监控的敏感行为进行预警。

四、功能特点与存在的问题

目前开发的智能视频监控基本能够实现变事后查询为预警，变被动为主动。在第一时间提供实时的报警，最大限度地提高了防控效果。具有如下功能：

1. 目标识别：

● 对侦测和识别的物体分类：包括人、车辆和其他用户定义的分类（飞机、船只等）；

● 能够区别威胁目标（人、车辆、船只等）和非威胁目标（动物、潮汐、倒影等）。

2. 事件触发分类：

● 虚拟警戒线：虚拟警戒线是由用户用鼠标在监控显示器画面上画出来的直线。人或车辆穿过用户定义的有方向性的一条或多条警戒线时系统报警；

● 虚拟警戒区：在监视画面内的某一个由户定义的区域或在整个监视画面。在虚拟警戒区可触发报警的动作包括：进入、退出、出现、消失、遗留物体、拿走物体、徘徊等；

● 使摄像机失效的损坏行为：遮盖摄像机、涂抹镜头、转动摄像机以避开目标、切断摄像机电源或视频流等，可触发报警。

3. 典型的行为识别：

● 入侵侦测：任何人或车辆进入设定范围或试图进入范围内受保护的区域时，都可定义为威胁并自动报警，保护重要周界的安全；

● 可疑遗留物体侦测：系统能侦测可疑遗留物如：袋子、背包、包裹等物体被遗留或丢弃在重要区域内，并实时向安全人员报警。

● 偷窃侦测：针对偷窃行为、物体消失，系统能自动侦测并能够及时向安全人员报警，增强了对资产的安全性管理。

● 徘徊/游荡：人或车辆在监视范围内徘徊游荡时间超过设定时间后自动报警。如图 9-3～图 9-4 所示。

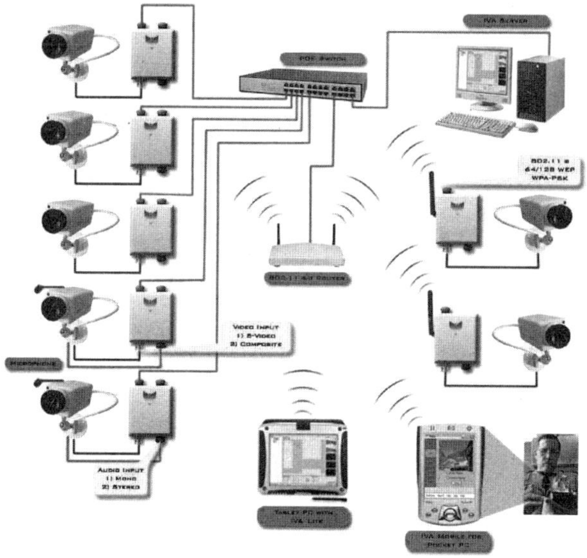

图 9 - 3 IVS 行为识别视频监控系统图

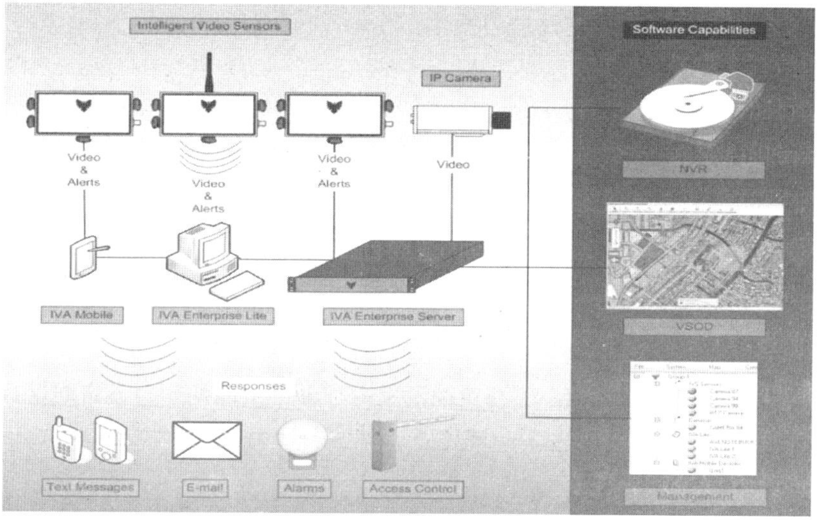

图 9 - 4 IVS 行为识别智能视频监视系统

表 9 – 1 IVS 模块功能对比表

IVS 模块功能 对比表功能	OnBoard100	OnBoard200	OnBoard1000
目标识别	√	√	√
虚拟警戒线事件侦测	√		√
多条虚拟警戒线事件侦测		√	
"进入"事件侦测	√	√	√
"退出"事件侦测	√	√	√
"出现"事件侦测	√	√	√
"消失"事件侦测	√	√	√
"在里面"事件侦测		√	
徘徊事件侦测		√	
遗留事件侦测		√	
偷窃事件侦测		√	
场景变化事件侦测	√		√
多画面	√		√

资料来源：2003—2006 EMW（北京）/飞越天地（北京）科技有限公司。

4. 存在的问题

（1）目前，警方越来越感到监控管理面临着越来越大的困难，这是因为人类自身的弱点，很难长时间集中注意力。

图 9 – 5

（2）人的生理特点。即使指派一个非常敬业的人，也无法支撑一个高效的安全系统。"仅仅20分钟后，人对视频监视器的注意力就会下降到一个非常低的水平。"——（US，Dept. of Energy Study）

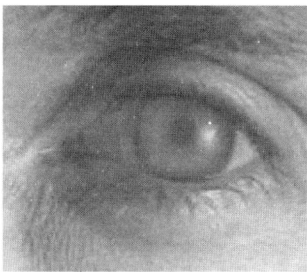

图9－6　整天必须盯着电视墙看，真累呀！

（3）系统的缺欠。系统经常误报，却忽视真正警报；检索困难，要花费大量时间找到所需画面。

第二节　人体运动特征是一项重要的监控信息

人的行为识别与理解，是指对人的运动模式进行分析和识别，其本质是一个人工智能问题，涉及图像处理与分析、机器视觉、人体生理学、人体运动学、模式识别、人工智能等多学科领域知识。

自"9·11"事件以来，对人体监视和认定技术引起了美国国防部的高度关注，两年投资5000万美元研究开发人体身份的距离识别系统。在自动面部认定方面给予最大关注的同时，美国国防部还在几个大学设立基金，研究通过人体语言确认人的身份。这项研究是基于这样一个事实：每个人虽然具有相同的生活方式，但都有自己专一的运动信号，即每个人都有自己专一的走路步态。研究技术的特点是，收集人体语言，并把它转化为计算机能识别的数字。

一、步态识别

步态识别是非接触性远距离生物行为识别技术。其目的是为每个人建立特有的人体"运动信号"。在远距离的情况下，人的步态仍是可见的，且它可在被观察者没有觉察的情况下从任意角度进行非接触性的感知和度量。因此，从视觉监控的观点来看，步态识别是一个相当有前景的发展方向。如图9－7所示，从人相同的行走行为中寻找和提取个体之间的变化特征，以实现自动的身份识别。

图9－7 人的步态

安全监控场合中自动步态识别系统的一般框架如图9－8所示。它是融合计算机视觉、模式识别与视频/图像序列处理的一门技术。

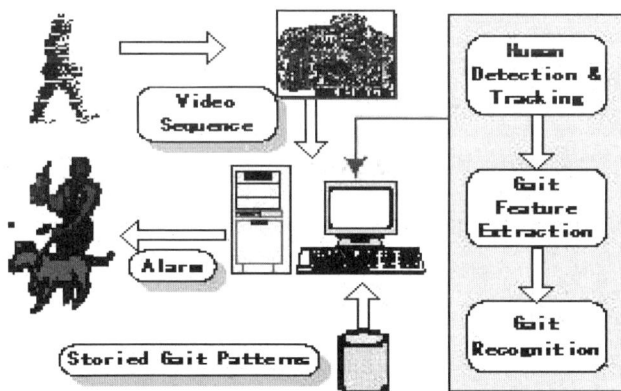

图9－8 步态识别系统

在对抢劫和盗窃等犯罪问题的研究中，罪犯或许会给自己化装，不让自己身上的哪怕是一根毛发掉在作案现场，但有样东西他们是很难控制的，它就是走路的姿势。从近些年来研究开发出的一些犯罪侦查数据库和信息系统可以发现，犯罪计算机侦查系统可根据走路方式侦查出罪犯是谁。此系统的工作前提是每一个人都有其独特的走路方式。虽然该项技术还处于初级阶段，但已经应用到走路非常特别的案例中。

例如，瑞典警方成功应用此系统识别出了一个银行抢劫犯，如图9-9所示。2003年，瑞典警方调查刺杀瑞典外交部部长安娜·林德的凶手时，让专家们检查犯罪嫌疑人米亚伊洛·米亚伊洛维奇的走路方式。努力没有白费，米亚伊洛维奇被证实就是凶手。

实际上，每一个人都有独特的步行方式。这是因为每一个人的肌肉力量、肌腱和骨头的长度、骨密度、视觉灵敏度、协调能力、生活经历、体重、重力中心、肌肉或骨头的受损程度、生理状态和个人走路方式都有细微的差别。对有些人来说，很难识别他们的走路方式，但还是很容易识别出他们是否不慌不忙地走向银行出纳员，是否急匆匆地逃离犯罪现场。

图9-9 犯罪嫌疑人的步态也可能成为"罪证"

研究表明，步态识别比面部识别有优势。比如，通过闭路电视等影像系统你能看到犯罪嫌疑人走路的形态，但看不到他们的脸面。在通常情况下，人们识别一个他们熟知的人，信心达80%。为此，许多国家正在进行研发为银行建立一个个人步态样本库，作为安全使用的识别依据。

由于在国防和安全领域的应用，引起了各国研究者的极大关注。在远距离的情况下，人的步态仍是可见的，且它可在被观察者没有觉察的情况下从任意角度进行非接触性的感知和度量。因此，从视觉监控的观点来看，步态识别是一个相当新的发展方向，它是融合计算机视觉、模式识别与视频/图像序列处理的一门技术。

近些年来，人体运动视觉技术的研究与开发促进了步态识别的研究，尽管理论研究还处于初级阶段，但从应用角度越来越体现出它的实现意义。从安全防范的角度，它的任务就是开发多模式的、大范围的视觉监控技术，以实现远距离情况下人的检测、分类和识别，从而增强国防、民用等场合免受恐怖袭击的自动保护能力。

二、人体运动视觉分析的应用

1. 视觉分析的含义

目前，"人的观察"（looking at people）是计算机视觉领域中最活跃的研究主题之一，其核心是利用计算机视觉技术从图像序列中检测、跟踪、识别人，并对其行为进行理解与描述，其重要目标是摆脱传统的人机交互方式（如：键盘、鼠标等设备信息输入），让计算机系统具备自动分析，获取外部信息的能力，并通过分析作出相应的响应，让计算机系统更加智能化和人性化。目前，它已成为一个重要的前沿热点研究方向。

步态是一种人体运动，步态信号作为一种反映人体重要的形态信号，在许多重要的非接触性识别场合有着重要的应用。并且，步态识别是人体运动视觉分析中的一项重要内容，也是近年来计算机视觉领域中备受关注的前沿方向，所以，要掌握步态识别的理论与方法，必须对人体运动视觉分析有一个基本的了解。

什么是人体运动分析呢？人体运动分析指的是运用某种手段跟踪、捕捉人体的运动，获得人体的运动参数并从运动中重建人体的结构和姿态。其最终目的是达到对人体运动的理解并加以应用。人体运动分析的首要任务和基本问题是获取人体的运动参数，而运动参数的获取有多种方法。如采用专用的机械装置或电子装置等。就广义而言，人体运动分析的研究对象既可以是以人脸、唇、手势等为代表的较小尺度的局部人体运动，也可以是手臂、腿部或全身等人尺度的全身或肢体运动。前者，例如在人脸识别中，通过对人脸的运动分析，跟踪人脸的空间姿态和位置，可以定位人脸，从而为进一步的人脸识别奠定基础。而在唇读分析领域上，通过对唇的运动分析，可以对语言进行识别或进行相应的辅助识别动作。在手势识别方面，通过分析手指间的相互空间关系，可以获得丰富的信息，达到理解手势的目的。在对后者全身性的运动分析上，可以跟踪人体的全身或肢体运动，识别人体运动的类别，获取人体运动的参数，并在此基础上理解人的人体运动及相关行为方式。

因此，人体运动视觉分析从包含人的图像序列中检测、识别、跟踪人并对其行为进行理解和描述，属于图像分析和理解的范畴。从技术角度而言，人的运动分析的研究内容相当丰富，主要涉及模式识别、图像处理、计算机视觉、人工智能等学科知识；同时，动态场景中运动的快速分割、人体的非刚性运动、人体自遮挡和目标之间互遮挡的处理等也为人的运动分析研究带来了一定的挑战。

2. 典型的应用

计算机视觉领域对人运动的视觉分析的浓厚兴趣主要源于三个方面：一是计算机视觉理论和算法的发展；二是廉价且高品质的视频采集设备的出现；三是人运动的视觉分析本身有着广泛的应用前景和潜在的经济价值。其中第三点又是最本质、最重要的原因。下面借鉴同行的分类，将人运动的视觉分析的典型应用总结如下。

（1）虚拟现实（Virtual reality）。虚拟现实的目的就是为人们提供一个虚拟的交互世界。而在这个虚拟世界中，想要再现一个用户的动作姿态，就必须首先获得他在真实物理空间中的人体的姿态，然后映射到虚拟空间中去。这也就是需要用到人体运动视觉分析的原因。增加用户的手势、头部运动和面部表情等方面的表达，将提供给用户更加广阔的交互空间。另外，人的运动分析在虚拟游戏、视频会议、人物动画制作等虚拟现实场合也有着相当广泛的应用。有如下几方面的应用：

a. 基于互联网络的交互式空间（interactive virtual worlds）

b. Games（电子游戏）

c. Virtual studios（虚拟工作室）

d. Character animation（人物动画）

e. Teleconferencing（电信会议）

f. film，advertising，home－use（电影，广告及家庭应用）

（2）智能监控系统（Smart surveillance systems）。一个应用是在访问控制（access control）场合识别个人的身份。通过进行人脸的识别、步态的分析等，决定来人是否有进入该安全区域的权利。另外一个应用则更关注于人在该场景下的动作（而不是仅仅识别人的身份）。主要来自那些对于安全要求敏感的场合，如停车场、超市、自动贩卖机、ATM 和交通管理等。当场景里出现可疑行为时，能及时向保安人员发出警报的监控系统，从而避免犯罪的发生。

a. Access control

访问控制场合，利用人脸或者步态的跟踪识别技术以便确定来人是否有进入该安全领域的权利。

b . Parking lots

c. Supermarkets，department stores

d. Vending machines，ATMs

智能监控系统能每天连续 24 小时实时监视，自动分析摄像机捕捉的图像数据，当抢劫和盗窃发生或发现到具有异常行为的可疑人时，系统能向保安人员准确、及时地发出警报，从而避免犯罪的发生，同时也减少雇佣大批监视人员所需要的人力、物力和财力的投入。

e. Traffic（智能监控系统对公共场所交通拥挤状态分析及流量统计）

（3）高级用户界面（Advanced user interfaces）。在未来的人机交互中，我们希望机器能像人一样，将视觉信息作为语音和自然语言的有效补充来完成更加智能化的人机交互。这就需要计算机除了传统的键盘、鼠标外，还具备独立感知外部环境的能力，提取环境中的有效信息（如检测到人的存在），并进一步进行人体姿势的识别和行为理解，结合面部表情、身体姿势和手势等来与人进行高层次的人机交互。因此视觉信息可以作为语音和自然语言理解的有效补充，完成更加智能的人机交互。

a. Social interfaces

b. Sign – language translation

c. Gesture driven control

d. Signaling in high – noise environments

（4）运动分析（Motion analysis）。运动分析主要应用在三个方面。一是从体育运动的数据库中进行基于内容的图像搜索。二是在舞蹈、运动等训练中，用视觉的方法建立人体的几何模型，通过关节的运动分析来指导、纠正训练者的动作，可以达到非常直观的效果。三是在医学步态分析中运用。目前，医学步态分析是一个旨在提供诊断和治疗支持的研究领域。

a. Content – based indexing of sports video footage

b. Personalized training in golf, tennis, etc.

c. Choreography of dance and ballet

d. Clinical studies of orthopedic patients

（5）基于模型的编码（Model－based coding）。在远距离数字图像的传送中，人脸和人体姿势是我们比较关心的，也是出现得比较多的内容。所以，我们可以对人脸和人体进行参数化建模，图像传输时，发送方仅将这些参数进行编码传输，接收方再通过收到的参数恢复出原来的人脸或人体姿势。这样可以达到大大减少传输数据量的目的。基于参数编码的压缩是目前视频计算的热点之一。

三、行为理解与描述

近年来，人的行为理解与描述是被广泛关注的研究热点，它是指对人的运动模式进行分析和识别，并用自然语言加以描述。行为理解可以简单地被认为是时变数据的分类问题，即将测试序列与预先标定的代表典型行为的参考序列进行匹配，其关键问题是如何从学习样本中获取参考行为序列，并且学习和匹配的行为序列，必须能够处理在相似的运动模式类别中空间和时间尺度上轻微的特征变化。

人的行为的语义描述也得到了一定的研究，它是应用自然语言的概念，选择一组运动词语或短句来报告场景中运动目标的行为。

该研究难点如下：

- 需要寻找更好的匹配时变数据技术来识别人的行为；

- 如何选择有效充分的表达方式来传达场景的内容非常困难；

- 目前，人的行为描述还只局限于简单的语义解释，对复杂场景中人的行为的语义描述工作还相当艰巨，相关专门的研究文献也非常少，但是对人行为理解与自然语言的描述是让计算机从观察人（"looking at peolpe"）向理解人（"understanding people"）的方向转变的关键技术。

人运动视觉分析领域非常广泛，下述几个通用的技术将是今后研究的难点：

（1）运动分割（Motion Segmentation）。快速准确的运动分割是一个相当重要但又比较困难的问题。这是由于动态环境中捕捉的图像受到多方面的影响，比如，天气的变化，光照条件的变化，背景的混乱干扰，运动目标的影子，物体与环境之间，或者物体与物体之间的遮挡，甚至摄像机的运动等，这些都给准确有效的运动分割带来了困难。尽管目前图像运动分割主要利用背景减除方法，但如何建立对于任何复杂环境的动态变化均具有自适应性的背景模型，仍是相当困难的问题。一个可喜的发展是，一些研究者们正利用时空统计的方法构建自适应的背景模型，这也许对于不受限环境中的运动分割而言是个更好的选择。

（2）遮挡处理（Occlusion Handling）。目前，大部分关于人的运动分析系统都不能很好地解决目标之间互遮挡和人体自遮挡问题，尤其是在拥挤状态下，多人的检测和跟踪问题更是难于处理。遮挡时，人体只有部分是可见的，而且这个过程一般是不可训练的，简单依赖于背景减除进行运动分割的技术此时将不再可靠，为了减少遮挡或深度所带来的歧义性问题，必须开发更好的模型来处理遮挡时特征与身体各部分之间的准确对应问题。可喜的进步是，利用统计方法从可获得的图像信息中进行人体姿势、位置等的预测。不过，对于解决遮挡问题最有实际意义的潜在方法应该是基于多摄像机的跟踪系统。

（3）三维建模与跟踪（3－D Modeling and Tracking）。二维跟踪有着简单快速的优点，主要的缺点是受摄像机角度的限制。而三维方法在不受限的复杂的人的运动判断（如人的徘徊、握手与跳舞等）、更加准确的物理空间的表达、遮挡的准确预测和处理等方面的优点是二维方法所不能比拟的；它能提供更加有意义的与身体姿势直接相关的可视化特征用于行为识别。同时，三维恢复对于虚拟现实中的应用也是必需的。目前基于视觉的三维跟踪研究仍相当有限，三维姿势恢复的实例亦很少，且大部分系统由于要求鲁棒性而引入了简化的约束条件。三维跟踪也导致了从图像中人体模型的获取、遮挡处理、人体参数化建模、摄像机的标定等一系列难题。以建模为例，人体模型通常使用许多形状参数所表达。然而，目前的模型很少利用关节的角度约束和人体部分的动态特性；而且过去的一些工作几乎都假设 3－D 模型依据先验条件而提前被指定，实际上这些形状参数应当从图像中估计出来。总之，3－D 建模与跟踪在未来工作中应值得更多的关注。

（4）多摄像机的使用（Use of Multiple Cameras）。单一摄像机的三维人体跟踪研究还很缺乏，身体姿势和运动在单一视角下由于遮挡或深度影响而容易产生歧义现象，因此使用多摄像机进行三维姿势跟踪和恢复的优点很明显。同时，多摄像机的使用不仅可以扩大监视的有效范围，而且可以提供多个不同的方向视角以解决遮挡问题。很明显，未来的人运动分析系统将极大受益于多摄像机的使用。对于多摄像机跟踪系统而言，我们需要确定在每个时刻使用哪一个摄像机或哪一幅图像。也就是说，多摄像机之间的选择和信息融合是一个比较关键的问题。

随着人运动分析研究和其他相关技术的发展，下述几个方面将成为未来的研究热点：

（1）面部表情分析。人面部表情变化与人情绪变化息息相关，是人运动的"高级部分"，要形成以人为中心的下一代人机交互方式，就必然要求计算机除了能"读懂"人的肢体动作，语音信息外还要能读懂人的表情信息。在这方面美国卡耐基－梅隆大学已经建立了比较简单的自动面部分析 AFA（Automated Face Analysis）系统，IBM 提出了蓝眼睛计划，其主要目标是给电脑以人类的触觉、听觉和视觉感受，并进一步达到能够分析人类目光和表情，察觉人类情感的程度。其位于圣何塞 Almaden 的研究中心研究关于情感表情方面的计算机识别技术，已开发了一些基于眉毛和嘴角位置的"察觉效应"的算法。IBM 中国研究中心最新开发的"蓝眼睛"电子导购系统计划在近期投入实际使用。

（2）音频与视觉相结合的多模态接口。目前，计算机对人的语音信息的理解已经取得了较大的进步，但是在实际应用中对人的可视化信息的理解与语音信息的理解同样重要，研究者们正逐渐将语音与视觉信息集成起来以产生更加自然的高级接口。当前一些接口系统在视觉方面仅仅做了如脸的表情、身体姿势等的大尺度分析，但还不能分析大多数人的正常姿势。为了完成优化尺度和广域的分析，可以寻求准确实时的多摄像机的信息融合方法，以便机器更好地理解人的通信行为。目前音频和视频的信号处理相对独立，如何更好地集成音频和视频信息用于多模态用户接口是一个严峻的挑战。

（3）人运动分析与生物特征识别相结合。目前远距离的身份识别已经越来越重要，比如 2000 年 DARPA 赞助的重大项目——HID（Human Identification at a Distance）计划。目前的研究主要集中在人的脸像识别、步态识别或特定行为的识别。近距离时一般可以通过跟踪人脸来加以身份识别。如果是远距离的监控，脸的特征可能被隐藏，或者分辨率太低不易识别，然而进入监控领域的人的运动步态是可见的，这激活了步态作为一个独特的生物行为特征应用于人的身份鉴别。由于人的步态具有易于感知、非侵犯性、难以伪装等优点，近来已引起了计算机视觉研究者们浓厚的研究兴趣。

（4）人的行为理解与自然语言描述。人的行为理解与描述是需要引起高度注意并且是最具挑战的研究方向，因为观察人的最终目标就是分析和理解人的个人行为、人与人之间及人与其他目标的交互行为等，如 VSAM 项目的子系统 W4 系统可以分析人是否携带物体、放置物体、交换物体等简单的行为。目前，人的行为理解还是集中于人的跟踪、标准姿势识别、简单行为识别等问题，如人的一组最通常的行为（跑、蹲、站、跳、爬、指等）的定义和分类。近年来，利用机器学习工具构建人行为的统计模型的研究有了一定的进展，但行为识别与自然语言描述仍旧处于初级阶段，其难点在于特征选择和机器学习。目前，用于行为识别的状态空间方法和模板匹配方法通常在计算代价和运动识别的准确度之间进行折中，故仍需要寻找和开发新的技术以利于提高行为识别性能的同时，又能有效地降低计算的复杂度。另外，如何借助于先进的视觉算法和人工智能等领域的成果，将现有的简单的行为识别与语义理解推广到更为复杂场景下的自然语言描述，是将计算机视觉低、中层次的处理推向高层抽象思维的关键。

人运动视觉分析已经成为计算机视觉领域一个重要研究领域，在智能视觉监控、虚拟现实、高级用户接口和身份识别等方面的应用前景引起广泛的关注。1998 年 Science 期刊中就发表有关于人视觉分析的文章，同时 ISI 公司的著名 ESI 最近将人面部识别研究列为信息科学前沿研究热点。在这些研究中，其中面部表情分析和人行为理解与描述研究主题，将成为未来研究的前瞻性领域，它将是计算机从"looking at peolpe"向"understanding people"转变的关键所在，其中智能视觉监控、身份识别、虚拟现实等研究主题的局部应用前景已经逐渐浮出水面，但依旧处于基础性研究阶段。

四、一种步态特征识别的方法

目前，步态的识别方法较多，以下介绍的方法具有一定的代表性，并能就此得到新的启发。

1. 特征提取

（1）步态检测与跟踪。

（a）背景建模

在计算机图像跟踪分析中，一般来说，是从图像序列中恢复背景图像，具体做法是：

令 I 表示一个具有 N 帧图像的序列，则背景图像 B_{xy} 可表达为

$$B_{xy} = \min_q med_t \ (I_{xy}^t - q)^2$$

其中，q 是像素 (x, y) 处待确定的灰度值。

（b）差分与二值化

亮度变化常常通过当前图像和背景的差分来获得。然而，二值化阈值的选择却是非常困难的，尤其对于那些低对比度的图像，由于亮度变化太低而难以从噪声中将运动目标完全地提取出来。采用下述函数来间接执行差分操作：

$$\begin{cases} f \ (a, \ b) \ = 1 - \dfrac{2 \ \sqrt{(a+1) \ (b+1)}}{(a+1) \ + \ (b+1)} \cdot \dfrac{2 \ \sqrt{(256-a) \ (256-b)}}{(256-a) \ + \ (256-b)} \\ 0 \leq f \ (a, \ b) \ < 1, \ 0 \leq a \ (x, \ y), \ b \ (x, \ y) \ \leq 256 \end{cases}$$

其中，$a \ (x, \ y)$ 与 $b \ (x, \ y)$ 分别是当前图像和背景图像在像素 $(x, \ y)$ 处的亮度值。该函数可根据背景图像的亮度来检测其敏感性变化。对于每幅图像 Ixy 而言，通过二值化该提取函数来获取当前图像中的变化像素。

（2）后处理和跟踪。研究与实践表明，当前还没有一个检测算法是完美的，因此我们使用形态学算子进一步滤除噪声和填充小的空洞，并且执行连通分量分析来提取一个单连通的运动目标。为了减小分割误差，我们又执行了一种基于轮廓边缘相关的配准方法以进一步跟踪前景区域。一个步态检测示例如图 9－10 所示。

（3）轮廓特征描述。确定行人内在运动的一个重要线索是人体轮廓形状随着时间的变化。为了去除信息冗余度及减少计算复杂度，将二维轮廓形状变化转换为一维的距离信号来近似表达步态运动的时空变化模式，其过程如图 9－11 所示。

（a）质心计算人的运动区域获取以后，基于连通性的边界跟踪算法用于获取它的轮廓，同时，可计算它的质心。

图 9-10 步态检测示例

$$x_c = \frac{1}{N_b} \sum_{i=1}^{N_b} x_i, \quad y_c = \frac{1}{N_b} \sum_{i=1}^{N_b} y_i$$

其中，(x_c, y_c) 是质心坐标，N_b 是边界像素总数，(x_i, y_i) 是边界上的像素。

（b）边界展开：选定头顶边缘点作为参考起点，我们沿逆时针方向将像素点到质心的距离所组成一维信号。

$$d_i = \sqrt{(x_i - x_c)^2 + (y_1 - y_c)^2}$$

（c）归一化

为了消除图像尺度、信号长度对于训练和识别过程的影响，我们分别使用 L-泛数和等间隔采样方法对该信号进行了幅度和长度上的归一化。

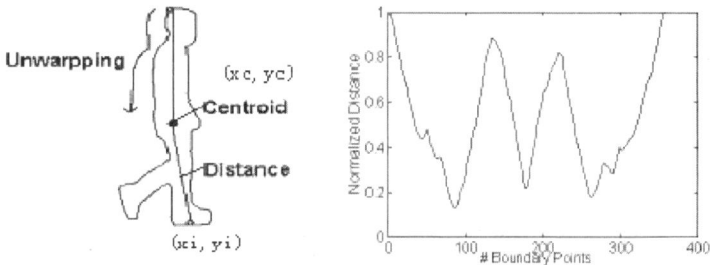

图 9-11 轮廓边界解卷绕示意图及归一化的距离信号

（4）特征空间变换。

（a）训练过程：给定 s 个训练类别，每个类别代表某个人的步态模式所形成的一个距离信号序列。令 $D_{i,j}$ 是类 i 的第 j 个距离信号，并且 N_i 是类 i 的距离信号数，则总的训练样本数为 $N_t = N_1 + N_2 + \cdots + N_s$，整个训练集为 $[D_{1,1}, D_{1,2}, \cdots, D_{1,N_1}, D_{2,1}, \cdots, D_{s,N_s}]$，其均值和方差矩阵为

209

$$m_d = \frac{1}{N_t} \sum_{i=1}^{s} \sum_{j=1}^{N_t} D_{i,j}$$

$$\sum = \frac{1}{N_t} \sum_{i=1}^{s} \sum_{j=1}^{N_t} (D_{i,j} - m_d)(D_{i,j} - m_d)^T$$

如果矩阵 $\sum$ 的秩是 N，则利用奇异之分解理论，可得到 N 个非零特征值 λ_1，λ_2，…，λ_N 及其对应的特征向量 e_1，e_2，…，e_N。一般而言，前面几个较大的特征值对应的特征向量相应于训练模式的较大变化，而高阶的特征向量则代表较小的变化。出于对存储和计算的有效性考虑，对特征值的累积方差曲线使用阈值 T_x 来忽略那些小的特征值，及其对应的特征向量。选择 $k < N$ 个最大的特征值所对应的特征向量，可构建出特征变化矩阵 $\{e_1, e_2, …, e_k\}$．

（b）特征空间投影

每个距离信号 $D_{i,j}$ 在特征空间中被投影为一点 $P_{i,j}$

$$P_{i,j} = \begin{bmatrix} e_1 & e_2 & \cdots & e_k \end{bmatrix}^T D_{i,j}$$

每个步态序列相应在特征空间中呈现为一个轨迹。可见，特征空间分析极大地减少了样本数，它仅需保留 k 个最有效的主特征分量表达原始样本。对于每个步态序列而言，其对应的距离信号序列在特征空间中的投影质心为

$$C_i = \frac{1}{N_t} \sum_{i=1}^{N_t} P_{i,j}$$

2. 步态识别

（1）相似性度量。

（a）时空相关：步态是时空运动，故在分析时采用时空相关 STC（Spates – temporal Correlation）更好地捕捉它的空间结构特性及时间平移特性。

对于任意两个步态序列，首先在预处理阶段被转换为距离信号序列 $I_1(t)$，$I_2(t)$，它们在特征空间中的投影轨迹 $P_1(t)$，$P_2(t)$ 分别为

$$P_1(t) = \begin{bmatrix} e_1 & e_2 & \cdots & e_k \end{bmatrix}^T I_1(t), \quad P_2(t) = \begin{bmatrix} e_1 & e_2 & \cdots & e_k \end{bmatrix}^T I_2(t)$$

则它们之间的相似性度量可定义为

$$d^2 = \min_{ab} \sum_{t=1}^{T} \| P_1(t) - P'_2(at + b) \|^2$$

其中，$P_2(at + b)$ 是 $P_2(t)$ 相应于时间深缩和移位而动态规整的向量

轨迹。参数 a 与 b 的选择分别依赖于不同序列之间速度的变化和相位的不同。令 f_1 与 f_2 分别代表两个步态序列的行走频率，则 $a = f_1/f_2$，而 b 一般不超过一个完整的步态周期。从 $P_2(t)$ 中选择长度为 f_2 的子序列，通过 a，b 的时间调整，可以计算与 $P_1(t)$ 的时间相关性，其最小值决定了它们之间的相似度。

步态周期性分析过程如图 9-12 所示，此处利用了"周期信号与其自相关信号有着相同的周期性"的特点。行人被连续跟踪若干帧后，它的时空参数能够被准确估计，这里选择运动轮廓的宽高比信号来加以分析。对于输入序列而言，经过步态检测与跟踪可以获得运动轮廓的宽高比信号（第 1 行）；去除它的背景成分（减去均值/方差），并使用对称均值滤波器进行平滑（第 2 行）；然后计算它的自相关信号（第 3 行）；最后计算它的一阶微分信号（第 4 行），通过寻找正向过零点发现其峰值位置（第 5 行）。由于步态的对称性，在自相关信号每两个主峰之间会出现一个次峰。故我们估计实际的步态周期（两步）作为所有两个主峰之间的距离的平均。

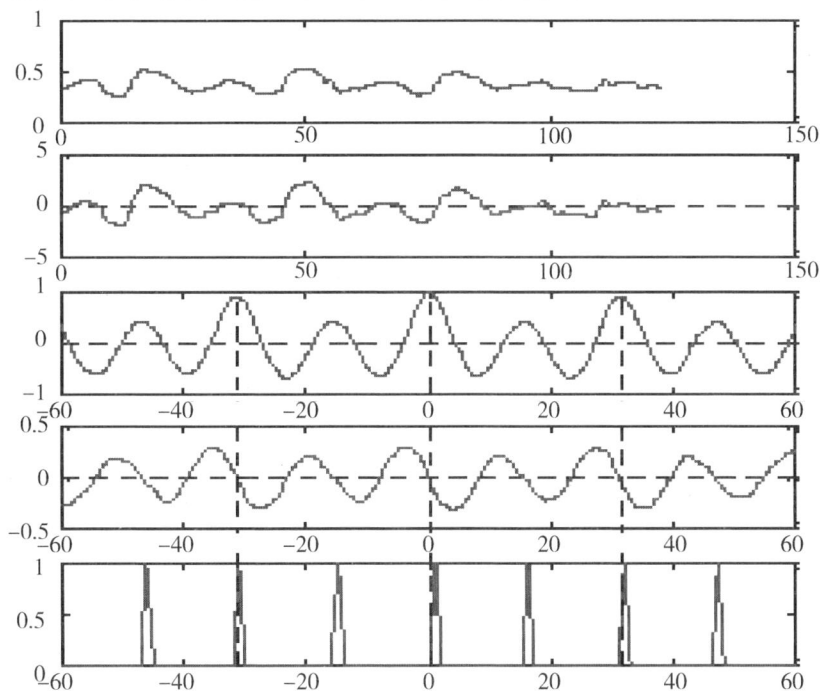

图 9-12　步态周期性分析

（b）归一化欧氏距离：考虑到时间的移位和伸缩，则时空相关的计算代价将迅速增加。这里，我们也尝试了利用投影质心之间的归一化欧氏距离 NED（Normalized Euclidean Distance）来度量序列之间的相似度。假设两个序列的投影轨迹分别为 $P1$（t）与 $P2$（t），则很容易获得它们的投影质心 $C1$ 与 $C2$

$$C_1 = \frac{1}{N_1} \sum_{t=1}^{N_1} P_1(t), C_2 = \frac{1}{N_2} \sum_{t=1}^{N_2} P_2(t)$$

每个投影质心间接表达了该类的一个主轮廓形状，它反映了步态模式的结构化模型。其归一化欧氏距离可定义为

$$d^2 = \left\| \frac{C_1}{\|C_1\|} - \frac{C_2}{\|C_2\|} \right\|$$

通常情况下，选择 d 的最小值作为分类的结果。

对于同一人相同条件下获取的多个序列，通过进一步平均那些序列的投影质心，我们可以获得它的标本投影质心（Exemplar Projection Centroid）来代表那个类的模板。这样的标本质心在实验中已得到了较好的应用。

（2）分类器。实验中选择了比较简单的模式分类技术，即最近邻分类器（NN，the Nearest Neighbor Classifier）与最近标本分类器（ENN，the Nearest Neighbor Classifier with respect to Exemplar）。对于 NN 测试，每个序列被分类到离它最近的邻居所属的类中。对于 ENN 测试，每个序列被分类到离它最近的标本所属的类中。毫无疑问，更加成熟的分类器将对识别性能更加有效，但这里的目的，仅是为了观察所提取的步态特征的可分性。

目前，在步态识别研究中，大都集中对识别算法的设计，尽管识别算法的种类繁多，但都很难在实际中加以应用。并且，步态识别的前提需要建立一个步态数据库；否则，步态识别将会失去意义。

在构建防抢劫运钞系统过程中，我们发现，如果能够通过视频监控系统对人体的异常运动进行识别，就能真正达到智能监控的目的。

第三节　基于大数据与多元化治理的犯罪防控模式

一般来说，人口与犯罪统计的来源主要有两个：一是通过"110"报警

实时记录的案件数据；二是依据地区公安"打防控系统"中录入的受理刑事案件数据。前者是公认的较为真实、准确反映社会治安状况的数据来源，但由于这类数据录入内容相对简单，往往难以准确地反映案件信息，无法进行精确的犯罪分析。从程序上讲，通过"打防控系统"录入的数据应该是真实完整的，但在实践中，由于种种原因，该系统中的案件数据量相对实际发案数存在一定程度的"缩水"。就个案而言，由于该系统设计的案件录入格式完整且符合规范，较完整地反映了案件发生的整个过程和基本要素。因此，本节将以犯罪案件大数据采集为基础，采用多元化治理模式建立人口与犯罪防控模式。

一、数据获取与区域选择

（一）犯罪数据获取

本节以某地区发生的侵财型案件为例，将每年每个季度的第一个月发生的全部侵财型案件为样本，共抽取了 1、4、7、10 四个月该地区发生的侵财型案件共 2050 起。研究认为：采取该抽样方法和数据采样量，能够反映出不同季节、不同时间段的犯罪特点和规律，从样本的数量和分布看，对研究该地区各个治安辖区"侵财型"案件的分布规律，可以满足人口与犯罪的信息分析条件。

（二）犯罪区域的选择

1. 犯罪区域选择的基本原则

犯罪区域分析是防控策略建立的基础。经过调研发现，该地区具有较多的犯罪区域，尽管在平安城市建设方面已取得一定成绩，但城市治安状况仍有待进一步改善。调查中，仍有一定比例的群众反映所在小区在近一年内发生过一次以上的杀人、抢劫、绑架等恶性暴力事件；受访者或其家人在一年内遇到过一次以上上门诈骗或入户盗窃的事件；有相当比例的居民表示在夜里不敢单独在外行走，在外出时会担心家中财物被盗。综合居民最担心受到不法侵害的地方，位列前四的依次是：商场或集贸市场、公共汽车或长途汽车、住宅周围、娱乐场所。如何选择这些区域呢？从犯罪案件发生的特点来看，犯罪区域的选择一定要遵循一定的原则，可以概括为如下几点：

（1）物理因素原则。犯罪率较高的区域大多位于重工业区或商业区，或是毗邻的区域。这些区域内的废弃建筑物数量多，并且由于工商业侵入导致可供居住的建筑越来越少，居住人口亦随之变少，邻里关系更显薄弱。

（2）经济因素。经济状况最差的地区，其犯罪率最高。这些区域的租屋户比例高、自有房屋的家庭数较少，需接受社会福利救助的家庭比例偏高。

（3）人口组合。人口密度高、人口移动率高、流动人口比例高的地区，由于空间上过于拥挤、组成分子复杂，文化差异甚大，较难以凝聚社区意识，伦理道德亦无法规范个体行为，犯罪率较高。

（4）新成员加入。当都市的某区域加入新成员时，该地区的共生关系就被破坏，形成所谓的过渡区域，亦即该地区的邻里关系发生改变，居民不再认同它，减弱邻里关系对青少年的控制，而形成犯罪次文化。研究认为这种犯罪区域本身似乎具有导致犯罪发生的作用，当一批新的外来人口进入或另一批外来人口移出过渡区域时，过渡区域内的犯罪率仍然很高。但当原先在过渡区域的居民迁移至新的区域时，新的区域内的犯罪率并没有随之增加，这说明了犯罪率的增降与群体特征无关。

2. 犯罪区域分析

（1）指标选择。我们选取该地区的三个区（A 区、B 区和 C 区）具有代表性的居民聚居地作为样本点进行实地走访，分别针对动拆迁户、来市人口聚居区、传统城区以及商务楼宇四种类型，并发放 1000 余份问卷进行抽样调研，掌握大量的第一手材料，然后利用 SPSS 统计软件对调研所得数据进行分析、归纳和整理。为能掌握犯罪热点的空间区域特性，本研究根据日常生活理论与社会解组论，以 2010 年第六次人口普查资料与其他相关资料产生 16 个自变项，以社区犯罪率作为因变量，建立治安案件区位的回归模式，探究犯罪区域的特性，找出可能影响犯罪的社经人文环境因子，提供犯罪防治工作的决策参考。

本研究首先观察 16 个变项与各个区域犯罪率的相关程度。由于具有监控器密度的社区仅有 168 个，故本研究的相关分析仅使用 168 个社区作为样本。高教育程度人口比率与社区犯罪率的相关程度最高，达 0.499，呈现正相关，且具有显著性。重点人口、流动人口比率的相关程度次高，达 0.411 和 0.387，呈现正相关，亦具有显著性。建地密度、单亲家庭比率、餐饮娱乐场所比率、路网密度和单身户比率的相关程度均超过 0.1，均具有显著性，人口密度、餐饮娱乐场所比率、离婚人口比率、监视器密度、低教育程度人口比率等的相关程度均低于 0.05，且均不具显著性。

表 9 - 2　治安辖区犯罪案件相关信息分析表

犯罪理论		变　量	定　义
日常生活理论	犯罪机会	道路密度	所有道路总长度（km）÷总面积（km²）
		人口密度	总人口数÷总面积（km²）
		建地密度	总建地面积（km²）÷总面积（km²）
		餐饮娱乐场所比率	场所数÷总户数×100%
	安全防范措施	住宅租赁户比率	住宅租赁户数÷总户数×100%
		单身户比率	单身户÷总户数×100%
		20~60 岁人口比率	20~60 岁人口÷总人口数×100%
		重点人口比率	重点人口数÷总人口数×100%
		流动人口比率	流动人口数÷总人口数×100%
		监控器密度	监控器数÷总建地面积（km²）
	目标吸引性	高教育程度人口比率	大专以上教育程度人口数÷总人口数×100%
		私有房产户比率	私有房产户数÷总户数×100%
		私家车户比率	私家车户数÷总户数×100%
社会解组论		离婚人口比率	离婚或分居人口数÷总人口数×100%
		单亲家庭比率	单亲家庭数÷总户数×100%
		低教育程度人口比率	小学以下教育程度人口数÷总人口数×100%

结合上节治安危机感受理论，使用逐步多元线性回归分析，以 16 个变量与里犯罪率建构线性回归模式，最后进入回归方程式的预测变量共有 6 个：高教育程度人口比率，20~60 岁人口比率，重点人口比率，监控器密度，建地密度，人口密度，其联合判定系数为 0.426，即这五个变量能联合预测出里犯罪率 43.6% 变异数。

（2）群众访谈。为了验证犯罪数据分析的可靠性，探讨影响犯罪的主要因素，了解社区居民对本区域治安状况的观点和建议，选择访问法对社区群众进行信息采集。具体的步骤是：设计研拟访谈提纲，采用深度访谈法进行个别互动与讨论，受访者有犯罪热点地区附近的居民，也有具有社区警务经验的警察，每次个别访谈时间均不超过 30 分钟。讨论提纲如下：

①目前您所知道的区域内犯罪的分布形态与发生原因。

②就您所知道的，犯罪通常发生在什么时间？

③区域内可曾采取防治作为？有无成效？

犯罪分布与人口结构的相关程度，多数受访者认为自己所在区域的犯罪空间分布与外来人口相关。

样本 A 认为：本区属于人口流动区有快捷公交经过，有交通要道，所以窃盗的发生形态很固定，也没有什么特殊的模式，都是人来人往造成的。

样本 B 认为：交通的便捷与往来人口流量大是重点。人口很多，但是已经不像以前那么容易认出熟面孔。大家都不认识的话，有歹徒混在里面，进入小区大楼，也不会知道。

3. 数据讨论和分析

通过前面的数据分析，某市犯罪区域可以遵照如下的排序确定治安危机区域：

A：受教育程度较低的区域；B：年轻人比例较大的区域；C：流动人口较密集的区域；D：建筑面积密集区域；E：人口密度大的区域。

二、地区犯罪的空间、时间分析

以某地区两抢犯罪数据为基础，分析该地区两抢犯罪的空间与时间特征，分析结果如下：

（一）两抢犯罪空间分析

以空间自相关分析两抢犯罪空间分布，可以据此获得严谨统计支持，证明犯罪在空间中是否有群聚的现象，以及聚集程度及定义犯罪显著冷点、热点的分布，这是早期将犯罪点标示在地图上分析和社会统计分析无法获得的信息。为进一步了解影响两抢案件热点分布的原因，本研究也探讨了空间、社会、时间等因子对抢案热点分布是否有显著影响力。有关两抢犯罪空间分析的重要结论包括：

（1）两抢犯罪的分布有显著群聚现象。某市 2005—2009 年平均全天的空间群聚程度之关系为 0.36，白天抢夺犯罪的群聚程度大于晚上（白天 I = 0.43 > 晚上 I = 0.25）。

（2）白天和晚上的显著热点分布与日常活动有关。白天显著热点主要集中在商住混合区，且银行密度和批发零售业密度对白天的犯罪热点分布有显著正向影响力。晚上的显著热点则转移到夜市商圈地区，且娱乐业密度和餐饮业密度对晚上的犯罪热点分布有显著正向影响力。由此可知，两抢犯罪发生会随着消费人潮的活动形态而改变。

（3）社会因子（人口密度、警力强度）对街头抢夺犯罪热点之分布无显著影响力。空间因子（道路便捷度、批发零售业密度、餐饮业密度、娱乐业密度、银行密度）及时间因子（2000 年、2001 年）对两抢犯罪热点分布有显著影响力。在空间因子部分，道路便捷度不论对全天、白天或夜晚的街头抢夺犯罪热点分布的影响力都是最大的，且道路便捷度越高的地区成为两抢犯罪热点的机会越高。

（二）两抢犯罪时间分析

本研究以卡方适合度考验来检定犯罪时间分布是否有差异，可以弥补频率分析只能显示犯罪发生最多的时间，而不能证明时间分布是否差异的问题。并以卡方独立性考验来检定犯罪时间分布与假日和非假日、不同土地使用形态之间的关系。本研究还运用"四分位分钟法"分析每日犯罪时间的趋势与犯罪时间距离，此方法为一简单又合理探讨与预测犯罪时间特性的方法，可为警方分析区域犯罪提供参考。由抢夺犯罪时间分析的结果来看，可知抢案时间分布特性与日常活动形态有关，有关两抢犯罪时间的重要结论包括：

（1）两抢犯罪在月份分布上有显著差异，且抢案偏好发生在 6—10 月份，而在 11 月份至来年 5 月份抢案发生率较少。且两抢犯罪在月份的分布特性与气温有显著相关性，相关程度为 68.3%。因此在最冷的 1 月份抢案发生最少，而在气候宜人的 10 月份抢案发生最高。

（2）街头抢夺犯罪在日别（星期日别、假日与非假日）分布上并无显著差异，这可能与抢夺犯罪者大多无业或我国商店营业时间在日别上差异不明显有关。

（3）非假日的犯罪时间中位数比假日早 45 分钟，且假日之抢案热时结束时间比非假日晚 30 分钟，这符合台湾大部分民众在假日通常会比非假日晚些起床，以及大多数百货商店结束营业时间在假日仅比平日延后约 30 分钟至 1 小时的情况。

（4）两抢犯罪在每日时段分布上有显著差异。在 18：00—23：59 抢案发生最多，其次是 11：00—15：59。每日两抢犯罪在 18：00 以后有急剧升高的趋势，且在 20：00 抢案犯罪发生数达到最高，此符合下班后消费人潮渐增之日常活动形态。

（5）两抢犯罪抢案在非交通尖峰时段发生率高于交通尖峰时段，这可能与交通尖峰时段街道上车流人潮多，而产生较高的自然监视性抑制了抢案发生，也有可能是拥塞的车流会影响其逃逸机会。

（6）两抢犯罪发生的每日四个时段分布与土地使用形态有显著关联。在下午时段抢案发生率最高，犯罪时间距离最窄，这可能与本区购物消费时间以百货公司营业为主，加上该地区居住人口密度低，且商住混合使用强度低，而使得该区犯罪时间距离最窄。在夜晚、凌晨时段抢案发生率最高，且犯罪时间距离最宽、中位数发生最晚，此犯罪时间趋势符合夜市营业时间较晚的特性。"商住混合区"在早上抢案发生率最高，抢案热时的起讫时间最早，也符合商住混合区以白天人们活动形态为主的情形。

（三）防范建议

根据本研究结果可提出几个实务上的建议，提供给公安机关、政府机关及都市规划者在预防犯罪上的一些参考建议，包括：

（1）该地区 LISA 群聚图可提供警察了解不同时段街头抢夺犯罪热点的分布，据此调整巡逻警力的分配，以及犯罪防控的计划。

（2）政府部门可从 LISA 群聚图知道哪一个里有较高的抢案发生，可帮助其决定预算或警力资源的分配。例如：编列预算装设路口监视设备。

（3）本研究发现道路便捷度越高、商业娱乐活动越强地区越容易成为街头抢夺犯罪热点地区。此结果意味着犯罪会随着土地开发与商业活动改变，因此，假如可以控制都市发展范围与商业活动的分布，应可抑制犯罪的扩张与分布，达到有效监控与预防犯罪的目的。

（4）街头抢夺犯罪倾向于发生在 6—10 月份，其中以 10 月份最高，且研究结果发现抢案与气温变化有关，因此建议辖区警察在气候温暖舒适季节里可加强警务巡逻次数，以增加道路见警率，遏止抢案发生机会。

（5）对于"市中心""夜市商圈""商住混合区"三个地区的犯罪热时

分别是：13：30—20：05、14：57—23：45、12：27—20：10，建议辖区警察在此时段内加强该地区巡逻。

（四）研究建议

本研究以该地区两抢案件为分析样本，在犯罪空间的研究尺度上可归类为大尺度实质环境空间分析。然而影响犯罪发生的因子是复杂的，且不同角度与研究方法所获得的研究结果也不尽相同，因此就本研究未能操作与顾及的层面，提出几点建议，供后续研究方向参考。

1. 运用长时期犯罪数据和空间自相关分析来探讨犯罪的趋势与模式

虽然本研究收集了 5 年的犯罪数据，但以长时间犯罪分析观点（如：10~20 年），可以更有效度地探讨都市发展和犯罪发生之间的关系与影响，或许也能找出某市 2009 年抢案呈现没有群聚现象的原因。

2. 不同尺度与形态的犯罪热点分析

犯罪空间分析在研究尺度上可分为宏观和微观两种，芝加哥学派的犯罪生态学和以城市或数个邻里范围的实质环境就是属于宏观的研究，而我们熟知的情境犯罪预防和环境犯罪学就是微观的空间犯罪研究范畴，有关犯罪热点也大多被认为是微观尺度的研究，但事实上，随着犯罪地图研究方法的发展，热点的分析可以是任何尺度的，从点到面均可。

本研究发现在抢案热点集中地区，经常呈现出显著冷点的状况，本研究推论可能与该地区有抑制犯罪发生的防范监视装置有关，因此降低或减少了该地区的犯罪发生机会。不过此推论仍需更严谨的证据支持，故建议可进一步分析犯罪分布与防范监视装置距离的相关性。

（五）对理论的评价

"日常活动理论"指出犯罪发生必须在时空上具备三种要素：具有动机的犯罪者、合适的目标物、现场没有足以抑制犯罪发生的监督；且有四个要素（VIVA）会影响目标物的受害风险：价值、惯性、可见性、可接近性。"犯罪形态"告诉我们，许多有关人们如何与实质环境，生产较多的犯罪机会或较少犯罪机会。"理性选择理论"假设犯罪者的犯罪行为是有目的，且会进行多项效益评估，并强调不同的犯罪形态有不同的目的，且也会受到不同的情境因素影响。

由上述三个犯罪发生的理论，我们可以清楚地知道，犯罪的发生并不是偶然或随机的，而是容易发生在某些时段与地点，因为时间与空间因素会让可能的受害目标物与犯罪者相遇，且监控能力的强弱也可能会受到时间与空间因素的影响而改变。例如：白天或热闹的街道自然监视性会较高，晚上或人烟稀少的街道自然监视性会倾向变弱。不过，以抢夺犯罪形态而言，热闹的街道代表着有适当及足够的受害目标物可供选择，而人烟稀少的街道则可能无适当及足够的受害目标物可供选择，而降低抢夺犯罪机会发生。由此可知，合适的目标物和自然监视性这两者因素，对犯罪发生与否存在着一种微妙的抗衡关系，但是这两者之间的关系程度为何？这是进一步研究的课题。有多少的活动人口是达到有足够的受害目标物可供选择，而未到抑制犯罪发生的自然监视性。根据合适的目标物和自然监视性这两者因素概念，本研究认为，不同的犯罪形态对此两者因素的要求程度或受影响程度会有差异。就以道路便捷度因子而言，前人研究结果显示，较高便捷值的道路的住宅窃盗犯罪率较低，是因为环境中有高度链接的道路系统，交通和人潮强化自然监控效果，并增加犯罪者犯罪行为的风险。但本研究结果发现，道路便捷度越高的地区成为两抢犯罪热点的机会越高，由两抢犯罪行为的特性可知，例如对于抢夺案件主要以骑乘机车犯案，主要以暴力趁人不备、不及抗拒而掠取财物，由此可推论街头抢夺犯罪行为较重视目标物的可接近性及是否可从犯罪现场迅速离开，从许多抢案事件报道中，抢案越来越多是发生在白天或人多的地方，抢匪似乎并不在意街上人们的眼光。不过，街头抢夺犯罪者也不是完全不在意被看到，因为大多数的抢夺犯罪者会戴全罩式安全帽；或是偷机动车来行抢或事前将车牌处理过，或许他们或多或少还是顾忌街上的眼光，当然也可能是担心行抢后逃逸受到交通拥塞的影响。

国外许多文献指出，商店和加油站抢案发生最多是集中在晚秋和冬天，其解释原因可能为冬天白日较短、黑夜较长而导致犯罪发生数增多，而寒冷与黑夜的街道通常车流人潮较少，自然监视性相对较弱，因此，增加商店被抢风险。但本研究发现街头抢夺犯罪发生与气候温度有显著正相关，即抢案偏好发生在温暖与较热的月份，而在天气寒冷的月份抢案发生率较少，此结果与许多暴力犯罪、人与人之间冲突的犯罪在温暖或较热的月份期间会增加的研究结果一致。由此可知，抢人和抢商店的犯罪行为对于街道上自然监视性的要求并不相同。另外，本研究也发现，抢夺犯罪显著热点倾向集中在商住混合区，银行和批发零售密度对白天抢案热点分布有正向影响力，娱乐业和餐饮业密度对晚上抢案热点分布正向影响力，由此可知，哪里有较多的受害目标物可供选择，抢案就容易发生在那里。因此，有无足够与合适的受害目标物对街头抢夺犯罪形态而言是重要的，而是否有抑制犯罪发生的监控力的要件对抢夺犯罪者而言，似乎是较不在意的，且是可以克服的。

根据前述，本研究将受害目标物分为"可移动之人"和"不可移动的建筑物"，并延伸解释与定义：当犯罪的受害目标物是不会移动的（如：商店、加油站、住宅、汽车……），此类型的犯罪的发生比较重视周边环境是否有阻碍犯罪行为的因子（如：自然监视性），因此在缺少人流活动的冬天黑夜里较易发生商店抢案或住宅窃盗。当犯罪的受害目标物是会移动的人时，此类型的犯罪发生就比较重视有无适合的受害目标物，而自然监视性的影响力似乎相对变得比较不重要，因此暴力犯罪、街头抢夺犯罪发生会受到气候、设施形态和营业时间等影响，也就是会受到人们的日常活动形态的影响。不过本研究仍要强调，犯罪成因是复杂的，其涉及层面相当广泛，包括社会、家庭、个人、学校、环境等，并非少数研究可以直接解释与涵盖的，而本研究仅以空间和时间的角度分析两抢犯罪分布特性与可能影响其分布的原因。

三、地区治安监控的优化设计

（一）地区治安犯罪的监控分布特征

设置监控的最初目的是在重点部位发现犯罪嫌疑、固定犯罪证据。某市分别安装了街面治安动态监控探头 11 万个。通过监控比对后发现，只有少量案件与监控点是重合的，即少部分犯罪理论上可以被监控发现，但更多的案件与监控点并不重合，尤其是街面的盗窃车辆、盗窃车内财物、"两抢"等案件，由于此类案件空间分布很广，没有明显的热点。按照设计目的，市区 11 万多个监控点全部安装难以满足要求。日常调查中还发现，目前，主要由派出所负责对辖区犯罪进行全时空监控，派出所间的监控网络未实现互联互通，不仅无法对犯罪人员的行为活动进行全程监探，案发后对监控资料的调用也极为不便。在实践中，一方面由于监控设置不合理难以发现犯罪；另一方面，由于市区所有的监控未形成共通共享的网络，虽然有时监控已经发现了犯罪嫌疑人，并固定了外表证据，但无法判定其活动路线，加之街面案件等现场证据少、作案快、逃离快，极大降低了"由案到人"侦破案件的可能性，大大降低了监控设置的使用效能。

（二）基于犯罪热点区域的警力分布

根据以上分析，将罪犯活动的最大可能范围全部纳入考虑范围，根据犯罪可能性从低到高划分为：低犯罪区域、较低犯罪区域、一般犯罪区域、较高犯罪区域和高犯罪区域，见表9－3所示：

表9－3　犯罪热点区域分布

低犯罪区域	较低犯罪区域	一般犯罪区域	较高犯罪区域	高犯罪区域
中小学校	山林田野	工业企业	银行	居民住宅
党政机关	医院	交通运输工具	宾馆饭店	广场街道
科研单位	大专院校	公路	娱乐场所	商业场所

（1）分布原则。基于基本犯罪区域点，得到分布的重要程度（可根据实际情况增减）如下：

①如果基本区域点在高犯罪区域内，$\omega_1 = 5$，反之 $\omega_1 = 0$；

②如果基本区域点在较高犯罪区域内，$\omega_1 = 4$，反之 $\omega_1 = 0$；

③如果基本区域点在一般犯罪区域内，$\omega_1 = 3$，反之 $\omega_1 = 0$；

④如果基本区域点在较低犯罪区域，$\omega_1 = 2$，反之 $\omega_1 = 0$；

⑤如果基本区域点在低犯罪区域，$\omega_1 = 1$，反之 $\omega_1 = 0$；

⑥如果基本区域点附近交通便利，$\omega_1 = 1$，反之 $\omega_1 = 0$；

⑦如果基本区域点附近有符合受害人特征的人群，$\omega_1 = 1$，反之 $\omega_1 = 0$；

⑧如果基本区域点附近没有警察局或没有警察值班的区域，$\omega_1 = 1$，反之 $\omega_1 = 0$；

⑨如果基本区域点附近存在废弃工厂或其他无人建筑，$\omega_1 = 1$，反之 $\omega_1 = 0$；

⑩如果基本区域点附近存在操场、公园等夜晚无人区，$\omega_1 = 1$，反之 $\omega_1 = 0$；

⑪如果基本区域点附近不存在居民区，$\omega_1 = 1$，反之 $\omega_1 = 0$；

⑫如果基本区域点附近夜晚光亮度不好，$\omega_1 = 1$，反之 $\omega_1 = 0$。

（2）分布函数的建立。根据分布原则我们可以得到函数：$WF(d_j) =$

$\sum\limits_{i=1}^{12}\omega_i$，由此计算区域内各点权重，如果 $WF(d_j) > \dfrac{1}{3}$，称为犯罪热点；如果

$WF(d_j) > \dfrac{1}{4}$，称为犯罪次热点；其他称一般犯罪点。N_h 为犯罪热点个数，N_s

为犯罪次热点个数，N_g 为一般犯罪点个数。记 $N = N_h + N_s + N_g$，所以可得：

①犯罪热点警力部署的百分比：

$$P_h(d_h) = \frac{\sum\limits_{i=1}^{N_h}\omega_i}{\sum\limits_{i=1}^{N}\omega_i};$$

②犯罪次热点警力部署的百分比：

$$P_s(d_s) = \frac{\sum\limits_{i=1}^{N_s}\omega_i}{\sum\limits_{i=1}^{N}\omega_i};$$

③一般犯罪点警力部署的百分比：

$$P_g(d_g) = \frac{\sum\limits_{i=1}^{N_g}\omega_i}{\sum\limits_{i=1}^{N}\omega_i}.$$

四、基于自学习、自组织的警务模式

目前，许多地区对于犯罪防控问题的分析大都基于犯罪空间盲区的综合治理，并且，得到的分析结果已经在实践中得到证实。如果地区具有良好的犯罪空间盲区的综合治理经验，就为进一步开展城市空间盲区综合治理研究创造了条件。

在研究城镇化问题和城市犯罪空间防控的基础上，通过文献述评、代表性城市调研和典型案例分析，运用 GIS、空间句法和城市空间设计等技术，重点研究某市犯罪空间盲区的形成原因、构成、表现形式、存在机理和作用机制，不同类型空间盲区与犯罪之间的内在联系、导致犯罪的行为模式和作用，以及综合治理的途径、实施方案和措施。为城市规划、建设、管理以及工程设计等工作开展犯罪的空间防控提供理论依据、工作方案和技术规范，为清除可能存在的犯罪空间盲区隐患提供途径、工作方案和办法，为地区

"安全、文明社区"的建设、管理和发展提供依据和工作方案。

（一）犯罪空间盲区的区位分析

受不良区位因素的影响，空间盲区往往有着明显或潜在的防控缺陷，致使防控体系的各种力量难以发挥作用，从而形成给犯罪主体与受体的碰撞提供场所的空间载体，致使空间盲区成为潜在犯罪载体的区位因素是一个集成的综合体。可分为3个层次。

第一，外围层次因素：一是法律的完善程度及其制裁犯罪的效力；二是社会各部门、团体的运行、管理水平及其抵御犯罪的能力；三是公安机关防控和打击犯罪的效率；四是与罪犯或不良分子栖身的"问题区"之间的关系；五是各地区犯罪率水平把握。

第二，基础层次因素：一是社区的和谐程度、社团内聚力及居民邻里关系；二是专门治安机构和群众性治安组织的防控能力；三是土地利用结构和其他资源（例如信息、货币等）的利用方式；四是人口构成、人口素质和家庭阶层；五是建筑、设施以及其他开放空间的所有权结构和使用形式；六是建筑与建筑组团规划设计的安全质量，其他设施与营运系统（例如交通、金融、信息设施与营运系统等）的安全质量。

第三，直接层次因素：一是居民住户、团体和各类营运系统对本身和周围各种空间的了解与监控程度；二是由潜在的犯罪受体的吸引力和暴露程度所可能勾起的犯罪欲望的程度；三是潜在犯罪受体的安全技术保障措施；四是罪犯对潜在犯罪受体本身及周围环境的熟悉程度；五是实施作案的难易程度；六是案后消除犯罪痕迹和逃离现场的方便程度。

（二）研究角度

（1）充分考虑某市犯罪的特殊性，构建犯罪空间盲区综合治理的理论基础。地域空间狭小而又超负荷承载是某市最明显的特征。城市会因其固有的缺陷、人为的破坏和演化进程中难以回避的矛盾而成为人类社会所遭受的各种困扰充分表现之汇集地，城市犯罪就是在这种特殊环境中滋生的一种社会毒瘤。另外，在城镇化背景下，单就目前或不远的将来大部分人口要在城市生活而言，人类进步力量与犯罪现象的斗争将主要在城市展开。还有，在城镇化进程中产生的各种城市问题和城市环境中的各种消极因素造就了非常复杂的犯罪空间盲区，正是这些盲区为犯罪事件的发生提供了条件和可能，从而滋生出比乡村地区严重得多的城市犯罪问题。根据城市犯罪的特殊性，研究某市城镇化的进程、城市犯罪的特点与危害、犯罪行为主体的空间认知与空间特征，解决城市犯罪问题的法理基础等理论问题，才能为城市犯罪空间盲区的综合治理打下理论基础。

（2）分析某市犯罪的基本要素，研究犯罪空间盲区的形成原因、类型、表现形式、存在机理和作用机制。犯罪盲区对某市犯罪问题的影响主要通过其对犯罪基本要素的作用而显现出来，尤其是犯罪主体对载体的空间认知程度与判断往往成为犯罪行为是否发生的关键因素。因此，犯罪空间盲区的综合治理离不开对犯罪基本要素的研究。公共、非公共、边际、移动、虚拟等类型的空间盲区外在表现形式各异，内在存在机理不同，在犯罪事件中所起的作用更是多样而复杂。研究犯罪空间盲区的形成原因、类型、表现形式、存在机理和作用机制，为"综合治理"提供依据，打好基础。

（3）根据各类空间盲区的客观特征，研究综合治理空间盲区的途径、实施方案和措施。

（三）犯罪空间盲区综合治理的主要内容

（1）公共空间盲区的综合治理。各种公共设施和公共场所等城市公共空间，是城市公共社会赖以生存和运转的空间实体或空间依托。发生在这里的犯罪案件数量多、类型杂，且不乏大案、要案，造成的危害往往波及整个社会和公众，因此公共空间盲区的综合治理是一项重大的社会工程。其盲区治理应按封闭型公共空间（包括商业、文化、金融、服务、娱乐、交通设施等）、相对封闭型公共空间（包括校园、公园、体育场等）、非封闭型公共空间（包括街道、广场、集贸市场、绿地等）等分门别类各有侧重。

（2）非公共空间盲区的综合治理。私人院落和住宅、单元式公寓住宅楼、不对外开放的建筑设施和企事业单位，以及禁止一般人入内的"禁区"等非公共空间是最为贴近城市人个人生活与工作的空间实体，常常成为罪犯觊觎的目标，理所当然的是空间盲区治理的重点对象。非公共空间盲区的综合治理重视不同类型空间的社会共性问题，综合治理既要在有限的范围内进行，更要将其视为公共性的重大社会工程来做。治理途径有三：治理外部环境，治理内部环境，提高外部、内部环境的警戒能力。

（3）边际空间盲区的综合治理。不同功能分区、社区、街坊、企事业单位之间以及市区与郊区之间的过渡地带等城市边际空间，在城市空间的变化与发展中发挥重要作用。边际空间内不确定、不稳定、不安定因素多，空间控制能力弱，社会内聚力弱，往往形成不良分子滋生、啸聚、为非作歹的城市"问题区"甚至犯罪高发区（点）。边际空间盲区的综合治理对城市内区际空间关系的调整和城市周边的理性扩展有重要意义，因而是城市犯罪空间防控的一项特殊任务。边际空间盲区特殊的位置关系决定了其盲区治理应由有关的各方共同负责，但由于这里实施空间防控的难度较大，盲区治理必须强调集中性和强制性，并统一协调各种要素的存在与发展状态。

（4）移动空间盲区的综合治理。移动空间包括公（私）车辆、客运列车、民航班机、客运轮船等城市公共或非公共交通工具空间，是城市人和物发生空间位移时的主要载体，与每个城市人的活动都有十分密切的关系。移动空间服务面向广，内部空间狭小，乘客缺乏有效的组织，自身防控力量不足，空间区位不断变化，以及营运中与外部环境相对隔离等状态，使得其产生盲区的因素比较多，针对乘客以及交通工具本身的犯罪已成为城市的一大公害。移动空间的相对独立性要求其盲区治理必须以交通工具为单位独立进行，以加强内部防控为主。

（5）虚拟空间盲区的综合治理。电子音像、文图、凭证、邮电通信和电脑网络等虚拟空间是承载信息资源和信息运动的一种特殊的空间形态，已深入到现代城市生活的各个领域。虚拟空间的易侵害性、所载信息资源的高价值性、信息智能转化的可操作性、作案的隐蔽性以及案发时间的滞后性等，使得盲区的产生防不胜防，虚拟空间犯罪越来越猖獗。对虚拟空间盲区实行有效的综合治理，是城市犯罪空间防控中需高度重视的新的斗争领域。由于虚拟空间的信息资源必须通过智能转化才能攫取，其盲区治理自然应以技术手段为主。但是再高明的技术离开了严密规范的管控也会漏洞百出，加强信息资源的管控也应渗透到盲区治理的各个环节中去。

（四）空间盲区综合治理研究的方法论

（1）技术路线。由三段组成（图9-13所示）：Ⅰ段，通过文献浏览和社会调查，研究城镇化背景下的城市犯罪的特点与规律；Ⅱ段，收集典型案例，在对案例实施定位勘察的基础上，使用GIS和空间句法技术，构建城市犯罪空间防控的理论框架，分析犯罪空间盲区的形成、表现、存在和作用；

Ⅲ段，使用 GIS、空间句法和城市空间设计技术，并通过综合归纳，提出空间盲区综合治理的途径、方案与措施。

（2）研究方法与关键技术。主要运用如下研究方法：一是文献法。二是代表性城市调研法与典型案例调查法相结合。三是定位、定性与定量分析法相结合。四是综合归纳法。

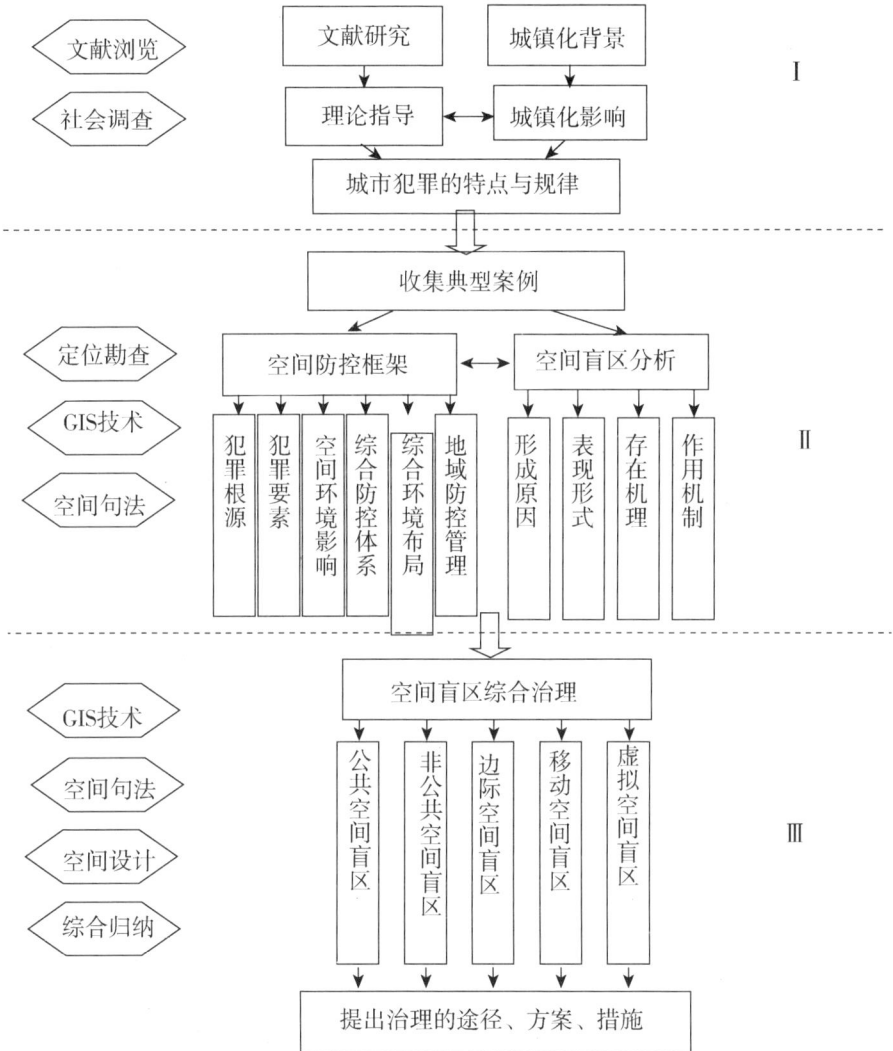

图 9－13　空间盲区综合治理结构

以下技术手段可在城市犯罪空间盲区综合治理研究中发挥关键性作用：

（1）GIS 技术。该技术可以充分应用于城市犯罪空间盲区的分析，尤其是更有针对性的空间数据的分析，同时也给空间盲区治理的图上作业和信息反馈提供了实验平台。

（2）空间句法技术。该技术主要用于研究城市空间形态结构，尤其是在揭示人的空间行为如何受空间形态影响方面有独特优势。自问世 20 多年来，在研究城市人流的分析与预测、居民受犯罪侵害的空间分布，以及城市空间导航中取得许多成功案例，是城市规划与设计的支撑工具。该技术可以在分析犯罪空间盲区和设计可防控空间中发挥独特作用。

（3）城市空间设计技术。该技术是介于城市规划与建筑设计之间的，广泛应用于城市小区空间布局、要素空间配置和空间景观设计的技术。在空间盲区的综合治理研究中，局部地段的重新布局、建筑之间空间关系的调整和局域环境的理性塑造等，都离不开空间设计技术，而且它也是图上作业的主要实验手段之一。

第十章

警务管理与资源优化配置

强调理论的重要性，且关注技术的可实现性，但是，没有人去实施也是一句空话。因此，警力资源管理的问题就显得尤为重要。

第一节　警力资源及其构成

"警力"一词在西方警学研究中一般有两层含义：一是指警方完成目标任务的能力；二是表现在警察机构的各个方面，如编制人数、预算、装备、训练、招募标准、采取的战略、警察忠实程度和责任感等。我国学者一般将警力分为狭义警力和广义警力两类。狭义警力，仅指警察队伍中的编制人数，即警察的数量。广义警力，指的是警察队伍的战斗力和完成任务的能力，包括编制、装备、训练、战术、策略与社会的关系等诸多方面。广义警力，实际上主要是指警察的质量及构成警察质量的各种要素。本章所使用的警力概念，不是单纯的狭义上的警力或广义上的警力，而是包含着两者的综合概念。因此，警力是能够凝成警察队伍完成任务能力的各种能量的总和。从这个意义上说，所谓警力资源，就是指能够为警力的形成提供能量的各种物质要素和非物质要素。

能够为警力的形成提供能量的各种物质要素和非物质要素是非常多的，物质要素如人、财、物（包含各种装备）等，非物质要素如制度、信息、精神和责任感等。但在警务管理实践中，警力资源的两大要素往往是相互交织在一起的，如非物质的精神和责任感要素不能离开物质的人的要素，因为离开人来谈精神和责任感是空洞的；物质的财物要素也不能离开非物质的制度要素，因为财物是死物，只有把其纳入制度管理规范才能真正发挥作用。正是基于这种认识，警力资源的构成应当包含四大方面，即人力资源、制度资源、物资资源和信息资源。

（1）人力资源。人力资源由警察的数量和质量组成。人是警察队伍的基本细胞，一定数量的人力是形成警力的第一条件，没有人什么事也干不成。但人也并非越多越好，在信息化日益发展的现代社会，"人多好办事"的观念已经过时，代之而起的应该是"人优好办事"。优，是指质优，即人的素质得到全面提高。没有高素质的警察，就没有高质量的警务管理和警务工作。人力资源是警力资源的核心，警力资源的优化配置，最直接也最重要的就是警察人力资源的优化配置。

（2）制度资源。制度资源包括体制资源和规范资源。体制资源主要是指公安组织体制、公安领导体制及其各种运行机制，它们能否有效运转，不仅直接影响警力资源的优化配置与否，而且直接关系到整个公安工作的大局。规范资源主要是指各种管理规范，如队伍管理规范、财务管理规范、装备管理规范等，这些管理规范是提升警力的最有力手段。制度资源是警力资源的关键，健全体制，完善管理规范，实现制度资源的优化配置，是警力资源优化配置的重中之重。

（3）物资资源。物资资源主要包括财力资源和装备资源。财力资源主要是各级财政拨给的公安经费。合理使用国家拨给的公安经费，财尽其利，是警力资源优化配置的一个重要课题。装备资源包括公安机关内部使用的一切物质装备，如办公设备、武器弹药、被服装具、器材设施、交通通信工具等。在警力资源优化配置过程中，要按照实用、够用的原则做到物尽其用，不要片面追求装备的现代化。物资资源是警力资源的保障，警力资源的优化配置，必须高度重视物资资源的优化配置。

（4）信息资源。信息资源包括信息的收集、传输和使用。信息的收集渠道是否通畅、收集的信息是否得到及时科学的处理，信息的传输是否快速、准确，信息的使用是否便捷、高效等都会对警力的强弱产生明显影响。在现代化条件下，警察离开了信息支持，将会寸步难行。反之，用信息化武装起来的警察则会如虎添翼。可见，信息资源是警力资源的纽带，在警力资源优化配置的过程中，大力强化信息资源的纽带作用，是提升警力的重要途径。

第二节　警力资源优化配置的理论基础

世界上万事万物都具有系统的特征。什么是系统？我国著名科学家钱学森认为，系统是由相互作用和相互依赖的若干组成部分结合成的具有特定功能的有机整体，这个系统又是它所从属的一个更大系统的组成部分。由此不难看出，构成系统必须具备以下三个条件：

（1）两个以上的要素。要素是指构成系统的基本单元，就是一个系统内相互联系的、能够反映系统本质的组成部分。形象地说，要素就是构成系统的元件、部件。简单系统可以由几个要素组成，复杂的大系统可包含千千万万个要素。要素与系统的关系是相对的。要素既是构成系统的基本单元，其自身又是一个相对独立的系统。每一个系统都是高一级系统的组成部分，即是高一级系统的要素。因此，要素也可以称为系统。例如，公安部相对于国务院来说，它是组成国务院系统的要素或子系统，但公安部相对于它的下属单位（如侦查、治安、交通、消防等部门）来说，它又是一个系统。由此可见，系统是分等级、有层次的，而每一级作为系统时，又都具有系统的一切特性。

（2）一定形式的结构。结构，是指系统内部各要素之间在空间和时间方面的有机联系与相互作用方式或顺序。系统通过结构使各要素组成一体，使各要素丧失自身的某些属性而转化为系统所特有的新的性质和功能。没有结构，要素就不能形成系统。

（3）特定的功能。功能，是指系统与环境的联系，即系统所产生的物质、信息、能量对其他系统所起的作用与影响。任何系统都具有特定的功能。没有功能，系统就没有存在的价值。对于管理系统来说，系统的功能体现了系统的目的。组建一个公安机关，是为了维护社会治安，保卫国家安全。总之，系统必须具有特定的功能，否则，就不能存在。

系统的含义和特征告诉我们，一切事物都具有系统的属性，而一切系统又都具有整体性。系统功能的大小取决于系统整体效应的大小。系统整体性原理的一个最重要的观点是，系统的整体功能不等于系统内诸要素功能的简单相加，而应该是大于部分功能之和。当然，整体功能要大于部分功能之和必须具备一定的条件。这个条件就是系统的合理结构。凡系统的结构合理，这个系统的整体功能就大；凡系统的结构不合理，该系统的整体功能就差，甚至小于部分功能之和。因此，作为管理者和领导者，要善于从系统整体性的观点出发，不断调节整体与部分、结构与功能的关系，使管理系统在动态中处于稳态，并创造条件向高层次发展，使系统整体功能不断优化。

　　警力资源的配置问题也正是一个管理系统的整体功能优化问题。因为警力资源体现在警务管理的具体要素上，它不纯粹是一个人力的使用问题，而是人力、物力、财力、制度、信息、时间和空间等诸多要素综合组成的系统。既然是一个系统，就存在一个系统要素的结构合理与否的问题，这个问题直接关系到警力资源系统功能的大小。因此，警力资源优化配置的本质要求就是系统要素的优化组合，使管理系统形成优良的结构，改善和提高公安系统的整体功能。系统是环境中的系统，当环境发生变化的时候，系统的结构和功能也会发生变化，警力资源系统也是如此。警力资源的优化配置不是一劳永逸的，它贯穿于警务管理整个过程中，因而警力资源优化配置是警务管理的一条基本规律，也是实现警务工作有效领导的基本途径。

第三节　警力资源优化配置的实践基础

　　警力资源是有限的，而公安工作是不断向前发展的，两者是一个矛盾。如何解决这个矛盾？显然不能靠无限制地、盲目地扩充警力来解决。解决之道只能是在合理增加警力资源投入的基础上，走优化配置警力资源，实现警力资源功能最大化的内涵式开发道路。

　　一个国家、一个地方警察的数量应以多少为宜，世界上没有统一的标准，也不可能有统一的标准。因为各国的社会治安形势以及一国各个地区的社会治安形势都是各不相同的。但衡量一个国家警察数量的多少，世界上有一个比较通行的指标，即警察数量与人口的比例。我国警察与人口之间的比例和美国、德国、英国、日本、加拿大等发达国家相比，仅为这5国平均值（25.9人/万人）的23%；与泰国、印度、朝鲜、巴基斯坦等发展中国家相比，是这4国平均值（14.35人/万人）的46%（如下表所示）。由此可见，我国警察数量与世界各国相比，是最少的国家之一。警力不足成为制约我国公安工作发展与提高的重要因素。

表 10 - 1　10 年前部分国家警察与人口比例情况表

国　家	平均每万人口中警察人数
中国	6.0
美国	27.9
德国	40.5
英国	24.6
日本	21.2
加拿大	21.7
泰国	26.6
印度	16.6
朝鲜	14.9
巴基斯坦	10.9
波兰	27.4
罗马尼亚	20.5
保加利亚	43.5

　　近 10 年来,西方国家的警察数量略有增长,但增长幅度不大。现在,西方国家警察数量和人口比例大体是 35 人/万人。但在同期,我国警察数量却有一个大幅度增长,警察数量和人口比例已经从 10 年前的 6 人/万人增加到现在的 13 人/万人,翻了一番多,警察总数已达 170 万多人。但实践证明,警察数量的严重不足尽管大大制约了公安工作的发展和提高,但警察数量的简单增加并没有必然带来犯罪率降低和社会治安明显好转。因此,至少可以得出两点结论:第一,增加警察数量有一定的限度。当一个国家的警察数量增长到一定幅度时,增幅就会逐渐放缓。况且,警察数量的增加离不开巨大的财政支出做后盾,这对我们这样一个人口大国来说,是难以承受的。试想,如果我国警察数量达到西方国家的万人比,那么我国警察数量将超过400 万人,这无疑将成为国家财政的巨大负担。第二,增加警察数量无法有效缓解警力资源的有限性和公安工作发展无限性的矛盾。因此,依靠增加警察数量的办法来解决我国警力不足问题是行不通的。

233

实际上，我国存在的警力不足问题绝不仅仅是数量上不足，更多的是表现为质量不足和管理不足。所谓质量不足，是指整个公安队伍的总体素质有待提高。据公安机关的最新统计数字表明，全国公安机关大专以上学历的人数占民警总数的比例尽管已达到了57.3%，但这个57.3%是有水分的，它是这几年各种形式的成人教育取得的成果，并不意味着民警的总体素质确实有了大幅度的提高。所谓管理不足，就是公安机关长期存在的警力配置与使用上的严重的警力浪费现象："人海战"和"疲劳战"；频繁动用警力从事各种非警务活动；警力配置呈"倒金字塔"形，基层警力严重不足，机关警力与基层实战单位人数之比严重失调和不合理等。因此，需要从两方面下功夫。第一，加大对现有警力的教育培训，切实提高他们的综合素质是当前警务管理的一项重要任务。第二，科学配置和合理使用警力，避免警力的不必要浪费，是今后提升警力的主要途径和手段。

总之，警察数量是有限的，但是通过科学管理，以警力资源的优化配置强化警力则是没有止境的。因此，实现警力资源的优化配置是有效解决警力资源有限性和公安工作发展无限性之间矛盾的必由之路。

第四节　管理中的几个重要问题

一、制度资源的优化配置问题

进一步理顺警务管理体制。进一步理顺警务管理体制是实现制度资源优化配置问题的关键所在。进一步理顺警务管理体制，必须在解决制约公安工作长远发展的体制性、机制性障碍上取得新的突破。主要有以下六个方面：

（1）必须明确完善公安管理体制的"四项任务"。一是认真落实城市公安分局、派出所由上级公安机关直接管理的规定，目前仍由所在地方党委、政府管理的，要尽快调整为由派出公安机关管理。二是完善公安机关内设机构人事管理制度。各级公安机关内设机构、派出机构的领导干部，由同级公安机关任免，按照干部管理权限应当由上级党委管理的，由公安机关提名呈报。三是在明确当地党委、政府对公安机关领导的同时，理顺上级公安机关对下级公安机关的领导和指挥关系。四是进一步明确公安机关的职能定位，规范上下级公安机关的事权划分，做到事权明晰、责任明确。

（2）必须落实改革公安工作机制的"四项措施"。一是有效整合警力资源，调整机构设置，逐步将县、市级公安机关的 110、119、122 三台合一，并进行交巡警合一试点。在中等城市进行减少机构层次的试点。二是加快引进和转化先进实用的科学技术成果，加快"金盾工程"建设步伐，建立跨警种、跨部门、跨地区的综合信息平台，实现信息共享。三是加强公安机关指挥中心建设，建立与有关部门的协作机制，制定应对各类重大事件的处置预案，形成信息畅通、指挥有力、手段先进、运转高效的指挥体系。四是充分运用社会资源维护治安，探索新形势下专门工作与群众路线相结合的有效实现形式。

（3）必须切实把公安基层基础工作放在优先发展的位置。把公安基层基础工作放在优先发展的位置不是一句空话，要把它落在实处，就要求各级公安机关从政策导向、制度设计、机制建设上切实向基层倾斜，逐步实现公安工作重心下移、保障下倾、警力下沉，增强基层实力，激发基层活力，提高基层效率，充分发挥基层的主动性。同时，要改革勤务方式，坚决纠正基层单位机关化倾向，让民警有更多的时间走向街面，进入社区，融入群众。要进一步强调把派出所建设置于基础性、先导性的位置，按照"人要精神、物要整洁、说话要和气、办事要公道"的要求，大力推进派出所的规范化建设，把派出所真正建成综合性的战斗实体。

（4）必须进一步完善公安经费保障机制。公安经费保障机制要按照收支脱钩、全额保障、突出重点、分步实施的原则，建立公安经费保障机制。一是研究制定公安机关经费开支定额、装备配备等标准，并按照事权划分的原则，由中央财政和地方财政分别予以保障。二是中央财政对中西部地区县级公安机关每年给予适当补助，弥补经费缺口，并建立相应的激励机制，调动地方财政予以配套支持。三是国家立项"两所"建设工程，安排专项国债资金，分年度专项补助中西部地区基层公安派出所、监管场所的建设费用。

（5）必须加强解决民警实际困难的制度建设。各级党委、政府和公安机关要从政治上、工作上、生活上关心爱护民警，努力解除民警的后顾之忧。要切实保护民警的正当执法权益，坚决支持民警依法履行职责。为此，要加快建立和坚决落实"四项制度"，即：民警年休假和体检制度、因公负伤快速救治制度、因公牺牲抚恤制度、因公伤亡保险制度。与此同时，要按照"高于地方、略低于军队"的原则，确定符合我国国情的、体现公安民警职业特点的工资待遇。要根据国家经济和社会发展水平，不断提高公安民警的岗位津贴、警衔津贴。

（6）必须进一步强化党对公安工作的领导。进一步加强党对公安工作的领导，可以采取两条措施：一是根据实际情况和干部任职条件，在领导班子职数范围内，有条件的地方逐步实行由同级党委常委或政府副职兼任省、市、县三级公安机关的主要领导。二是进一步完善公安机关领导干部管理制度，健全双重管理的程序规定，明确主管、协管的职责权限。任免公安机关党政正职领导干部，事先必须征得上级公安机关党委同意。班子其他成员的任免，仍要征求上级公安机关的意见。

二、进一步完善警队运行机制

警队运行机制是近几年公安组织机构改革的一项重要成果，是公安组织适应内外环境向前发展的具体体现。警队运行机制是在省级以下公安组织中，按照公安工作的职能分工和主要警种，将公安组织的基本业务部门按垂直关系由上而下设立总队、支队、大队和中队，从而形成直线型职能制的一种公安业务队伍管理模式。目前，实行警队运行机制的警种和公安业务部门主要有巡逻警察、交通警察、刑事警察、治安警察、禁毒警察、国内安全保卫警察和经济犯罪侦察警察等。

警队运行机制的建立是警力资源优化配置的一个良好平台。通过这个平台，有助于实现警务管理的科学化、公安组织结构的合理化和公安业务的工作现代化。首先，警队运行机制有助于警务管理的科学化。在警队运行机制建立之前，公安队伍管理和公安业务管理往往是相互分离的，管人的不管事，管事的不管人。警队运行机制建立之后，在公安组织基本业务部门的一定范围内实现了队伍管理和业务管理的相对统一。在警队运行机制下管人与管事有机结合，能有力地促进警务管理的科学化。其次，警队运行机制有助于公安组织结构的合理化。公安组织与一般行政组织相比，有较大的特殊性，它不仅是行政机关，而且是武装性质的准军事机关。为了提高公安机关对社会治安工作的主动权，提高公安机关依法行政的水平，提高公安机关的工作效率，必须从公安机关的特殊性出发，创制更加适合公安工作需要的公安组织结构。公安组织机构是警务管理的首要手段，如果其结构不合理，就难以有效实现警务管理的目标。警队运行机制的建立，使公安组织结构更趋合理化，从而促进了警务管理目标的实现。最后，警队运行机制有助于实现公安工作的现代化。现代科学技术的迅猛发展和社会经济、文化的不断繁荣，对公安工作的现代化提出了迫切要求。公安工作的现代化既要有大量的科技投入，更要有民警素质的提高。由于警队运行机制是在业务工作专门化的基础上运转的，它有利于各警队追踪专门业务工作的先进技术并促进它们在业务工作中的应用，这有利于公安工作的科技进步；同时，警队运行机制有力地加强了上级业务部门对下级业务部门的工作指导和经验总结，这有利于民警业务水平的提高。一句话，警队运行机制有助于实现公安工作的现代化。

当前，加强警队运行机制建设的重点是：第一，防止出现新的警队机关化倾向，严格按照战斗实体的要求强化警队的业务堡垒作用。第二，重点加强基层警队建设，在人员、装备、技术、待遇等各方面实行倾斜政策。

三、进一步健全派出所运行机制

健全派出所运行机制，应当以实施社区警务为平台，把派出所建设成为功能明确、警力充足、责任落实、群众满意的窗口单位。

（1）健全派出所运行机制要坚决实行社区警务制度，把社区民警的职责、任务确定下来，实现责任到人，建立以属地管理治安责任制为核心，管地、管人、管事三统一的派出所勤务运行机制。社区警务制度改革的重要问题就是要坚持公安机关全心全意为人民服务的根本宗旨，把关心群众、爱护群众、服务群众作为社区警务工作的核心。要寓管理于服务中，"得人心者治警区"，只有群众满意了，警务工作才能得到群众的欢迎和支持，我们的社区民警才不至于"孤军作战"，公安工作所需要的信息、线索就会源源不断，公安工作的措施也才能得到群众的谅解和支持，也才能建立起群防群治、连线成片、反应灵敏、措施有力的社会安全防控体系，实现"发案少、秩序好、社会稳定、群众满意"的派出所工作目标。

社区警务改革实践中出现的主要问题是：不同的社区所管辖的人口多少差异较大，治安复杂程度差异也较大。由于目前城市派出所社区的划分基本上是以社区居委会为单位来划分，而各个社区居委会的治安状况、人口情况差异较大，造成民警工作量大小差别很大，苦乐不均，影响了社区民警积极性的发挥，解决这个问题是社区警务改革的当务之急。各地公安机关只要深入实际，积极探索，相信一定能找出适合当地实际的解决办法，不断完善社区警务改革。

（2）健全派出所运行机制要坚决进行派出所组织运行机制改革。公安派出所组织运行机制改革与社区警务改革是相互促进、相辅相成的。因此，只有进一步实行派出所组织运行机制的改革，才有助于最终形成责任机制、考评机制、竞争机制、激励机制、监督机制五位一体的科学的社区警务运行机制。

公安派出所组织运行机制改革应主要做好以下几项工作：

第一，派出所组织运行机制改革的突破口应选定在"双向选择、竞聘上岗"上。在这个问题上，要进一步解放思想，允许民警在本局范围内流动，所长可以选择民警，民警也可以选择所长。同时，在定职定岗的基础上，通过分类划段，确定工作责任目标，实行招标竞聘上岗，从而使警力实现最佳配置，发挥出最大的效益。

第二，加快派出所组织运行机制的改革，建立起具有中国特色的派出所组织序列。实行实习警员、警员、副警长、警长、所长五级序列制，明确任务职责，实行分级管理，分级要求，各司其职，各尽其能，职能到位，权责到位，按级考核，择优升迁，促进人才脱颖而出。

第三，要切实落实"下管一级，所长负责制"。公安机关下管一级，实行所长负责制是党中央、国务院的决策，也是长期实践证明行之有效的公安组织管理体制。公安派出所是县（区）公安机关的派出机构，具有特定的法律地位与作用，必须实行行政首长负责制——即"所长负责制"，以利于这一最基层的战斗实体领导指挥的时效性和有效性。那种因为实行"高配置"而致使所长的任免连市级公安机关都无权决定的状况，或有的地方政法委直接插手派出所所长的任免等做法必须坚决纠正。

四、人力资源与防控警务

人力资源的优化配置是警力资源配置的重中之重。因此，要实现警力资源优化配置，一个重要方面就是要实现人力资源的优化配置。这必须重点把握以下几个方面：

一是要优化公安领导群体结构。公安领导群体是公安系统的核心要素，充分发挥核心要素的作用必须优化公安领导群体。现代公安领导群体在结构上不但应当优化、可以优化，而且确有客观规律可循，主要有：第一，"群龙有首"，即要选择好核心人物，在县（市、区）公安局和科、所、队，要选好行政和政工的正职。第二，优化组合，即把领导群体内的人数、年龄、专业、知识、智能、心理等要素按一定比例搭配好。第三，动态互补，即领导群体经优化组合后，在动态中通过专业互补、知识互补、经验互补、能力互补、性格互补、年龄互补等来实现动态优化，发挥出巨大的集体领导能量。第四，"新陈代谢"，即通过严格的考核，择优汰劣，能者上、平者让、庸者下。同时，培养好接班人，不断增添"新鲜血液"，保持公安领导群体的生机和活力。

二是要优化公安民警的横向结构。公安民警作为公安系统的一般要素，相互之间虽不存在"谁决定谁"的问题，但存在相互联系、相互渗透和相互制约的状况。他们能否"同舟共济"，协同配合，往往也关系到本系统整体功能的大小。因此，必须优化公安民警的横向结构。特别要强调在统一指挥下，各警种形成有机联系。同时，各部门平时工作要相互支持和相互配合，决不推诿扯皮；要一警多能、多用，联合作战，统筹兼顾，充分发挥系统的整体功能。当前，特别要解决好刑警、治安警、社区警、巡警、交警等几大警种之间的协调配合问题。近几年，各地都新增了不少警力，特别是新增了巡警这一新警种。但是，如何配置好这些新增警力，各地作了不少尝试，利弊各见。因此，如何进一步加强研究，不断优化新增警力资源的配置，仍然是一个迫切的重要课题。

三是要注意民警的数量和质量。一个理想的管理系统，要求要素在数量上保持一定比例，不多余、无欠缺，在质量上符合一定规格，无功能不足，无多余功能。人力数量不足，警察结构就残缺不全；人力质量不好，警察结构呈病态运转。根据质量互变规律可知，人力数量的变化可引起人力质量的变化。因此，我们不仅要注意系统内民警的合理分配，而且还要想方设法从系统外引进、吸收具有一定质量的民警。但是，民警的数量太多，质量过高，也会造成浪费，甚至有时多一个人就意味着多一个故障的因素。

四是要注意民警的岗位组合与结构的优化。警力配置的出发点在于建立一个合理的警察结构，其根本目的在于获取警察结构的最大整体效应，以发展公安事业。而要优化警察结构，一个关键在于民警的组合，没有好的组合，尽管民警的数量、质量都适当，但警察结构不能协调运转，其功能达不到最佳。组合要有高超的艺术，首先是组合者应当具有识才慧眼，用才之能。其次，组合时不可贪多求全，应当追求每个要素的适宜质量，使其精细搭配，扬长避短，以组合成一个充满活力、高效优化的警察结构。

五是要注意保持民警的进出通畅。人力资源的优化配置应该是在民警的合理流动中实现的。对民警实行动态调节，是为了造成民警在上下、前后、左右各方面的流动，是为了解决"有上有下、能上能下"的问题。但是一个单位或部门，其工作岗位有好、中、差之分，正是由于这方面因素的影响，有时就使民警出现该进的进不去，该出的出不来。出现好的岗位人满为患，差的岗位无人问津的现象。这样既伤害警察的积极性，也贻误公安事业。因而，为了保证民警的进出通畅，流动有序，必须从大处着手，进行宏观调控，制定完善一系列规章制度作保障。比如，大力推行聘用制，广泛实行计划调配与市场配置结合的人事制度等。

警力资源的优化配置并非是系统内各要素的优化组合问题，因为任何一个系统都是处在特定的环境中的。因此，实现警力资源的优化配置还必须致力于优化警力资源优化配置的外部。这其中主要是做好以下两方面的工作：

一是积极协调和争取党政领导和党政部门对警务工作的关心支持。警力资源开发涉及编制、经费、职级、待遇、提拔、奖励等诸多因素，积极主动地向当地党委政府请示、汇报工作，积极争取他们对本单位队伍管理工作的及时指导、关爱，积极争取他们的政策支持。只要这样，就能杜绝因进口不严、源头水浑而导致公安队伍鱼龙混杂、泥沙俱下的现象，就能缓解获得的政治、生活待遇低与付出的艰辛劳动多之间，以及装备落后与犯罪超前之间的矛盾，就能排除兵马已动、粮草难行的忧愁。

二是坚持走群众路线。公安工作的群众路线要求公安机关要团结一切可以团结的力量，要调动一切可以调动的积极因素。人民群众是改造社会、管理国家的主人，是公安工作的力量源泉。要善于联系群众，重视群众意见，倾听群众心声，让群众参与进来，得到群众的密切配合和大力支持。与此同时，还要善于把社会上各条战线、各个部门、各种团体，以及组织中有利于解决违法犯罪问题，有利于搞好治安行政管理的积极因素充分调动起来，综合运用于警力资源开发之中。这样，一方面可以减少警力浪费、耗损，有利于预备警力；另一方面，可以监督警力发挥作用，有利于警力的充分开发。

参考文献

中文部分

1. 刘广三. 论犯罪黑数 [J]. 安徽大学学报, 1996 (6)：73.

2. 李翠红, 张义慧, 张雷. 公安队伍正规化建设初探 [M]. 北京：中国人民公安大学出版社, 1998.

3. 张雷. 流动人口问题探讨 [J]. 辽宁警专学报, 2000 (4).

4. 张雷. 居民身份证编号改革刍议 [J]. 辽宁警专学报, 2001 (2).

5. 张雷. 对优秀户籍内勤民警人格与行为因果关系的探讨 [J]. 北方政丛, 2001 (12).

6. 张雷. 治安警察的心理压力与心理健康 [J]. 教育科学, 2001 (6).

7. 张雷. 电子游戏场所存在的问题及其治理 [J]. 辽宁警专学报, 2002 (2).

8. 郭国顺, 郭硕, 军伟. 贪污受贿犯罪潜黑数的预测研究 [J]. 中国刑事法杂志, 2002 (4)：95 - 106.

9. 何平. Fuzzy 关系模式映射反演与犯罪侦查自动推理 [J]. 模式识别与人工智能. 2003, 16 (1)：70 - 75.

10. 何平, 李锦. 犯罪智能自动侦破系统的构建及应用 [J]. 计算机科学, 2004, 31 (10).

11. 何平, 米佳. 警用计算机软件研究开发现状与展望 [J]. 南京大学学报, 2005, (41)：826 - 831.

12. 孙蕾. 犯罪数量的统计测算研究 [J]. 统计教育, 2005 (4)：13 - 16.

13. 张雷. 中小城区人户分离现状及治理对策 [J]. 辽宁警专学报, 2006 (6).

14. 何平. 公安计算机应用技术概论［M］. 北京：中央文献出版社，2006.

15. 何平. 中国公共安全科技问题的发展战略研究［C］. 第 5 届中国软科学大会论文集，2007：416－426.

16. 张雷. 流动人口出租房屋治理对策［J］. 辽宁警专学报，2007 (6).

17. 张雷. 英国对跨国性有组织犯罪的打击［J］. 社科纵横，2007 (10).

18. 张雷. 深化大连市户籍制度改革的对策建议［J］. 大连社科与决策，2007 (14).

19. 杨学峰，商小平. 犯罪黑数的构成与估计方法［J］. 江西公安专科学校学报，2007 (4)：52－55.

20. 张雷. 中国户籍制度改革［M］. 北京：中国人民公安大学出版社，2008.

21. 何平. 犯罪空间分析理论与防控技术研究［M］. 北京：现代教育出版社，2008.

22. 谭志君，余阳. 犯罪场语境下的被害预防［J］. 法制与社会发展，2008 (5)：138－145.

23. 张雷. 科学发展观指导下辽宁户籍制度改革的思考［J］. 理论界，2009 (6).

24. 李殊奇，柳庆刚. 城乡收入差、人均收入及失业率对犯罪率的影响［J］. 中南财经政法大学学报，2009 (6)：15－19.

25. 曲增堂，何平. 犯罪侦查专家系统理论与方法［M］. 北京：光明日报出版社，2010.

26. 何平. 犯罪空间分析与治安系统优化［M］. 北京：中国书籍出版社，2013.

27. 张雷，伍贵江. 公安人口管理［M］. 北京：中国人民公安大学出版社，2018.

28. 何平. 定量犯罪学［M］. 北京：群众出版社，2018.

英文部分

1. He Ping, Crime Pattern Discovery and Fuzzy Information Analysis Based on Optimal Intuition Decision Making, Advances in Soft Computing of Springer,

2008, Vol. 54, No. 1, pp. 426 – 439.

2. He Ping, Crime Knowledge Management Based on Intuition Learning System, Fuzzy System and Management Discovery, In: Jun Ma, ed, proc. of the Int'l conf IEEE Computer Society, 2008, pp. 555 – 559.

3. Jiantong He, Ping He, Fuzzy Relationship Mapping and Intuition Inversion: A Computer Intuition Inference Model. Multi – Media and Information Technology. In: Qi Luo, ed, proc. of the Int'l conf IEEE Computer Society, 2008, pp. 298 – 301.

4. Ping He, Crime Knowledge Management Approach Based on Intuition Concept Space, Intelligent Information Technology Application. In: Qihai Zhou, ed, proc. of th e Int'l conf IEEE Computer Society, 2008, pp. 276 – 279.

5. Jiantong He and Ping He. A New Intelligence Analysis Method Based on Sub-optimum Learning Model, IEEE Computer Society, ETP International Conference on Future Computer and Communication, 2009, pp. 116 – 119.

6. Zengtang Qu, Ping He, Intelligence Analysis Based on Intervenient Optimum learning Guide System, IEEE Computer Society, International Conference on Computational Intelligence and Natural Computing, 2009, 237 – 240.

7. Tao Weidong, He Ping, Measurement of Network Security Based on Sub – optimum Degree, ICTM 2009. 2009, 457 – 460.

8. Chang Yan, He Ping, Non – equilibrium System Analysis and internet Action Surveillance, FBIE2009.

9. He Ping, Design of Interactive Learning System Based on Intuition Concept Space, Journal of computer, 2010, Vol. 5, No. 3, pp. 478 – 487.

10. Xu Song, He Ping, Protection System of Cooperative Network Based on Artificial Immune Theory, Advanced Matcrials Research, 2010, Vols. 108 – 111, pp. 1360 – 1365.

11. Qu Zengtang, He Ping, Self – organization Theory and Surveillance of Network Anomalous Behaviors. The 2nd IEEE International Conference on Advanced Computer Control. 2010, 466 – 469.